MW00513795

1 & 2 Chroniques

LIVRESHIPPO

Collection Commentaires Bibliques Contemporains

1 & 2 Chroniques

Laurent Loubassou

LIVRES HIPPO

  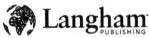

© Laurent Loubassou, 2022

Publié en 2022 par LivresHippo.
• Centre de Publications Évangéliques, 08 B.P. 900 Abidjan 08, Côte d'Ivoire
• Presses Bibliques Africaines, 03 B.P. 345 Cotonou, Bénin
• Éditions CLÉ, B.P. 1501 Yaoundé, Cameroun
• Excelsis Diffusions, 385 chemin du Clos 26450 Charols, France
• Langham Publishing, PO Box 296, Carlisle, Cumbria, CA3 9WZ, Royaume-Uni,
www.langhampublishing.org
• Conseil des institutions théologiques d'Afrique francophone (CITAF), B.P. : 684 Abidjan, Côte d'Ivoire, www.citaf.org

ISBN :
978-1-83973-418-2 Format papier
978-1-83973-689-6 Format ePub
978-1-83973-690-2 Format Mobi
978-1-83973-691-9 Format PDF

Conformément au « Copyright, Designs and Patents Act, 1988 », Laurent Loubassou déclare qu'il est en droit d'être reconnu comme étant l'auteur de cet ouvrage.

Tous droits réservés. La reproduction, la transmission ou la saisie informatique du présent ouvrage, en totalité ou en partie, sous quelque forme ou par quelque procédé que ce soit, électronique, mécanique, photographique, est interdite sans l'autorisation préalable de l'Éditeur ou de la Copyright Licensing Agency.

Les citations bibliques avec la mention (BFC) sont tirées de la Bible en français courant © Société biblique française – Bibli'O, 1997. Avec autorisation.

Les citations bibliques avec la mention (NBS) sont tirées de la Nouvelle Bible Segond © Société biblique française – Bibli'O, 2002. Avec autorisation.

Les citations bibliques avec la mention (TOB) sont tirées de la Traduction œcuménique de la Bible © Société biblique française – Bibli'O et Editions du Cerf, 2010. Avec autorisation.

British Library Cataloguing in Publication Data
A catalogue record for this book is available from the British Library

ISBN : 978-1-83973-418-2

Mise en page et couverture : projectluz.com

Les éditeurs de cet ouvrage soutiennent activement le dialogue théologique et le droit pour un auteur de publier. Toutefois, ils ne partagent pas nécessairement les opinions et avis avancés ni les travaux référencés dans cette publication et ne garantissent pas son exactitude grammaticale et technique. Les éditeurs se dégagent de toute responsabilité envers les personnes ou biens en ce qui concerne la lecture, l'utilisation ou l'interprétation du contenu publié.

À mon épouse Monique et à nos enfants
Launique Matondo et Gloria Merveilles.

TABLE DES MATIÈRES

1 Chroniques : L'arbre généalogique du peuple d'Israël
1 Chroniques 1–9

La construction du temple au cœur
des règnes de David et de Salomon
1 Chroniques 10–29

PRÉFACE

Je salue la publication de ce commentaire biblique. Le frère et collègue Dr Laurent Loubassou fait comprendre que les chrétiens d'Afrique d'aujourd'hui doivent s'approprier le message de Dieu consigné dans la Bible, et ici dans 1 et 2 Chroniques – considéré comme un seul livre. Il est le mieux indiqué pour écrire un commentaire de 1 et 2 Chroniques pour avoir observé dans son pays une situation quelque peu semblable à celle présentée dans le livre et aussi pour être lui-même professeur d'Ancien Testament.

Ce commentaire me rappelle une grande sagesse dite et redite par nos aînés : « Qui méconnaît l'histoire est condamné à la revivre. » En effet, le livre des Chroniques peut être perçu comme un livre qui relate l'histoire du Royaume d'Israël avant la scission et celle du Royaume de Juda. Je fais remarquer juste deux grandes vérités clairement exprimées dans ce livre : d'abord la splendeur du royaume de David liée à la gloire de Dieu exprimée par le Temple et son architecture sans égal grâce à Salomon, et ensuite le déclin de ce royaume à cause du péché persistant du peuple. L'auteur du commentaire fait comprendre que le roi, qu'il s'agisse de David, de Salomon, ou d'un autre roi de l'époque, doit s'occuper du bien-être de son peuple et rendre compte à l'Éternel de ce qu'il aura fait.

Les croyants en Afrique peuvent facilement s'identifier aux Israélites qui devaient s'approprier le message de ce livre. Ils sont foncièrement religieux comme les Israélites décrits dans 1 et 2 Chroniques mais doivent se référer à Dieu, regarder à lui. Chacun doit passer par la repentance. C'est le message de ce livre que Laurent Loubassou communique clairement dans son commentaire.

Je remercie l'auteur pour ce travail hautement académique et aussi à la portée du plus grand nombre. Il met à la disposition des chrétiens en Afrique, en particulier des enseignants et des prédicateurs un outil d'exploration du texte biblique pour une appropriation du message de Dieu dans l'Afrique religieuse qui doit chercher le seul vrai Dieu, révélé par les Écritures.

Solomon Andria
Professeur Émerite
Faculté de Théologie Évangélique de l'Alliance Chrétienne
Abidjan, Côte d'Ivoire

REMERCIEMENTS

Je rends grâce à Dieu notre Père en Jésus-Christ de m'avoir permis d'écrire ce livre. Je remercie toutes les personnes qui m'ont soutenu de près ou de loin, d'une manière ou d'une autre. De manière particulière, je dis un grand merci au professeur Solomon Andria pour son accompagnement et pour ses conseils et ses encouragements. Grand merci aussi à mon collègue et ami Sanon Yacouba, à Claire Moore, et à toute l'équipe de Langham Publishing pour m'avoir encouragé à écrire ce commentaire et pour le financement de son édition. Que Mireille Boissonnat reçoive aussi l'expression de ma gratitude pour avoir relu mon texte !

Je remercie les pasteurs Jean Luc Blanc, Basile Zouma, Tünde Lamboley, et toute l'équipe du Défap pour la prise en charge de mes voyages de recherches en France. Ce livre est l'un des fruits de ces voyages. Merci au Pasteur Marc Henri Vidal et la Paroisse EPUDF d'Enghien-les-Bains qui n'ont cessé de mettre à ma disposition un appartement pour mes séjours en France. Je ne peux oublier les bibliothécaires de la BOSEB (France) pour leur accueil.

ABRÉVIATIONS

Livres, revues, collections et séries de commentaires

BZ	Biblische Zeitschrift für die alterttestamentliche Wissenschaft
BHS	Biblia Hebraica Stuttgartensia
BFC	Bible en français courant
CBQ	*Catholic Biblical Quaterly*
CBE	Cercle Biblique Évangélique
CEv	Cahiers Évangile
EEC	Église Évangélique du Congo
ETR	*Études Théologiques et Religieuses*
HAR	*Hebrew Annual Review*
HTR	*Harvard Theological Review*
ICC	International Critical Commentary
JAOS	*Journal of the American Oriental Society*
JBL	*Journal of Biblical Literature*
JSOT	*Journal for the Study of the Old Testament*
JSOTSup	*Journal for the Study of the Old Testament Supplement Series*
MDB	*Monde de la Bible*
NRT	*Nouvelle Revue Théologique*
NBS	Nouvelle Bible Segond
NEA	Near Eastern Archaeology
OTS	Oudtestamentische Studien
PEQ	*Palestine Exploration Quaterly*
RB	*Revue Biblique*
RTL	*Revue Théologique de Louvain*
RTP	*Revue de Théologie et de Philosophie*
SJOT	*Scandinavian Journal of the Old Testament*
TOB	Traduction œcuménique de la Bible
Trans	*Transeuphratène*
VT	*Vetus Testamentum*
WBC	World Biblical Commentary
WTJ	*Westminster Theological Journal*

Livres de l'Ancien Testament

Gn, Ex, Lv, Nb, Dt, Jos, Jg, Rt, 1 S, 2 S, 1 R, 2 R, 1 Ch, 2 Ch, Esd, Né, Est, Jb, Ps, Pr, Ec, Ct, Es, Jr, Lm, Ez, Dn, Os, Jl, Am, Ab, Jon, Mi, Na, Ha, So, Ag, Za, Ml

Livres du Nouveau Testament

Mt, Mc, Lc, Jn, Ac, Rm, 1 Co, 2 Co, Ga, Ep, Ph, Col, 1 Th, 2 Th, 1 Tm, 2 Tm, Tt, Phm, Hé, Jc, 1 P, 2 P, 1 Jn, 2 Jn, 3 Jn, Jd, Ap

Autres abréviations

av.	avant
apr.	après
cf.	*confer* (comparer, voir)
coll.	collection
éd.	édition(s)
et al.	et autres collaborateurs
idem	même auteur
J.-C.	Jésus-Christ
p.	page(s)
sous dir.	édité sous la direction de
ss.	et les versets suivants
trad.	traduction, traduit par
v.	verset
vol.	volume

INTRODUCTION AU LIVRE DES CHRONIQUES

L e Livre des Chroniques[1] est appelé en hébreu *dibrê hayyamîm*, ce qui signifie les « paroles », les « actes », ou les « annales » des jours. Dans la Bible hébraïque, il est placé à la fin, après l'ensemble Esdras-Néhémie. Il fait partie de la section de la Bible hébraïque appelée les Écrits. S. Japhet témoigne que les sources rabbiniques attestent ce nom[2]. Elle cite par exemple Yoma 6.1, le Talmud (Meg. 13a ; Kindushim 30a ; Baba Bathra 146-15a) et le Midrash (e.g. Leviticus Rabbah 2.1). La tradition rabbinique atteste une autre désignation du livre, « le livre des généalogies », « *sēper yōhāsîm* », Pesahim 62b. Ce titre est probablement influencé par le fait que les neuf premiers chapitres de 1 Chroniques sont consacrés aux généalogies.

Saint Jérôme considère cette œuvre comme « la Chronique de toute l'histoire divine ». Tout en démontrant l'importance du Livre des Chroniques dans la littérature juive, Isaac Kalimi affirme que ce livre est négligé dans la liturgie juive. Le Targum des Chroniques n'a été écrit que bien plus tard que celui des autres livres bibliques[3].

Jusqu'au Moyen-Âge, les deux livres des Chroniques ne firent qu'un seul dans la tradition massorétique[4]. La division en deux livres est d'abord apparue dans la Septante[5]. C'est à partir du XVe siècle qu'elle a été introduite dans les éditions hébraïques de la Bible[6].

Dans la tradition grecque, le Livre des Chroniques et Esdras-Néhémie font partie des livres historiques. Dans la Septante, le Livre des Chroniques est appelé *Paraleipomena* qui signifie « choses négligées » ou « choses laissées de côté ». Ce titre sous-entend que ce livre n'est qu'un complément de l'historiographie ancienne. Dans sa préface au n° 87 de Cahiers Évangile de P. Abadie sur le Livre des Chroniques, P. Gruson fait le constat suivant :

> Les lecteurs de la Bible négligent souvent le Livre des Chroniques,
> car on leur a dit que ce n'était qu'une répétition – déformée et tardive
> – des livres de Samuel et des Rois : double raison à ce discrédit[7] !

Mais si nous tenons compte de la disposition des matériaux et de l'intention de l'auteur qui s'exprime à travers son œuvre, cette appellation est à rejeter.

La Vulgate qui est l'expression de la tradition latine suit malheureusement l'appellation de la Septante et place ce livre dans la catégorie des livres historiques.

Débat sur le Livre des Chroniques et l'ensemble Esdras-Néhémie

L'une des questions qui divisent les chercheurs est de savoir si le Livre des Chroniques et l'ensemble Esdras-Néhémie constituent une seule œuvre ou non. Pendant plus d'un siècle, une majorité écrasante de chercheurs a accepté le point de vue selon lequel ces deux ensembles forment une unité, la division dans le canon n'est intervenue que plus tard.

Soutenue par L. Zunz en 1832, puis par F. C. Movers en 1834, cette opinion s'est généralisée à la fin du XIXᵉ siècle, et est devenue le point de départ de la plupart des études sur les Chroniques et Esdras-Néhémie[8]. Dans la mouvance de cette opinion, chacun des deux ensembles a été traité par rapport à l'autre. Cette opinion a influé sur la compréhension de ces livres, la période historique qu'ils décrivent et les concepts religieux qu'ils contiennent.

Les tenants de cette hypothèse ont quatre principaux arguments[9] :

- La présence des versets d'Esdras (Esd 1.1-3) à la fin des Chroniques (2 Ch 36.22ss) ;
- 1 Esdras commence par 2 Ch 35.36 et continue en Esdras ;
- La ressemblance linguistique entre le Livre des Chroniques et Esdras-Néhémie : vocabulaire commun, phénomènes syntaxiques et particularités de style ;
- L'uniformité, selon les tenants de cette thèse, des conceptions théologiques.

Cette thèse a été remise en question par S. Japhet en 1968[10]. Selon elle, le Livre des Chroniques constitue un autre monde quant au sujet, au contenu, à la méthode et à l'idéologie. Elle pense que ces deux ensembles littéraires n'ont pas le même auteur, et un laps de temps sépare Esdras-Néhémie des Chroniques. H. G. M. Williamson, après avoir fait l'étude du vocabulaire et du style dans le Livre des Chroniques, conclut qu'il ne s'agit pas d'une seule œuvre, mais de deux qui n'ont pas le même auteur[11]. M. A. Throntveit dit être du côté de ceux qui remettent en question l'unité littéraire du Livre des Chroniques et Esdras-Néhémie[12]. Il pense aussi qu'il n'est pas exact d'alléguer qu'un seul auteur aurait écrit ces deux ensembles littéraires. P. Abadie parle de la non-unité d'auteur entre ces deux livres[13].

Dans l'ensemble, l'état actuel des recherches révèle que la tendance de ceux qui séparent le Livre des Chroniques de celui d'Esdras-Néhémie est plus en vogue que celle qui les met ensemble et qui leur attribue le même auteur. En 1988,

T. C. Eskenazi déclare tout de même que la discussion continue[14]. Les intentions théologiques des deux ensembles ne sont pas les mêmes. Le Livre des Chroniques est par exemple plus favorable à l'unicité des douze tribus d'Israël, que celui d'Esdras-Néhémie. P. Abadie affirme aussi :

> La collection Esdras-Néhémie présente encore bien d'autres difficultés, à commencer par sa complexité textuelle et ses rapports à l'histoire judéenne dans la période du retour de l'exil, autant de questions qui déterminent de manière décisive l'interprétation d'ensemble de cette collection[15].

Au sujet de la date de rédaction du Livre des Chroniques, la fin de la période perse paraît la plus probable. La rédaction de ce livre appartient donc à l'époque postexilique. En revanche, les événements qu'il relate sont de l'époque préexilique. À propos de l'auteur de ce livre, il convient mieux de dire comme S. Schweitzer qu'il n'y a pas encore d'unanimité parmi les chercheurs sur son identification[16].

Structure du Livre des Chroniques

Comme le pense S. Japhet[17], ce livre peut être subdivisé en trois principales parties :

Dans la première partie (1 Ch 1-9), où le Chroniste introduit son œuvre, il est question des listes généalogiques donnant des réponses à des questions telles que : qui est ce peuple dont l'histoire va être racontée ? Où vit-il ? Quel est son cadre historique ?

Dans la deuxième partie qui s'étend de 1 Ch 10 à 2 Ch 9, l'auteur raconte l'histoire de David et Salomon. C'est l'apogée de l'histoire d'Israël, période où le peuple d'Israël atteint son sommet dans les réalisations temporelles et spirituelles.

Dans la troisième partie (2 Ch 10-36), le Chroniste présente l'histoire des Israélites sous les règnes des rois de Juda. Elle commence avec le récit de la rébellion, la défection des tribus du Nord vis-à-vis de leurs rois légitimes. Elle se termine avec la destruction de Jérusalem et l'extinction de la monarchie. Le livre s'achève par le décret de Cyrus (2 Ch 36.22-23).

Thèmes théologiques majeurs

Les thèmes théologiques majeurs du Livre des Chroniques peuvent être regroupés en trois : le Dieu d'Israël et le peuple de Dieu, la royauté et le temple, la rétribution et la repentance.

Le Dieu d'Israël et le peuple de Dieu

Le Livre des Chroniques atteste plusieurs occurrences du tétragramme divin. Notons aussi l'emploi des expressions comme *lekol 'erets yiśra'ēl* (dans tout le pays d'Israël) ou *yiśra'ēl wûmikol yehûdah* (Israël et tout Juda). Le Chroniste souligne l'unité du peuple de Dieu.

Le Dieu dont parle le Chroniste dans toute son œuvre est le « Dieu d'Israël », le « Dieu des pères ». Ces deux expressions sont plus utilisées par le Chroniste que par les autres auteurs vétérotestamentaires. Le Chroniste veut souligner la manifestation de la relation permanente entre YHWH et son peuple, entre le Seigneur (YHWH) et les pères. Le Chroniste considère l'histoire d'Israël comme le *māqôm* (lieu) où le Seigneur manifeste de façon agissante sa providence envers son peuple et le gouvernement de son peuple. Il met en exergue les principes qui gouvernent l'histoire d'Israël et place de la sorte une solide fondation pour l'avenir de ce peuple.

L'histoire exprime concrètement l'interrelation entre Dieu et son peuple. Pour le Chroniste, ce lien n'est pas un acte historique ponctuel, comme l'alliance avec Abraham ou tout autre événement. Ce lien est spécial, car il remonte à la création. Cette vision chroniste s'exprime à travers la généalogie contenue dans les neuf premiers chapitres qui constituent la première partie de son œuvre. Le Chroniste présente une histoire qui va d'Adam à la génération de David. L'absence des narrations concernant l'exode et l'alliance ne manque pas de signification[18].

Le Chroniste pense que l'élection d'Israël remonte à la volonté créatrice divine. Il s'agit d'une relation absolue qui a la même validité que celle entre Dieu et l'univers. En agissant dans le monde Dieu manifeste sa présence. Quand il combat pour son peuple et le rend vainqueur de ses ennemis, YHWH manifeste sa présence au milieu de son peuple lorsque celui-ci lui reste attaché. De tous les attributs divins par lesquels YHWH gouverne son peuple, le plus remarquable est la « justice » qui fait de lui le souverain juste. Dans l'un de ses matériaux particuliers, le Chroniste emploie le mot *tsaddîq* (juste) pour rapporter les paroles des chefs d'Israël et du roi à l'occasion de la défaite que ce peuple aura écopée devant ses ennemis pour avoir offensé YHWH en abandonnant (*'āzab*) sa Torah[19]. Le Dieu dont parle le Chroniste est transcendant, mais aussi proche de son peuple. Il l'écoute et lui pardonne. Il est dans les cieux mais il domine sur toute la terre (2 Ch 20.6 ; 6.21 ; 17.10, etc.).

Le peuple dont il est question dans la version du Chroniste, c'est l'ensemble du peuple d'Israël. L'image que le Chroniste présente de ce peuple est spéciale. Elle l'est dans ses aspects ethnographiques, géographiques et politiques[20]. Sa théologie concernant le peuple de Dieu se révèle aussi bien dans les textes empruntés aux sources, où il apporte des ajouts, que dans les sections qui lui sont propres où l'image du peuple désigne la nation toute entière[21]. Malgré le fait qu'il écrit à l'époque postexilique, donc postérieure au schisme, le Chroniste considère que les habitants du Nord et du Sud sont membres du peuple de Dieu. Au cours des décennies du milieu du xxᵉ siècle apr. J.-C., la théologie du Chroniste était considérée comme antisamaritaine[22]. Mais les récentes publications contredisent de plus en plus cette interprétation[23]. Elles lui reconnaissent l'expression des intentions réunificatrices qui se dégagent de la structure littéraire du Livre des Chroniques.

Tout au long de son œuvre, le Chroniste exprime sa conviction selon laquelle Israël est un peuple unique composé de douze tribus constituant des entités vitales et actives dans toute l'histoire d'Israël. Il le démontre non seulement dans les neuf premiers chapitres de 1 Chroniques où il fait une présentation d'Israël, mais également lorsqu'il décrit les règnes de David et de Salomon (1 Ch 10–2 Ch 9) où Israël atteint son apogée. Cette vision est présente même dans les récits qui relatent l'histoire consécutive à la défection des tribus du Nord où se révèle un processus de retour à l'unité originale qui culmine dans le règne de Josias dont 2 Chroniques 34 relate une bonne partie.

Il ne se limite pas à cette conception traditionnelle mais va au-delà, incluant même les étrangers (*gērîm)*, soit à travers leur affiliation aux tribus d'Israël, soit comme étrangers tout court. Il utilise la généalogie comme genre littéraire non pour exclure, ni pour faire des restrictions, mais dans le sens de l'inclusion. La même large conception s'applique à sa vision concernant le pays et la relation du « pays » avec le « peuple ».

Les frontières du pays sont représentées comme depuis le shikor d'Egypte jusqu'à l'entrée de Hamath, comme nous le révèle 1 Chroniques 13.5. Cette vision va au-delà des frontières connues d'une période historique réelle. Les membres du peuple sont vus comme réellement installés à l'intérieur de ces plus larges frontières depuis le début de l'histoire.

Sans qu'il soit nécessaire de décrire la conquête initiale, de justifier le droit du peuple à la terre, le Chroniste présente ce peuple d'Israël en possession permanente du pays. Lorsqu'il fait des remarques géographiques, il révèle la continuité de l'habitation des tribus sur leur territoire. Ce droit est inaliénable, pourvu que la Torah soit observée. La réaction du roi Josias lorsqu'il entendit les paroles de la Torah (2 Ch 34.19-21) révèle la place que le Chroniste accorde à la *torah*. 1 Chroniques 28.8, qui n'a pas de parallèle dans le Livre des Rois, dit :

> Et, maintenant, aux yeux de tout Israël, de l'assemblée du Seigneur
> et en présence de notre Dieu : observez [*šāmar*] et scrutez [*dāraš*]
> tous les commandements du Seigneur votre Dieu, afin que vous

preniez possession de ce bon pays et que vous le laissiez comme patrimoine à vos fils après vous, pour toujours. (TOB.)

Nous remarquons ici que le Chroniste utilise *šāmar* et *dāraš*, des verbes qui sont caractéristiques de sa théologie. Pour lui, les tribus du Nord n'ont pas perdu leur position de fils d'Israël. Le fait qu'elles ont abandonné le Seigneur, de même que l'ont fait les tribus du Sud, ne leur enlève pas cette position. Les « Nordistes » comme les « Sudistes » appartiennent au peuple de Dieu. Notons aussi que la royauté et le temple sont chez le Chroniste des institutions du gouvernement de YHWH sur son peuple.

La royauté et le temple

Les termes *melek* et *bêt 'ădōnāy* sont utilisés plusieurs fois. Le Chroniste confère à chacun le sens qui s'inscrit dans le cadre de la théologie qui s'exprime dans toute son œuvre. L'histoire d'Israël est en effet le reflet de son existence sociale et politique au sein de laquelle est mise en exergue l'institution de la royauté[24]. Pour le Chroniste, la royauté est fondamentalement celle du Seigneur. Aussi s'exclame-t-il dans une section qui n'a pas de parallèle dans le Livre des Rois : « À toi Seigneur, la grandeur, la force, la splendeur, la majesté et la gloire, car tout ce qui est dans les cieux et sur la terre est à toi. À toi, Seigneur, la royauté et la souveraineté sur tous les êtres » (1 Ch 29.11, TOB).

Assurément, cela explique le fait que le Chroniste ne fait pas mention des difficultés qui accompagnent l'instauration de la monarchie selon 1 Samuel 8.11-18. Dans l'administration pratique de l'État, le royaume du Seigneur (*mamleket*) est confié à David et à sa dynastie. Le roi davidique, choisi par le Seigneur est assis sur le « trône » du Seigneur (1 Ch 28.5 ; 29.23), pour faire sa volonté sur Israël (cf. 2 Ch 7.17). Convaincu de sa vision théologique, le Chroniste modifie la version de l'une de ses sources. Au lieu de « devant toi, ta maison et ta royauté seront à jamais stables, ton trône à jamais affermi[25] » (2 S 7.16, TOB), il dit : « Je le ferai subsister à jamais dans ma maison et dans mon royaume, et son trône sera affermi à jamais » (1 Ch 17.14, TOB).

Cette vision du Chroniste aura probablement joué un rôle important à l'époque de la rédaction du Livre des Chroniques, comme le pense H. G. M. Williamson qui écrit :

> Nous n'avons pas besoin de douter que pour ses premiers lecteurs cette approche de la royauté aura été une source d'assurance et d'espérance : le royaume d'Israël était en sûreté et sans fin, parce qu'il était dans les mains de Dieu[26].

Malgré cette position élevée, les monarques sont tout de même conçus comme des humains dans leur relation avec Dieu. Pour le Chroniste, la royauté idéale s'exerce sur « tout Israël ». Il ne fait pas mention du double sacre de David. Il prend cependant soin de montrer l'unanimité de tout Israël à son avènement au trône, ainsi qu'à celui de Salomon. Il n'accepte pas le schisme. Pour lui, la monarchie légitime est celle de Jérusalem. Il l'exprime en 2 Chroniques 13.4-12 qui fait partie d'une section n'ayant pas de parallèle dans le Livre des Rois.

L'histoire politique, militaire et administrative est subordonnée au rôle religieux du roi. L'essentiel de l'activité de David et de Salomon concerne la construction du temple et la fondation du culte. Le Chroniste distingue clairement les figures et les réalisations de David et de Salomon d'une part, celles des autres rois de Juda, d'autre part. Les règnes unifiés et complémentaires de David et de Salomon auront créé et consolidé toutes les institutions permanentes. Sara Japhet dit de cette période que c'est le sommet des vertus et des réalisations d'Israël[27].

L'image de David et de Salomon est fortement rehaussée[28]. Hormis le recensement (1 Ch 21), l'échec du premier essai du transport de l'arche (1 Ch 15.11-15 ; 21) et le souvenir qu'il fut un homme de sang (1 Ch 22.7-9 ; 28.3), l'histoire de David racontée par le Chroniste ne contient pas tous les épisodes peu glorieux que les livres de Samuel et des Rois rapportent. Dans son portrait du roi Salomon, le Chroniste omet tous les traits négatifs retenus dans le Livre des Rois. Le récit de la succession de David/Salomon est modelé sur celui de Moïse/Josué. « Le règne d'Ézéchias a laissé entrevoir l'espoir de réunir tout Israël autour de la monarchie davidique à Jérusalem[29]. » Le Chroniste insiste tellement sur les initiatives cultuelles de ce roi, qu'il le présente, tour à tour, comme un nouveau David et un nouveau Salomon[30].

Lorsqu'il raconte l'histoire de Juda, le Chroniste ne tait pas les défauts d'une monarchie incapable d'éviter la catastrophe[31]. Plusieurs commentateurs pensent que le Chroniste décrit le roi comme n'ayant d'importance que dans la mesure où il a prévu et établi le culte du temple. Aussi a-t-il présenté le second temple comme étant un accomplissement des anciennes promesses davidiques.

Cette interprétation qui, selon Williamson, dépend en partie d'Esdras et de Néhémie, ne rend pas justice au rôle dominant que le roi continue d'exercer dans le cadre du temple dans le Livre des Chroniques. Il est important de souligner que le Chroniste accorde peu d'attention au rôle du grand-prêtre, à l'exception de l'exécution de certains rites (2 Ch 26.16-21). Le plus remarquable de ces grands-prêtres est Joïada ou Yehoyada selon les versions bibliques, distingué pour avoir travaillé en faveur de la restauration de la monarchie davidique au temps où celle-ci était sérieusement menacée (2 Ch 23–24).

En définitive, comme le démontrent clairement les règnes d'Ézéchias et de Josias, le Chroniste croyait qu'un roi davidique était nécessaire pour le maintien satisfaisant du culte dans le temple reconstruit, quand bien même la période de la monarchie unifiée serait révolue. Cet idéal s'opposait à ceux qui avaient tendance à considérer les grands-prêtres postexiliques comme les successeurs légitimes des rois.

Il est vrai que la concentration par le Chroniste du rôle du roi davidique en relation avec le temple[32] pouvait poser une difficulté au niveau de sa vision du « tout Israël », uni au culte à un sanctuaire unique[33]. Le Chroniste surmonte cette difficulté en mettant l'accent sur le souci de David d'associer tout Israël au transport de l'arche de l'alliance (1 Ch 13 ; 15–16), puis aux préparatifs de la construction du temple (1 Ch 21–29). Par cette description distinctive de la monarchie unifiée, le Chroniste remonte à l'époque antérieure au schisme. Il présente à ses lecteurs un idéal pouvant leur permettre de s'unir autour du temple postexilique. Celui-ci est le successeur direct de celui construit par Salomon, qui fait l'objet de réparations au temps de Josias, et dans lequel est trouvé le livre de la Torah. Il convient de noter également que l'importance que le Chroniste accorde à la dynastie de David n'abolit nullement la valeur des ordonnances mosaïques[34]. Car il affirme souvent, explicitement ou par allusion, que le culte du temple est en conformité avec les prescriptions et les ordonnances contenues dans le Pentateuque. Les sacrifices et les festivités en sont la preuve. Le Chroniste trouve tout de même important de redéfinir les tâches, telles que celles des lévites, à la faveur du remplacement de l'arche et du tabernacle par le temple (1 Ch 6.31-32).

Les prophètes occupent une bonne place dans le temple. Le Chroniste exprime une vision plus large des fonctions des prophètes[35]. Cela est une particularité chez lui parce qu'il considère aussi comme prophètes les musiciens du temple, tels qu'Asaph, Hémân et Yedoutoun[36]. Il décrit également une communication directe entre les deux rois fondateurs de la dynastie davidique et le Seigneur[37]. Les prophètes parlent de la part du Seigneur au peuple et dénoncent les mauvais actes des membres du peuple de Dieu, comme le fait la prophétesse Houlda en 2 Chroniques 34. Ils invitent aussi le peuple à la repentance. Le Chroniste cite entre autres les prophètes Ésaïe et Jérémie.

La rétribution et la repentance

La doctrine de la rétribution immédiate, selon l'expression de Wellhausen[38], est l'une des caractéristiques les mieux connues de la théologie du Chroniste. Un consensus semble prévaloir parmi les chercheurs au sujet de l'aspect spécifique suivant : il se dégage des Chroniques une conviction de l'auteur selon laquelle le péché[39] entraîne toujours le jugement et le désastre, tandis que l'obéissance et la justice ont pour fruits la paix et la prospérité, en d'autres termes la bénédiction. Ce principe est très visible dans certains passages propres au Chroniste.

La prémisse de cette doctrine s'exprime de façon négative dans 1 Chroniques 10.13-14 et de façon positive dans 1 Chroniques 28.9. Dans le premier cas, le roi Saül est châtié par Dieu à cause de son infidélité (*ma'al*) qui a consisté à ne pas observer (*šāmar*) la parole de YHWH et à ne pas rechercher (*dāraš*) YHWH. Tous ces termes sont caractéristiques du langage du Chroniste.

Dans le deuxième cas, il s'agit de l'instruction du roi Salomon. À celui qui connaît Dieu et le sert d'un cœur intègre et d'une âme bien disposée, la réussite est promise. Si quelqu'un recherche le Seigneur, celui-ci se laisse trouver. Si par contre quelqu'un abandonne YHWH, ce dernier le rejette. La recherche de Dieu devrait s'accompagner de la pratique de la loi et des commandements. Ainsi, manquer de foi en la Parole de Dieu est un péché.

Le Chroniste illustre sa doctrine de façon très remarquable lorsqu'il décrit la période après le schisme. R. B. Dillard attire l'attention des lecteurs sur le fait que sur les vingt-six chapitres du deuxième livre des Chroniques consacrés à cette période, environ la moitié du matériau est propre au Chroniste, sans avoir de parallèle dans les livres des Rois. Il ajoute que la grande majorité de ce matériau non-synoptique est au service de la théologie de la rétribution. Le Chroniste s'efforce de donner un sens théologique aux événements qu'il raconte[40]. Le répertoire des motifs que l'auteur des Chroniques utilise pour montrer la faveur divine ou le déplaisir est bien stable. Les actes de piété et l'obéissance sont récompensés par le succès et la prospérité[41], des programmes de construction[42], la victoire militaire[43], la progéniture[44], le soutien populaire[45] et par de grandes armées[46]. Par contre, la désobéissance et l'infidélité engendrent des défaites militaires[47], la désaffection de la population[48] et la maladie[49].

Au même titre que les offenses cultuelles et le fait de ne pas rechercher Dieu et de ne pas s'humilier, les alliances étrangères représentent un manque de confiance en Dieu et entraînent le jugement[50].

Mais le jugement est aussi chez le Chroniste un moyen d'appel à la repentance, de même que l'action des prophètes[51]. En 2 Chroniques 34, l'annonce par la prophétesse Houlda du jugement de YHWH qui va s'abattre sur Juda et ses habitants, entraîne le rassemblement de tout Juda et de tous les habitants de Jérusalem au temple, pour le renouvellement de l'alliance, précédé de la lecture du livre trouvé, appelé le livre de l'alliance.

Pertinence du Livre des Chroniques pour l'Afrique

La pertinence du Livre des Chroniques réside entre autres en ceci : il contient les trois parties de la Bible hébraïque, puisqu'on y trouve des informations sur le Pentateuque, les Prophètes et les Écrits. Le Livre des Chroniques nous parle du Dieu dont la relation avec son peuple remonte à la création du monde. Le peuple dans ce livre est sans frontière, puisqu'il inclut même les *gērîm*, c'est-à-dire les étrangers en Israël. Dans la vision du Chroniste, tous les peuples ont la même origine. Les neuf premiers chapitres de 1 Chroniques consacrés aux listes généalogiques le manifestent. Or les Africains aiment les généalogies. Ces derniers parlent parfois de « famille élastique ». En Afrique, la notion de famille est vaste. La thématique de l'unité du peuple de Dieu que le Chroniste exprime à travers le « tout Israël » est pertinente pour l'Afrique où ceux du nord d'un pays sont parfois en conflit avec les originaires du sud, ou même entre « Nordistes » ou entre « Sudistes ». Le Chroniste prêche l'unité. Pourtant il écrit après l'exil, c'est-à-dire longtemps après le schisme entre le royaume du Nord et le royaume du Sud. Mais cette réalité n'empêche pas le Chroniste de s'entêter à croire à l'unité du peuple de Dieu. Plusieurs pays d'Afrique souvent déchirés par le tribalisme ont beaucoup à apprendre du prédicateur qui s'exprime au travers du Livre des Chroniques.

L'histoire des rois racontée dans le Livre des Chroniques est aussi pertinente pour les autorités aussi bien religieuses que politiques. Les rois qui ont fait ce qui est droit aux yeux du Seigneur ont été en bénédiction pour leur peuple. En revanche ceux qui sont décrits comme ayant fait ce qui est mal aux yeux de Yahvé, le Dieu d'Israël, ont attiré les malheurs sur leur peuple. L'évaluation des rois est faite en fonction de leur attitude à l'égard du temple qui est au centre ou au cœur de tout le livre. Or qui dit temple dit maison du Seigneur où la Torah est lue. La place que le roi accorde à la Torah détermine son évaluation. Plusieurs dirigeants politiques africains disent qu'ils croient en Dieu, malgré le fait que presque tous nos États sont laïques. Toutes les personnes qui ont une parcelle d'autorité en politique et à l'Église peuvent s'inspirer des leçons qui se dégagent de la théologie du Livre des Chroniques.

Notons aussi que dans ce livre, la religion du cœur l'emporte sur les rites. Ceux-ci sont bien présents dans les Chroniques. En revanche, leur pratique est nulle sans la sincérité du cœur. En d'autres termes, le Chroniste récuse le formalisme religieux. Les églises d'Afrique sont encouragées aussi à imiter le zèle et la joie que manifeste le peuple de Dieu concernant les offrandes. Ce zèle et cette joie trouvent un écho dans le Nouveau Testament avec l'exemple des chrétiens de Macédoine.

La bonne collaboration entre prêtres et lévites est un bon exemple aussi pour nos églises en Afrique.

Comme déjà dit plus haut, le Chroniste accorde une bonne place aux prophètes. Ils parlent de la part du Seigneur au peuple et dénoncent les mauvais actes des membres du peuple de Dieu, comme le fait la prophétesse Houlda en 2 Ch 34. Ils invitent aussi le peuple à la repentance. Dans nos églises africaines en général, en particulier dans les églises congolaises, le phénomène du prophétisme bat son plein. Tous les prophètes parlent-ils vraiment de la part de Dieu ? Les musiciens, ainsi que tous les prédicateurs de nos églises ont-ils conscience de leur fonction prophétique ? En étant elle-même exemplaire, l'église doit toujours jouer son rôle prophétique. Il convient de souligner, à ce sujet, trois aspects du rôle prophétique que l'ensemble de l'église chrétienne congolaise devrait jouer.

Le premier aspect concerne le rôle de ceux que Paulin Poucouta appelle « défricheurs d'avenir[52] ». En Afrique, dit-il, la distinction lumière/ténèbres ou jour/nuit est importante, surtout pour exprimer la lutte entre le monde du mal et celui du bien. Le monde de la nuit représenterait l'action des forces du mal. Pour les Congolais chrétiens, le monde de la nuit représenterait le péché de l'homme, les nombreuses blessures que porte chaque Congolais, chaque famille congolaise. L'Église a donc le devoir de jouer son rôle de lumière du monde (cf. Mt 5.14).

> La mission prophétique de l'église, c'est plutôt de se mettre en marche avec les autres. Tenant la lampe allumée, confiante en celui qui est la lumière des hommes, elle cherche, elle se bat avec la ténacité et la perspicacité des prophètes, elle fraye jour après jour et de manière concrète des chemins d'avenir dans la broussaille et la jungle de l'histoire. L'avenir de nos pays ressemble à un grand camp en friche. Les prophètes dont l'Afrique a besoin aujourd'hui ce ne sont pas des devins, mais des éclaireurs, des explorateurs, des défricheurs d'avenir[53].

Pour souligner la témérité dont l'Église doit faire montre dans sa mission prophétique, Poucouta cite une parabole :

> Trois personnes travaillent un soir à la lueur de la lumière électrique. Survient une panne d'électricité. Le premier pris de découragement va se coucher, en attendant la lueur du jour. Le second tempête comme il peut contre l'incurie de la société d'électricité. Le troisième court à la boutique du coin et achète une bougie pour continuer à travailler[54].

Cette parabole, dit-il, rejoint le proverbe chinois selon lequel : « Ne maudis pas les ténèbres mais allume une bougie. » Poucouta veut dire que le peuple de Dieu ne doit pas tomber dans le fatalisme, mais ouvrir des perspectives nouvelles. « Quand bien même l'Église arrache et abat, c'est pour bâtir et planter » (cf. Jr 1.10).

Le second aspect qui vaut la peine d'être évoqué concerne la fonction d'interpellation. Le prophète est également celui qui interpelle. À l'instar de Jérémie, le prophète chrétien est appelé à arracher, à dénoncer le mal. L'Église ne doit pas agir en sapeur-pompier, mais comme prévenant tout danger susceptible de nuire éventuellement au pays.

Enfin la place que le Livre des Chroniques accorde à la rétribution et à la repentance a sa pertinence en Afrique. Puisque selon 2 Ch 7.14 c'est le peuple sur qui le nom de Dieu est invoqué qui doit s'humilier, prier, se détourner des mauvaises voies, afin que Dieu guérisse le pays. Les Églises africaines ne se sentent-elles pas interpellées pour la guérison de nos pays ?

1 CHRONIQUES

L'ARBRE GÉNÉALOGIQUE
DU PEUPLE D'ISRAËL

1 CHRONIQUES 1–9

TOUS LES PEUPLES ONT LA MÊME ORIGINE

Cette première partie de tout le Livre des Chroniques commente les neuf premiers chapitres de 1 Chroniques.

La démonstration que le Chroniste fait de cette révélation est assez remarquable et utile pour décourager tous les artisans du racisme, du régionalisme ou du tribalisme. En Afrique, en général, et au Congo, en particulier, plusieurs personnes se détestent parce qu'elles ne sont pas originaires soi-disant du même « coin ».

Dès le début de son livre, le Chroniste démontre l'origine commune de tous les humains. La première unité littéraire qui va de la mention d'Adam à celle d'Israël peut être structurée en trois parties : 1.1-27 ; 28-34 ; 35–2.2. Dans la première partie, le Chroniste présente les généalogies qui vont d'Adam à Abraham. Dans la deuxième, il s'agit de celles qui vont des descendants d'Abraham à ceux d'Isaac. La troisième partie va d'Ésaü à Israël, tous deux fils d'Isaac.

1.1-26 Du premier homme au premier patriarche

Les vingt-sept premiers versets peuvent être structurés de la manière suivante : d'Adam à Noé (1.4a) ; les descendants de Noé (1.4b) ; Japhet (1.5-7) ; Cham (1.8-16) ; Sem (1.17-23) ; De Sem à Abram (1.24-27). On y note une inclusion, car les v. 1-4 et 24-27 qui encadrent les v. 5-23 parlent des générations du monde, de la création au déluge (1-4) et des générations qui s'étendent de Sem à Abraham.

Le début de ce texte qui est aussi le début du Livre des Chroniques fait mention du nom d'Adam, le premier homme créé par Dieu, le père de l'humanité. Il est créé pour faire l'expérience d'une vie harmonieuse avec Dieu comme en témoigne le récit de la création que rapporte le livre de la Genèse, où le Dieu créateur est décrit comme marchant dans le jardin d'Éden et cherchant la compagnie de l'humain qu'il a créé (Gn 2). Cependant, le Chroniste présente le premier homme de la manière la plus simple qui soit. Il place Adam sur la liste des trois premiers noms qu'il cite sans aucune mention particulière le concernant. Au dernier verset de cette unité littéraire qui va du v. 1 au v. 27, l'auteur cite le nom d'Abraham, le père de la multitude (Gn 17.5), le père des croyants (Gn 12.2-3). Avec la mention du changement du nom d'Abram en Abraham, le Chroniste fait écho à l'alliance de la promesse que le Seigneur avait faite à Abraham en Genèse 17.4-5. Cette promesse fait d'Abraham le père de plusieurs nations. Entre les deux noms (Adam et Abraham) qui encadrent les vingt-sept premiers versets se trouvent les généalogies liées aux trois noms des fils de Noé : Japhet, Cham et Sem, chacun avec ses descendants. Il s'agit dans les trois premiers versets, d'un bref résumé des cinq premiers chapitres de la Genèse.

À partir du v. 4, le Chroniste présente la génération de Noé. Même ici, en dehors du nom de Noé, trois noms sont cités : Sem, Cham et Japhet. Dans les quatre premiers versets, la liste contient 13 noms : dix générations d'Adam à Noé et les trois fils de Noé. Le Chroniste cite ces noms sans dire les liens qui unissent les personnes qui les portent. La lecture de Genèse 5, source du Chroniste, permet d'en savoir plus. La méthode utilisée par l'auteur change au v. 4. En effet, depuis le début (v. 1), le nom cité après un autre est celui du fils du premier nom cité, par exemple, Seth cité après Adam est fils d'Adam. Au v. 4, ce principe marche avec les deux premiers noms, car Sem cité après Noé est fils de Noé. Cependant, avec les troisième et quatrième noms du v. 4, le principe connaît une rupture, puisque Cham et Japhet ne sont pas fils de Sem, mais de Noé. Notons aussi qu'un *waw* conjonctif est placé entre Cham et Japhet. Pour résoudre la difficulté créée par la rupture du principe d'énumération, les auteurs de la Septante insèrent *uioi Noe* (fils de Noé) après la mention du nom de Noé au début du v. 4. Sara Japhet parle de chercheurs qui admettent la probabilité selon laquelle *benē*[55] *nōaḥ* (fils de Noé) serait attesté par un texte plus ancien que le texte massorétique[56]. Ces chercheurs estiment la conclusion de la première liste aux v. 3-4a de la manière suivante : « Hénoch, Mathusalem, Lémek, Noé » (NBS). Dans cette perspective, *benē nōaḥ* (fils de Noé) serait le début de la seconde liste. Cette interprétation est bien possible, mais nous n'avons pas accès à un tel texte hébreu. De toute manière, le texte de la Genèse révèle les liens entre Noé et ses fils. La version du texte massorétique telle qu'elle se présente peut aussi s'expliquer par le fait que le Chroniste peut avoir voulu distinguer la synthèse de deux généalogies de l'humanité : celle allant de la création au déluge et celle d'après déluge avec la prolifération des descendants de Sem, de Cham et de Japhet. Noé peut être considéré comme le pont entre les deux généalogies. Dans ce cas, l'ajout de *uioi Noe* peut être pris pour une glose qui s'inscrit dans une dynamique d'interprétation.

Du v. 5 au v. 23, une structure en trois parties inégalement réparties se dégage : 5-7 ; 8-16 ; 17-23. Chacune de ces parties est introduite par la formule *benē...* Comme on peut le constater, la présentation de la descendance de Japhet est laconique. La liste des fils de Japhet suit fidèlement celle de Genèse 10.2-4, excepté l'omission de la note conclusive au v. 5. Des variantes sont à noter en ce qui concerne l'écriture de certains noms aux v. 6 et 7. Des phénomènes du genre confusion de voyelle et métathèse sont observables. Sept fils de Japhet sont mentionnés. Cependant, de ces sept fils, le Chroniste ne donne que les descendants de Gomer et ceux de Grèce.

Aux v. 8 et 9, parmi les fils de Cham (cf. Gn 10.6-9), se trouvent des noms africains : Koush (Soudan, Nubie), Égypte, Pouth (Lybie). C'est aussi parmi ces fils de Cham que se trouve le nom de Canaan qui est l'ancêtre éponyme des habitants pré-israélites du pays (Palestine et Phénicie)[57]. Au v. 10, le Chroniste fait mention de Nemrod, fils de Koush. À noter que Nemrod ne fait pas partie de la liste précédente des enfants de Koush. C'est pourquoi des commentateurs parleraient de deux sources différentes à l'origine de ce texte. Alors que pour le premier homme créé par Dieu, le Chroniste ne dit rien de plus sur lui, pour Nemrod, l'auteur trouve bon d'ajouter qu'il commença à être un héros sur la terre[58]. Puisque Nemrod est fils de Koush, c'est donc un Africain. Il est intéressant de voir que le Chroniste met en relief, dans une partie consacrée à la généalogie, la vaillance d'un Africain. N'est-ce pas là une interpellation pour les Africains de tous les âges ? Notons que le Chroniste ne trouve pas utile de préciser, comme le fait l'auteur de Genèse 10.6-9, que Nemrod fut un vaillant chasseur devant YHWH (le Seigneur). L'absence de précision chez le Chroniste fait de l'Africain Nemrod un vaillant homme de manière générale.

À propos de Sem (v. 17-23), une liste de neuf descendants est aussi donnée. De ces descendants, un accent particulier est mis sur Arpakshad. C'est de la lignée d'Arpakshad qu'est Eber l'ancêtre éponyme des Hébreux.

Aux v. 24-27, Abraham est présenté comme descendant de Sem qui est lui-même fils de Noé de la descendance d'Adam. Du coup, l'auteur établit le lien entre le premier homme et le premier patriarche.

1.28-34 Des descendants d'Abraham à ceux d'Isaac

Au v. 28, l'auteur présente les fils d'Abraham. Cependant, comme en Genèse 25.9 qui est sa source, l'auteur ne commence pas par citer le nom d'Ismaël qui est l'aîné. Il cite d'abord Isaac. Il s'inspire du livre de la Genèse, mais il sélectionne les informations qu'il trouve dans ce premier livre de la Bible pour aider le lecteur à comprendre les liens qui unissent les peuples de la famille humaine. Même certains noms comme Caïn et Abel ne sont pas cités, alors que ce sont, d'après le récit de Genèse 4, les premiers enfants d'Adam et Ève. L'auteur passe directement à Seth (Gn 5) né après Caïn et Abel. Il préfère donc une synthèse des informations contenues dans le livre de la Genèse. Il est important de noter que dès le début de son livre, l'auteur, à travers ses listes généalogiques, exprime sa conviction au sujet de l'unicité des peuples de la race humaine créée par Dieu. Dans la conception du Chroniste, tous les peuples, y compris les Africains, ont la même origine : Dieu créateur.

Le Chroniste a préféré consacrer cette partie à Abraham qui est le dernier nom cité dans le texte précédent. Il est père de trois lignées : celles d'Isaac, d'Ismaël, et des enfants nés de Qetoura. Les trois lignées manifestent déjà la position d'Abraham comme père de la multitude. Fort curieusement, dans sa présentation des fils d'Abraham au v. 28, l'auteur préfère commencer par Isaac avant de citer Ismaël qui est en réalité l'aîné. Est-ce parce qu'Isaac est le fils de la promesse ? Mais lorsqu'il présente les descendances de ses fils, il commence par celle d'Ismaël, passe à celle des enfants de Qetoura, puis termine par celle d'Isaac. De celui-ci sont nés Israël et Esaü. Genèse 25 est probablement la source d'informations que l'auteur présente dans ce texte. Abraham est père d'enfants de mères différentes. En Afrique, même de nos jours, il n'est pas rare de voir des enfants nés d'un même père, mais de mères différentes. La polygamie est une réalité indéniable en Afrique. Au Congo par exemple, le Code de la famille reconnaît le régime de la polygamie. Les religions traditionnelles l'admettent aussi. Cependant, les Églises chrétiennes classiques la désapprouvent.

Aux v. 29-31, la liste des enfants d'Ismaël est extraite de Genèse 25.13-18. La formule d'introduction *'ēlleh toledotām* (Voici leurs généalogies) est un abrégé de l'introduction dans le livre de la Genèse (v. 12-13a). Dans le contexte du Livre des Chroniques, les mots de cette formule peuvent sembler se référer à la fois à Isaac et Ismaël. La suite montre cependant qu'ils forment plus probablement une transition aux « fils d'Ismaël » comme on le voit plus clairement à la conclusion (31b). La liste suit exactement celle de Genèse 25.13b-16a. Le Chroniste ne s'intéresse pas à ce que le livre de la Genèse dit sur la mort d'Ismaël et l'organisation ismaélite, ainsi que concernant leur expansion territoriale.

Aux v. 32-33, le Chroniste crée une structure différente de celle utilisée en Genèse 25. Il rapporte tous les descendants d'Abraham ensemble. Suivant l'en-tête du v. 28, les fils d'Ismaël sont cités en premier lieu. Comme Isaac et ses descendants sont mentionnés en détails à la fin de la généalogie, les fils de Qetoura doivent être cités au milieu.

De sa source de Genèse 25.2-4, le Chroniste omet toutes les particules accusatives (*'et*). Il fait usage du *waw* conjonctif pour combiner les noms. De plus, au lieu du mode narratif en Genèse 25.3, il procède autrement. Il ne fait pas référence aux fils de Dedan. Comme conséquence de ce changement, fut-il léger, la liste dans la version chroniste gagne en uniformité. L'omission des enfants de Dedân mentionnés en Genèse 25.3b, ne peut pas être une corruption scribale, mais le résultat d'une rédaction. La conclusion au v. 33b a pour source Genèse 25.4b et a comme parallèle 1 Chroniques 1.31b.

La formule « Abraham engendra Isaac » (v. 34a, NBS) est en réalité la conclusion de la section consacrée aux fils d'Abraham, et elle prépare le lecteur aux généalogies d'Isaac qui vont suivre. Ces mots ont comme source Genèse 25.19 qui est en parallèle avec Genèse 25.12. Dans le contexte de la Genèse, ces mots ouvrent l'histoire d'Isaac. Ici, dans les Chroniques, ils concluent la généalogie d'Abraham. Le début du v. 34b introduit une nouvelle section qui ressemble en longueur à la première partie du chapitre (v. 1-27). En accord avec la manière dont fonctionne le chapitre, le texte ne se réfère en détails qu'aux descendants d'Esaü, tandis les fils d'Israël ne seront cités qu'en 1 Chroniques 2.1-2 et traités aux v. 3ss.

Pour Jacob, le Chroniste utilise exclusivement le nom Israël. En cela il s'écarte de sa source. En procédant de la sorte, il met en relief la signification de Jacob-Israël comme père du peuple qui porte son nom.

1.35–2.2 Des descendants d'Ésaü à ceux d'Israël

La liste rapportée aux v. 35-37 est un bref résumé de Genèse 36.9-14 où les fils d'Esaü sont cités selon leurs mères. Cet accent sur les mères est un trait caractéristique dans le livre de la Genèse qui est l'une des sources du Chroniste. Celui-ci l'ignore. Là n'est pas son intérêt. Ici, il arrange les noms des fils selon l'ordre de leur naissance. Ce nouvel arrangement engendre une différence majeure. En effet, en Genèse 36, après l'énumération des cinq fils d'Eliphaz qu'il avait eus avec sa femme dont l'identité n'est pas donnée (v. 11), il y a un court paragraphe se référant à sa concubine Timna et à Amalec son fils (v. 12). La mention de cette concubine intervient plus tard (v. 22) comme sœur de Lotân le Horite, c'est sans doute un reflet des connexions ethniques entre Esaü (Édom) et les fils de Séir qui sont les habitants du pays. Dans la liste de la version chroniste les choses sont présentées autrement. Il présente Timna et Amalek comme enfants d'Eliphaz. Il change le statut de Timna, la concubine selon Genèse 36.11, qui devient enfant d'Eliphaz.

Aux v. 38-42, par rapport à Genèse 36.20-28 qui est le parallèle, le Chroniste omet les détails qu'il juge inutiles. Il ne retient que ce qui correspond au but qu'il s'est fixé. Cette technique est présente dans toute son œuvre.

Les v. 43-51a révèlent les noms des rois qui se succédèrent sur le trône d'Édom avant les règnes des rois en Israël. Le Chroniste doit probablement ces informations à Genèse 36.31-43. Israël n'est donc pas le premier peuple à faire l'expérience de la royauté. Édom était donc gouverné par des rois qui établirent leurs propres capitales et qui se succédèrent les uns après les autres, jusqu'à la mort du roi Hadad. Selon les v. 51b-54, après le règne de ce roi, ce sont les chefs des clans qui ont gouverné Édom. L'auteur en dresse une liste comme il a fait pour les rois. À travers l'emploi des expressions comme « à sa mort » ou « après sa mort », l'auteur de ce texte souligne la finitude de l'être humain, quelle que soit sa position sociale. Cette finitude de l'humain que le Chroniste met en exergue peut aider tous les humains occupant une parcelle d'autorité à assumer leur responsabilité en toute humilité. À l'époque, il y avait au Congo-Brazzaville un homme qui s'était surnommé *ta Nzambi wanfwa diba*, qui signifie littéralement : « Dieu m'avait oublié lorsqu'il avait décrété le principe de la mort des humains. » Pourtant, comme affirme le Chroniste : « il mourut », quoique rassasié de long jours.

Tous les rois d'Édom portent des noms de famille qui sont attestés ailleurs dans la Bible. Par exemple le nom de Béla fils de Béor qui ne manque probablement pas de lien avec le célèbre Balaam fils de Béor (Nb 22.5ss).

Après avoir montré que tous les peuples ont la même origine, qu'Abraham est le père de la multitude, que le régime de royauté existe avant l'institution de la royauté en Israël, en 1 Chroniques 2.1-2, l'auteur du Livre des Chroniques passe à la présentation de la descendance de Juda, fils de Jacob appelé aussi Israël. En d'autres termes, d'une généalogie en rapport avec l'histoire universelle, il passe à une généalogie beaucoup plus en rapport avec une histoire nationale ou tribale, même si ce texte contient des indices d'une ouverture aux autres peuples, puisque Juda par exemple eut trois fils de son épouse cananéenne (v. 3). Il semble que l'auteur veut montrer la place d'Israël parmi les nations. Ce texte contient les informations que l'auteur puise dans les livres de la Genèse (35.23-26 ; 38.23-27) ; de Rois (1 R 5.11) et de Josué (7).

Conclusion et questions de réflexion

Le racisme, le régionalisme, le tribalisme, le ségrégationnisme, etc., ne favorisent pas une bonne ambiance entre les humains. Lorsque nous encourageons de tels comportements, nous nous opposons à la volonté de Dieu, le créateur de tous les humains et qui est amour, qui désire que les humains puissent s'aimer les uns les autres. La conscience d'une origine commune suffit-elle pour mettre fin aux : racisme, régionalisme, tribalisme, ségrégationnisme, etc. ? Puisque nous parlons beaucoup du tribalisme en Afrique, si nous le considérons comme un poison qui menace notre tissu social, quel antidote est susceptible de nous aider à y remédier ? Dans quelle mesure la tribu ou l'ethnie devient-elle une idole ?

LES DESCENDANTS DE JUDA, FILS DE JACOB

Un enseignant africain affecté comme directeur dans une école de son village natal disait, entre autres, aux élèves de cette école : « Je sais que nous appartenons presque tous à la même tribu. Cette réalité ne doit pas être un prétexte pour nous enfermer dans notre tribu. Nous avons le devoir de nous ouvrir aux autres tribus de notre pays, afin qu'avec celles-ci, nous puissions faire l'expérience d'une véritable nation. Nos différentes tribus ne constituent que des micro-nations. »

Le v. 3 montre que c'est par Juda que s'ouvrent les généalogies tribales. Pour le Chroniste, Juda joue un rôle central dans l'histoire d'Israël. Alors que la liste des fils d'Israël ne commence pas par lui, seule sa descendance est présentée dans tout ce deuxième chapitre. C'est peut-être parce que c'est par cette descendance qu'on arrive à David qui est un personnage très significatif dans le Livre des Chroniques. Justement, le chapitre 3 commence par la présentation des fils de David. Notons aussi que ce sont les règnes de Juda que l'auteur du Livre des Chroniques utilise comme exemple de la réalisation du gouvernement divin sur la terre. L'auteur juge bon de présenter les différentes subdivisions à l'intérieur de la tribu et les relations entre membres de cette tribu. Il montre aussi les liens de Juda avec les autres tribus ainsi qu'avec les tribus non israélites. Lorsque le Chroniste introduit Ruben, il révèle sa haute estime de la signification de Juda (1 Ch 5.1-2). Il reconnaît que Ruben est le premier-né (1 Ch 2.1-2 ; 5.1). Cependant, dans la pensée du Chroniste, ce statut ne confère pas automatiquement à Ruben une position prééminente parmi les enfants d'Israël. En effet, pour cause d'inconduite, Ruben perdit son droit d'aînesse. C'est à Joseph que fut donné ce droit (1 Ch 5.2). Concernant Juda, il n'était pas le premier-né (1 Ch 2.1-2), mais croissait avec force parmi ses frères (1 Ch 5.2).

Les v. 3 et 4 sont une combinaison de Genèse 46.12 avec un bref résumé de Genèse 38. L'emploi de Genèse 38 peut surprendre dans la mesure où le Chroniste ne semble pas s'intéresser aux matériaux narratifs du livre de la Genèse et ne s'intéresse qu'aux généalogies. S'inspirant de Genèse 38, le Chroniste révèle que les trois premiers fils de Juda étaient nés d'une femme cananéenne nommée Bathsha ; que le fils aîné de Juda qui s'appelle Er, était méchant aux yeux de YHWH et fut par conséquent égorgé ; que Juda eut ses autres enfants avec sa belle-fille nommée Tamar. La mention de la cananéenne, une non-Israélite, dans le récit du Chroniste est au service de sa politique d'inclusion qui est l'un des buts des généalogies.

Comme Ruben, premier-né d'Israël, Er, premier-né de Juda, perdit son droit d'aînesse parce qu'il était méchant aux yeux du Seigneur.

Ni la posture de Er comme fils aîné, ni le puissant statut de Juda ne pouvait leur garantir d'être à l'abri d'une infraction. Le péché commis par Juda est pardonné et ne constitue pas un obstacle à sa progéniture. Là se manifeste déjà, dans une certaine mesure, la conception chroniste de la justice divine. Celle-ci fait partie des thèmes théologiques majeurs du Chroniste. Le péché de Juda aura été involontaire, et le récit ne le condamne pas. Dès lors qu'il se rendit compte de la vraie identité de Tamar, il ne coucha plus avec elle (Gn 38.26). Il y a un silence sur le sort du second fils de Juda appelé Onan.

Les v. 6-8 commencent par une présentation de la famille de Zérah, premier fils de Tamar selon Genèse 38.28-30. Le début des v. 6 et 7 fait écho à Josué 7.1 où Akân est identifié comme le fils de Karmi, fils de Zabdi, fils de Zérah. Dans le reste du v. 6, on trouve un écho à 1 Rois 5.11 qui fait mention de la sagesse de quatre hommes. Comme frères de Zimri ou Zabdi, les quatre sages ont dû vivre pendant la marche du peuple dans le désert. Cependant le Livre des Rois les voit comme des contemporains de Salomon. Ils ont des noms individuels, c'est pourquoi il serait difficile de parler de famille ou clan. Cette difficulté historique est accentuée par le Chroniste et révèle ses intentions qui consistent à établir une sorte de généalogie pour les Zérahites. La lignée principale des Zérahites est à travers Zimri, Karmi, et Akân. Il y a omission de l'élément selon lequel Karmi était le fils de Zimri ou Zabdi. Le lecteur sera sans cesse confronté à ce problème dans les généalogies où l'identité des noms est obscure pour cause d'absence d'éléments révélant les liens entre ces noms. Il est difficile de savoir si ce trait est authentique ou est le résultat d'une corruption textuelle. La référence à Josué 7.1 peut aider à donner un éclairage sur les liens entre les noms cités. Le nom d'Akân est intentionnellement changé en Akar, car '$\bar{a}k\bar{a}r$ signifie celui qui cause le trouble. Il y a dans Josué 7.25-26, un jeu de mots qui sert de base au sort d'Akân.

La référence à Akân ou Akar est un autre élément négatif au tableau de la tribu de Juda. Le récit de Josué 7.24-25 montre que la lignée d'élection ne reste pas celle des Zérahites, mais doit être vue ailleurs dans la tribu de Juda.

Les Psaumes 88.1 et 89.1 font mention de Hémân et Etân. La mention de ces deux Ézrahites fait penser aux hommes dont la sagesse avait été rivalisée par celle de Salomon. Cependant, le Livre des Chroniques reflète une tradition différente. Selon 1 Chroniques 6.33-38 ; 39-43 ; 44-47, ces chefs de chantres sont lévites. Le Chroniste ne les qualifie pas d'Ezrahites.

Le cinquième fils de Zérah est appelé Dara dans la version chroniste, mais Darda en 1 Rois. Il est difficile de savoir s'il s'agit d'une corruption textuelle ou pas.

Le v. 8 fait mention d'Azaria, fils d'Etân, inconnu d'une autre source. S'agit-il d'Azaria fils de Nathan selon 1 Rois 4.5 ?

Au v. 9, la manière dont l'auteur introduit les descendants de Hetsrôn (v. 9-41) est similaire à celle avec laquelle il présente les descendants de Pérets. Caleb est appelé ici *kelubay*.

Aux v. 10-12, sous la forme d'un arbre généalogique qui va de Ram à Jessé, l'auteur retrace les origines de la maison de David. Il y a dix générations de Juda à Jesse prétendant dépeindre la famille de Jessé comme enracinée dans les familles judéennes les plus anciennes et les plus vénérées.

Aux v. 13-17, les données de la descendance de Jessé pouvaient ne pas avoir toutes eu pour source 2 Samuel. Les noms des quatrième et sixième fils ne sont pas attestés dans 2 Samuel. La conception selon laquelle Tserouya et Abigaïl étaient des filles de Jessé contredit ce qui est dit en 2 Samuel 17.25. Une autre contradiction est celle de dire que David fut le septième plutôt que le huitième fils de Jessé (1 S 17.12). Pourtant, les informations sur la famille royale émanaient des archives royales. Ainsi, les noms des frères de David omis, pour des raisons littéraires, dans le Livre de Samuel, pouvaient avoir été connus de tous. De plus, l'affirmation selon laquelle Joab fut le cousin de David expliquerait leur lien spécial, de même que les paroles suivantes de David à Amasa : « N'es-tu pas mes os et ma chair ? » (2 S 19.14), bien qu'elles doivent avoir une signification métaphorique. Le nom du frère de Joab apparaît toujours dans les livres des Chroniques sous la forme d'Abshai. Yètèr (Yetra en 2 S 17.25) appelé Ismaélite ici est appelé Israélite dans le Livre de Samuel. Selon Sara Japhet, il s'agit là d'un exemple où le Livre des Chroniques préserve probablement la version originale changée dans le Livre de Samuel pour des raisons apologétiques[59].

Les v. 18-24 semblent corrompus à l'introduction et à la conclusion. Par conséquent, de nombreuses suggestions ont été faites pour comprendre les sources, le sens et la place de ce passage dans le Livre des Chroniques.

Le v. 18 fait écho au v. 9 en ce sens qu'il offre un cadre basique des fils de Caleb, reliant les deux branches de Juda : Hour et Ashhour, tous deux fils de Caleb nés d'une même femme appelée Éphrath. L'union entre Caleb et Éphrath est présentée comme un remariage pour les deux. Caleb ne prit Éphrath comme épouse qu'après la mort d'Azouba (v. 19), et Éphrath semble avoir d'abord été la femme de Hetsrôn (v. 24). Ces données, vues sous l'angle ethnologique, donnent lieu à plusieurs interprétations.

Hour est présenté dans les listes comme le premier-né d'Éphrath (2.50 et 4.4). Le v. 19 le sous-entend aussi. En revanche, selon le v. 24, Caleb ne prit Éphrath comme épouse qu'après la mort de Hetsrôn. Si c'est à ce moment qu'Ashhour était né, quand donc Hour est-il né ? Pourquoi est-il présenté comme premier-né d'Éphrath ? Hour n'est-il pas plutôt le frère de Caleb et non son fils ? Ce n'est qu'au v. 19 que le lien père-fils est établi entre Caleb et Hour.

La syntaxe du v. 18 est littéralement difficile. Ce verset est probablement un fragment des généalogies des Calébites. Il est introduit ici à cause de l'importance du v. 19[60]. Les difficultés de compréhension du v. 19 sont dues à sa juxtaposition avec le v. 24.

Le v. 20, ainsi que les v. 7, 10b, 49b, constituent un exemple clair de la tendance du Chroniste à lier les protagonistes de la période du désert avec la généalogie de la tribu. Puisque Hour, le premier-né d'Éphrath, est vu comme grand-père de Betsaléel, le Hour de l'Exode devient la cinquième génération de Juda.

Les v. 21-22 appartiennent à la généalogie de Makir, fils de Manassé. Ces versets donnent une expression généalogique aux liens ethniques entre Juda et Manassé. Cela se fait à travers la description d'un mariage tardif entre Hetsrôn et une fille de Makir dont l'identité n'est pas donnée dans le texte.

Selon le v. 24, Ashhour, fils de Hetsrôn et d'Abiya, était né après la mort de son père. Cependant, la référence au lieu de la mort de Hetsrôn, l'unique nom du lieu « Caleb-Éphrata », difficile à comprendre, avec la mention d'un autre fils d'Hetsrôn, non anticipé dans le contexte, et l'affiliation de Ashhour avec Hetsrôn, plutôt qu'avec Hour (1 Ch 4.5), tous ces éléments rendent le v. 24 difficile à lire et à comprendre. Au lieu de lire *bekālēb* (dans ou à Caleb), ne serait-il pas mieux de lire *bā'kālēb* (Caleb s'unit à...), comme lisent la Septante et la Vulgate ?

Aux v. 25-33, il est question de la liste des fils de Yerahméel. Deux lignées à noter ici : celle de sa femme principale non nommée, et celle de son autre femme nommée Atara. La lignée de la femme non nommée va jusqu'à la troisième génération. Celle d'Atara est plus détaillée. La description du développement ethnique à l'intérieur de Yerahméel révèle à la fois une réduction et une expansion. La réduction s'explique par l'extinction de certaines branches qui, dans le contexte, sont indiquées par la formule généalogique : « X mourut et n'eut pas de fils » (v. 30 et 32, TOB). L'expansion est indiquée avec l'expression « autre femme » (v. 26). C'est le facteur majeur parmi les Yerahméelites (v. 28-33). Un autre élément est ajouté au v. 29 à travers le nom Abihaïl, la femme d'Abishour.

Rien, dans la liste du Livre des Chroniques ou dans les données extérieures à ce livre, ne saurait justifier la référence à Yerahméel comme premier-né de Hetsrôn (v. 25). Sara Japhet pense qu'il est probable que Yerahméel était le plus ancien groupe ethnique dans les montagnes judéennes et un facteur primaire de l'émergence de la tribu de Juda[61]. Elle cite 1 Samuel 30.26-28.

Les v. 34-41 présentent l'arbre généalogique d'Élishama. Cet arbre fait écho à celui que nous lisons en 1 Chroniques 2.10-12. Cet Élishama est-il le même que celui de 2 Rois 25.25 ? Élishama appartient à la treizième génération après Shéshân. Cela ne pourrait-il pas rendre plausible l'identification de cet Élishama à celui de 2 Rois 25.25 ? Le Nathan mentionné dans ce texte n'est-il pas le même que le prophète du temps de David ?

Ce texte révèle aussi que Shéshân n'ayant pas eu de fils, donna l'une de ses filles en mariage à un esclave égyptien. De cette union, un fils fut né. C'est intelligent de la part de Shéshân, car le fils né d'un père esclave pouvait porter le nom de Shéshân, alors que si un homme libre était le père de ce fils, Shéshân ne pouvait pas lui faire porter son nom. La syntaxe du v. 35 indique que c'est à Shéshân que se réfère le suffixe de la troisième personne masculin singulier.

Ce récit n'est pas sans rappeler les récits du livre de la Genèse. Une fille égyptienne en position d'esclave fut donnée à Abraham (Gn 16.1-2). Les servantes Zilpa et Bilha furent données à Jacob. Dans ces trois cas, les enfants nés appartiennent à la maîtresse. Dans le récit de Shéshân rapporté par le Chroniste, ce n'est pas une maîtresse qui exprime le besoin d'avoir un fils. C'est lui-même Shéshân qui veut avoir un fils par le truchement de l'union de l'esclave égyptien avec l'une de ses filles. C'est donc à un Africain que Shéshân fait appel pour avoir un fils qui porte son nom. En Exode 21.4, il est écrit : « Si c'est son maître qui lui a donné une femme et qu'elle lui ait donné des fils ou des filles, la femme et ses enfants appartiendront à son maître... » (NBS) Le contenu de cette loi ressemble, dans une certaine mesure, au récit de Shéshân. Cependant, dans cette loi, il s'agit d'esclave hébreu, tandis que dans la situation de Shéshân, c'est à un esclave égyptien qu'il donne l'une de ses filles, afin d'avoir un fils. Les descendants de l'esclave égyptien sont entièrement Israélites, des descendants Yérahméens. Ce que le Chroniste véhicule, à travers ses généalogies, n'est autre qu'une réflexion sur les circonstances sociales ayant occasionné l'intégration des étrangers en Israël. C'est avec une attitude positive que le Chroniste décrit le phénomène. Cela s'inscrit bien dans sa théologie de l'inclusion.

Les v. 31 et 34 semblent se contredire. Le v. 31 parle de fils (*benê*) de Shéshân, alors que le v. 34 affirme que Shéshân n'eut pas de fils. Il est probable que ces deux versets aient eu des sources différentes.

Les v. 42-50a révèlent une seconde liste des enfants de Caleb. En effet, les v. 18-20 donnent déjà une liste d'enfants de Caleb. À l'exception du v. 49b qui fait écho à Josué 15.16-19 et Juges 1.11-15, cette lignée manque de parallèle. Les v. 42-50a forment une inclusion : le v. 42 commence de la manière suivante : « Fils de Caleb... » ; au v. 50a, il est écrit : « Ce furent fils de Caleb... » (TOB). Dans les v. 50b-55 Hour est à associer aux Horites et aux Fils de Séir. Cette généalogie segmentée et sans parallèle des Éphratites fait écho à la lignée de Hour, mentionné au v. 19 comme fils de Caleb et au v. 20 comme le père de Ouri et le grand père de Betsaléel. Des noms de personnes, de groupes et de villes apparaissent. La généalogie montre une variété interne, introduisant les trois fils de Hour, leurs lignées, les villes qu'ils ont fondées et les familles qui leur sont associées. D'autres généalogies concernant les descendants de Hour sont mentionnées après les généalogies de David (4.2-4).

En 1 Chroniques 1.38-40, Shobal qui au v. 50 est fils de Hour, est déjà présenté comme fils de Séir. Il est aussi décrit comme le père de Manahath (Gn 36.20, 23 ; 1 Ch 1.40). Chacun des trois fils de Hour est décrit comme fondateur, littéralement « père » d'une ville. Shobal est le fondateur de Qiriath-Yéarim (v. 50), Salma celui de Beth-Léhem (v. 51 ; cf. v. 54), Hareph père Beth-Gader. Beth-Léhem appartient à Juda selon la répartition attestée en Josué 15.59. Qiriath-Yéarim se situe dans la bordure de Juda (Jos 15.60 ; 18.14) et Benjamin (Jos 18.14), au moins à 10 km au nord-ouest de Jérusalem. Au cours de la période achéminide, Qiriath-Jearim est décrite comme l'un des lieux desquels les gens rentrés d'exil provenaient (Esd 2.25 ; Né 7.29). Beth-Garder est un *hapax legomenon*[62], c'est-à-dire que l'expression est utilisée une seule fois dans le texte biblique. Ce site inconnu est parfois considéré comme une variante de Gedor de 1 Chroniques 4.4.

Aux v. 52-54, la généalogie segmentée des Éphratites se poursuit avec une liste supplémentaire des fils de Shobal et Salma. Dans ces versets, le terme « fils » peut faire allusion aux villes, aux parties des villes ou aux groupes de villes.

Le nom de Caleb qui se trouve aussi dans le livre de Josué est très présent dans ce texte. Ce texte contient aussi, en dehors des noms des personnes, ceux des localités comme Hébron qui entre dans l'histoire de David.

Conclusion et questions de réflexion

Nous remarquons dans cette unité le recours à une intervention africaine pour avoir une progéniture (1 Ch 2.34-41). Cette unité et d'autres textes de la Bible révèlent l'importance que les auteurs inspirés accordent à l'Afrique. Quel commentaire cela peut-il nous inspirer en tant qu'Africains ? L'Afrique traditionnelle inclut plus qu'elle n'exclut. Qu'en est-il de nos églises en Afrique ?

LA GÉNÉALOGIE DEPUIS DAVID

3.1-24 Les descendants de David

Dans son ouvrage intitulé *Proverbes des Bakongo*, le missionnaire suédois Oscar Stenström écrit : « La vraie richesse, qui signifie un grand clan et beaucoup d'enfants, est appelée *mbongo bantu*… Les enfants sont désirés et reçus avec joie, que ce soient des garçons ou des filles[63]. » L'expression *mbongo bantu* peut être littéralement traduite par : « Avoir des gens c'est avoir l'argent. »

Le fait que l'auteur consacre ce chapitre aux descendants de David permet de comprendre pourquoi, dans le chapitre précédent, il a préféré présenter Juda dont la descendance engendre le personnage de David, roi d'Israël. La liste des fils de David nés à Hébron est presque identique à celle qui se trouve en 2 Samuel 3.2-5, avec quelques différences. Par exemple, le nom du second fils est Kiléav en 2 Samuel, mais dans ce texte, il s'agit de Daniel. Aucune autre information n'est donnée à propos de ce Daniel dans le Livre des Chroniques. L'auteur présente aussi les enfants de David nés à Jérusalem.

David est déjà cité en 1 Chroniques 2.15 comme septième fils de Jessé, lui-même faisant partie de la généalogie de Ram. Le Chroniste révèle que David a eu plusieurs enfants avec plusieurs femmes. Ce fonctionnement qui consiste à avoir plusieurs femmes et plusieurs enfants fait aussi partie de l'héritage traditionnel africain.

La mention d'Hébron au v. 4 comme lieu de naissance d'une partie des fils de David fait écho à 1 Chroniques 2.43-44 qui donne la liste des fils d'Hébron. Le nom d'Hébron désigne donc d'abord un personnage puis un lieu. Plusieurs localités en Afrique portent des noms de personnes. À titre d'exemple, à quelques kilomètres de Brazzaville se trouve une localité appelée *Ngamanzambala*. Ce nom fut d'abord celui de l'un des premiers chefs de ce village.

Les v. 5-8 dépendent largement de 2 Samuel 5.14-16. Un résumé similaire se trouve en 1 Chroniques 14.4-7. La mention : « tous les quatre de Bath-Shoua, fille d'Ammiël » (TOB) ne se trouve pas en 2 Samuel 5.14-16 qui est un texte parallèle. Comme on peut le constater, cette mention ayant pour source 2 Samuel 11.1-12.25, fait de Salomon le quatrième fils de David avec Bathshéba (Bethsabée), une information qui surprend le lecteur. La liste donnée par le Chroniste ne reflète probablement pas l'ordre de naissance de ces enfants.

Au v. 9, le Chroniste fait mention de Tamar comme sœur des fils de David. 1 Chroniques 2.3-4 fait déjà mention d'une Tamar belle-fille de Juda.

L'auteur passe ensuite aux descendants de Salomon. Aux v. 10-14 une série de quinze générations est présentée, s'étendant de Salomon à Josias. C'est là qu'on retrouve les noms des rois du royaume de Juda. On le voit, ce que nous avons dit pour le chapitre précédent au sujet de Juda se confirme dans ce chapitre. L'auteur présente ces rois dans l'ordre de leurs règnes. Par rapport au Livre des Rois qui est un texte parallèle au Livre des Chroniques, l'auteur des Chroniques présente les noms des enfants du roi Josias avec des différences.

Dans les v. 15-19a, le Chroniste, tout en ayant eu accès à des sources bibliques, présente une ascendance sans parallèle. À l'instar de la généalogie segmentée des fils de Jessé (2.13-15) et de la généalogie segmentée des fils de David nés à Hébron (3.1-3), la généalogie segmentée des fils de Josias est marquée par des nombres ordinaux.

Les v. 19b-24 rapportent la liste des descendants davidiques, de Zorobabel aux fils d'Elyoénaï. La présence du nom de Zorobabel dans ce chapitre révèle que la descendance de David va même au-delà de l'exil.

4.1-43 La généalogie de Juda, deuxième partie, et celle de Siméon

Ce chapitre peut être divisé en deux parties : 1-23 et 24-43. La première partie présente la généalogie de Juda (deuxième partie). La deuxième partie parle des descendants de Siméon.

4.1-23 Généalogie de Juda (deuxième partie)

Dans cette partie, l'auteur procède autrement dans sa présentation des descendants de Juda, à comparer avec le deuxième chapitre. Parmi les noms des fils de Juda se trouve celui de Karmi. Avec Wellhausen (1870) et d'autres, on peut penser qu'il s'agit probablement de Caleb (cf. 2.18, 42, 50) ou de Keloubaï (2.9). En Genèse 46.9 et 1 Chroniques 5.3, c'est parmi les fils de Ruben qu'il est fait mention de Karmi. L'hypothèse d'une corruption textuelle en 1 Chroniques 4.1

n'est pas à exclure. Des informations complémentaires sont données concernant les fils de Pèrèç qui ont déjà été présentés au chapitre 2. Après le premier verset, l'auteur passe à des informations un peu éparses. En effet, 1 Chroniques 4.2-23 est fondamentalement une collection de diverses généalogies. Certaines développent explicitement des parties de la rubrique d'ouverture, tandis que d'autres ne le font pas. Le v. 2 de ce chapitre reprend d'une certaine manière 1 Chroniques 2.52-53. L'auteur fait mention d'Etam qui est lié aux fils de Hour, fils aîné d'Ephrata et fondateur de Bethléem. Notons qu'en 2.54, le père de Bethléem est Salma. Un nom est mis en relief dans la liste de ce texte, celui de Yaébeç décrit comme honoré plus que ses frères et dont la signification du nom est donnée au v. 9, alors que l'auteur ne fait pas pareil pour les autres. Cette signification donnée par la mère de Yaébeç décrit les circonstances liées à la naissance de ce personnage. Plusieurs personnes en Afrique portent des noms qui reflètent les circonstances de leur conception ou de leur naissance. Dans la tribu Kongo du Congo-Brazzaville, Yaébeç serait appelé Mpasi qui signifie souffrance. À la signification du nom est ajoutée la mention de sa prière (v. 10). L'auteur dit bien que Dieu accorda à Yaébeç ce qu'il lui avait demandé. 1 Chroniques 4.10 qui rapporte l'invocation de Yaébeç anticipe le thème de l'importance de la prière, un thème bien attesté dans les récits chronistes concernant la monarchie. En faisant déjà mention du thème de la prière, l'auteur veut aussi faire passer le message selon lequel le Dieu d'Israël, qui est aussi le Dieu de tous les peuples, y compris les Africains, exauce les prières de ceux qui souffrent et qui s'adressent à lui. Dans la paroisse évangélique de Mayangui (au Congo-Brazzaville), la sous-section du Cercle Biblique Evangélique (CBE) avait une troupe théâtrale qui avait l'habitude de jouer une pièce intitulée Mpasi, personnage principal de la pièce. Comme l'indique son nom, Mpasi passe une bonne partie de sa vie dans la souffrance, jusqu'au moment où il se consacre à la prière et reçoit l'exaucement de Dieu.

Au v. 15 se pose le problème de l'identité de Caleb si l'on compare avec les informations mentionnées en 1 Chroniques 2.9, 18-20, 42-50. Le Caleb, fils de Hèçrôn est-il le même que le Caleb fils de Yefounnè ? Si tel est le cas, les informations de 1 Chroniques 4.15 sont à voir soit comme en contradiction avec celles de 1 Chroniques 2 ou en redondance sous forme de variante. Le Caleb célèbre dans la Bible hébraïque est le fils de Yefounnè (Nb 13.6 ; 14.6, 30, 38 ; 26.65 ; 32.12 ; 34.19 ; Dt 1.36 ; 1 Ch 6.41). Pour avoir rempli ses obligations envers Yahvé, Caleb reçut Hébron comme patrimoine (Jos 14.13-14). Caleb, fils de Yefounnè et les Calebites sont présentés dans Josué, Juges et Samuel comme originaires du sud de Canaan (Jos 14.6-15 ; 15.13-17 ; Jg 1.20 ; 1 S 25.2-3). Caleb est appelé le Qenizzite (Nb 32.12 ; Jos 14.6, 14) ou frère de Qenaz (Jos 15.17 ; Jg 1.13 ; 3.9). Cependant, l'auteur de Nombres 13.6 et 34.19 fait de Caleb fils de

Yefounnè un membre de la tribu de Juda. Cette conception n'a pas aussi manqué d'influencer, dans une certaine mesure, le Chroniste.

Voici les différents portraits liés au nom de Caleb dans 1 Chroniques : fils de Yefounnè, fils de Hèçrôn (2.9 et 18) ; frère de Yerahméel (2.42) ; Kelouv, frère de Shouha (4.11). Ayant eu pour sources le Pentateuque et l'histoire deutéronomiste, le Chroniste donne l'impression de parler de différents personnages liés au nom Caleb. Alors que Sara Japhet[64] met en relief le fait que le Chroniste parle de plusieurs Caleb à l'intérieur de la tribu de Juda et trouve sa conception indépendante et plus juste que ce que nous trouvons dans l'Hexateuque, Gary N. Koppers[65] pense que le Chroniste est à la fois redevable au Pentateuque et à l'histoire deutéronomiste, et se démarque de ses sources. À mon avis, le Chroniste fonctionne ici comme il le fait ailleurs, c'est-à-dire faire bon usage de ses sources tout en étant indépendant. La vision chroniste de l'intégration ou de l'inclusion s'exprime bien dans sa gestion du nom Caleb.

L'auteur qui écrit après l'exil puise probablement ses informations dans la tradition d'avant exil, la mention de (*hammelek* = le roi) roi (v. 23) en est un indice. À la fin de sa présentation généalogique concernant Juda dans ce chapitre, l'auteur revient sur le nom de Shéla, fils de Juda (v. 21), le plus vieux fils, mais ne faisant pas partie de la lignée dominante constituée de Pèrèç – Hèçrôn – Caleb. 1 Chroniques 2.3 et 4.21-23 forment le contexte immédiat dans lequel se trouvent les informations généalogiques sur Juda pour lequel l'auteur révèle un intérêt particulier.

4.24-43 La tribu de Siméon, fils d'Israël

L'auteur passe maintenant aux autres enfants de Jacob (appelé aussi Israël). Il commence par la présentation des fils de Siméon, des localités où ils habitent et de la liste des chefs de clans. 1 Chroniques 4.24 est la quatrième mention des fils de Siméon après Genèse 46.10, Exode 6.15 et Nombres 26.12. En Genèse 46.10, six enfants de Siméon sont mentionnés : Yemouël, Yamîn, Ohad, Yakîn et Çohar ; et Shaoul, le fils de la Cananéenne ; en Exode 6.15 : Yemouël, Yamîn, Ohad, Yakîn, Çohar et Shaoul, le fils de la Cananéenne (six enfants) ; en Nombre 26.12 : Nemouël, Yamîn, Yakîn, Zérah et Shaoul (cinq enfants) ; en 1 Chroniques 4.24 : Nemouël, Yamîn, Yariv, Zérah et Shaoul (cinq enfants). Comme on peut le constater, Genèse 46 et Exode 6 ont chacun une liste de six enfants tandis que Nombres 26 et 1 Chroniques 4 ont cinq enfants par liste. Notons aussi qu'il y a des variantes au niveau de certains noms. Par exemple, Nombres 26.12 et 1 Chroniques 4.24 ont comme premier nom Nemouël au lieu de Yemouël que nous trouvons en Genèse 46.10 et Exode 6.15 ; Nombres 26.12 et 1 Chroniques 4.24 ne donnent pas l'identité de la mère de Shaoul. Nombres 26.12 et 1 Chroniques 4.24 omettent le nom de Ohad. Ces différences peuvent avoir pour cause la différence des sources ou la corruption textuelle.

Aux v. 25-26, un lien est établi entre Shalloum et Shaoul puisque le nom de Shalloum est placé immédiatement après celui de Shaoul, puis avec la famille de Shiméï.

Au v. 27, l'auteur explique pourquoi les clans de la tribu de Siméon ne furent jamais aussi nombreux que ceux de Juda. Il dit qu'en dehors de Shiméï qui eut 22 enfants, les autres chefs de familles n'eurent que peu d'enfants. À travers cette information où c'est la tribu de Juda qui est plus grande au plan démographique, l'auteur continue de focaliser son attention sur Juda.

À propos de la liste des territoires (v. 28-33), l'auteur des Chroniques se réfère à Josué 19.1-8. Mais il en fait usage à sa manière et de façon significative. Alors que Josué 19.2-8 parle de patrimoine (*naḥalāh*), 1 Chroniques 4.28-33 parle de leurs habitations (*môshebōtām*). Le Chroniste exprime de cette manière sa différente conception d'installation. Dans cette conception, ce n'est pas après une conquête que les Israélites ont reçu le pays, pour lui, ils y ont vécu depuis des temps immémoriaux[66].

L'auteur situe la première liste des treize villes habitées par les clans de la tribu de Siméon à la période qui s'étend jusqu'au règne de David. Là encore l'auteur s'arrange à insérer le nom de David qui est un personnage de grande importance pour lui, puisqu'en Josué 19.2-8 qui peut être la source de cette information, aucune mention n'est faite du règne de David.

Au v. 43, l'auteur, à travers l'expression : « [leurs descendants] habitèrent là jusqu'à ce jour », montre que malgré le petit nombre, les descendants de Siméon ont vécu longtemps.

Conclusion et questions de réflexion

Le Chroniste souligne l'importance de la descendance de Juda dont le roi David fait partie. Même en présentant les clans de la tribu de Siméon, le Chroniste insère le nom de David. Cette importance de David trouve un large écho dans le Nouveau Testament qui décrit Jésus-Christ, le Sauveur du monde, comme fils de David.

Le Chroniste révèle aussi l'importance de la prière et l'exaucement que Dieu accorde à la personne qui l'invoque. Il est aussi question de Siméon dont le nom signifie « il a entendu ». Dieu entend les prières que lui adressent ses enfants même de nos jours.

L'Afrique regorge aujourd'hui de plusieurs églises. Les séances et les veillées de prière abondent. Les églises ou lieux de prières se multiplient aussi. En revanche, nombreux sont les pays africains qui croupissent dans la misère et la souffrance. Peut-on parler de silence ou d'indifférence de Dieu ? Ne sommes-nous pas nous-mêmes responsables de notre souffrance ? Que pouvons-nous faire pour un mieux-être ?

Le fait que le Chroniste étende la descendance de David même au-delà de l'exil révèle l'importance qu'il accorde à ce personnage biblique qui fut roi d'Israël. L'auteur ne cache pas sa polygamie, parce que dans le contexte de l'Ancien Testament, elle ne constitue pas un péché. Même dans le contexte de l'Afrique traditionnelle, avoir beaucoup de femmes et beaucoup d'enfants est considéré comme une richesse, surtout au plan économique. Même si dans l'Ancien Testament la polygamie n'est pas un péché, l'adultère l'est. L'Ancien Testament ne révèle-t-il pas les méfaits de la polygamie ? De nos jours, quels sont les méfaits de la polygamie ?

LES TRIBUS DE RUBEN, DE GAD, DE MANASSÉ ET DE LÉVI

Sur la porte principale d'une parcelle habitée par des Africains, il est écrit entre autres : « L'inceste représente l'une des abominations qui avilissent la dignité d'une famille. » Ruben, fils d'Israël, a malheureusement la réputation d'avoir eu des relations sexuelles avec la femme de son père.

Ces deux chapitres mis ensemble peuvent être divisés en deux parties. La première présente les tribus de Ruben, de Gad et de Manassé. La deuxième présente la tribu de Lévi.

5.1-26 Les tribus de Ruben, de Gad et de Manassé

L'auteur des Chroniques n'a pas trouvé bon de commencer sa présentation des tribus d'Israël par celle de Ruben, alors que celui-ci est l'aîné. Le texte ne cache pas la raison : parce qu'il avait « profané le lit de son père » (v. 1, NBS), en ayant des relations sexuelles avec l'une des femmes de son père. Selon Genèse 35.22, « Ruben alla coucher avec Bilha, concubine de son père, et Israël l'apprit ». Vers la fin de sa vie, au moment où Jacob réunit ses fils pour leur annoncer ce qui leur arrivera dans la suite des temps, il dit de Ruben, entre autres : « ... tu n'auras pas la supériorité, car tu es monté sur la couche de ton père : tu as alors profané mon lit en y montant » (Gn 49.4, NBS). Ce sont des paroles de malédiction. À cause de cette faute, ses droits de fils aîné furent attribués à Joseph qui est un autre fils d'Israël. Mais rien n'est dit sur la raison d'avoir attribué ces droits de l'aîné à Joseph plutôt qu'à un autre fils d'Israël. En Afrique, même de nos jours, l'acte commis par Ruben est un inceste qui entraîne la malédiction du coupable. En expliquant la raison qui explique la perte du droit d'aînesse, le Chroniste exprime sa conviction théologique selon laquelle le péché entraîne la ruine ou la malédiction et l'obéissance à la volonté de Dieu entraîne la bénédiction.

Le v. 3 reprend la première partie des informations contenues au v. 1 qui, au lieu de donner la liste des fils de Ruben comme le fait le v. 3, préfère passer à la digression expliquant la raison de n'avoir pas commencé la présentation des fils d'Israël par Ruben. Dans cette digression, nous apprenons trois choses concernant les fils d'Israël : Ruben est le premier-né même si, pour cause d'inceste, il a perdu ses droits d'aînesse ; Joseph est celui à qui les droits d'aînesse ont été attribués ; Juda est le plus puissant parmi ses frères. Le v. 3 reprend et complète de manière plus logique le v. 1. La Bible présente trois autres fois une liste des fils de Ruben : Genèse 46.9 ; Exode 6.14 et Nombres 26.5-6.

Les v. 4-8a présentent plusieurs familles rubénites mais étant la descendance d'un ancêtre nommé Joël qui apparemment n'a pas de lien avec les quatre fils de Ruben dont les noms sont donnés au v. 3. C'est la raison pour laquelle la recension de Lucien (qui est une version grecque) lit « Joël son fils », au lieu de « fils de Joël ». Le Chroniste nomme Tilgath-Pilnéser le roi assyrien qui exila Bééra, au lieu de Tiglath-Pileser dans le Livre des Rois (2 R 15.29). Il est fait mention de Nebo et de Baal-Méôn (v. 8) qui, selon Nombres 32.38, font partie des Rubénites qui donnèrent des noms aux villes qu'ils bâtirent. Il semble que ce qui est dit aux v. 9 et 10 ne concerne pas que Béla, mais tous les Rubénites. L'hégémonie rubénite de ces territoires est vue comme le résultat d'une guerre ayant eu lieu au temps de Saül[67] (cf. v. 10). Les Hagarites dont parle le v. 10, combattus et vaincus par les Rubénites sont les descendants de Hagar. C'est dans le Livre des Chroniques que se trouvent les principales allusions à ce groupe arabe. Rien que dans ce chapitre, les v. 19 et 20 en font mention. 1 Chroniques 27.31 mentionne Yaziz, le Hagarite parmi les intendants des biens royaux au temps de David. En tant que peuple, le Psaume 83.7 fait mention des Hagarites. Les Rubénites habitaient le côté oriental de Galaad (v. 10).

Les v. 11-17 présentent les descendants de Gad. Ils occupaient le pays de Bashân, jusqu'à Salka. Ils sont présentés comme ayant eu quatre leaders : Joël qualifié de chef, Shapham, le second et deux autres : Yanaï et Shaphath. Salka est probablement la province traditionnelle est de Bashân. Les passages bibliques suivants l'expriment : Deutéronome 3.10 ; Josué 12.5 ; 13.11.

Les v. 14-16 semblent difficiles à comprendre. Le v. 14 se présente comme un en-tête qui donne une nouvelle famille de Gad : les fils d'Abihaïl. La suite donne l'impression qu'on est en train de remonter un arbre généalogique, et au moment où on s'attend à voir la liste des fils d'Abihaïl, seul le nom de Ahi, fils d'Abdiel, fils de Gouni, est donné. Il est probable que le texte est à ce niveau corrompu. Au v. 15, le nom de Ahi manque dans la LXX. Selon Sara Japhet, si nous enlevons la mention : « Voici les fils de » au début du v. 14, nous obtenons une section cohérente qui fait d'abord mention des onze maisons des pères de Gad, puis le nom de leur chef (Abihaïl) avec l'arbre généalogique de dix générations[68]. Il n'y a pas de lien entre ces familles de Gad et les branches traditionnelles selon Genèse 46.16 ; Nombres 26.15. On peut tout de même établir un lien entre le nom de Gouni ancêtre d'Abihaïl et Shuni représentant l'une des principales branches de Gad selon Genèse 46.16.

Le v. 16 qui poursuit la description du territoire des Gadites dans le Bashân contient deux termes qui présentent quelques difficultés. Le premier est *benōtêhā* que l'on traduit littéralement par « filles de elle » ou « ses filles ». Il s'agit d'une métaphore qui est aussi attestée en Nombres 21.32 ; 32.42. Elle est souvent traduite par « ses petites localités » ou « ses villages ». Elle fait donc référence aux petites localités qui entourent une grande ville. Le Chroniste fait déjà usage de ce terme en 1 Chroniques 2.23. Il en fait aussi usage en 1 Chroniques 7.28 et 29, etc. Les métaphores[69] sont aussi présentes dans les langues africaines. Par exemple, en langue Kongo des deux Congo, on désigne une épouse par *lubanzi* qui littéralement signifie « côte ». Dans ce verset (16), *benōtêhā* peut avoir le sens d'une région géographique. Le deuxième terme difficile dans ce verset est *migreshê shārōn*. Le terme *migreshê* est souvent traduit par « patûre de ». Il est souvent employé dans le contexte des villes lévitiques et sacerdotales (Nb 35.3ss ; Jos 21.2, etc.). Dans l'inscription de Mesha, il y a la mention : « hommes de Sharôn ». Sharôn peut être un nom commun ou le nom d'une région. Parlant de l'enregistrement des descendants de Gad, le Chroniste fait mention des jours de Jotam, roi de Juda, et de Jéroboam, roi d'Israël. Il donne probablement une signification historique plus large des faits synchroniques trouvés dans ses sources.

Les v. 18-22 révèlent le concept de tribus transjordaniennes comme un seul groupe, entreprenant des actions communes et partageant un même destin. 1 Chroniques 12.37-38 en fait aussi écho. Cette conception semble propre au Chroniste. À cet égard, le Chroniste se fait héritier des traditions du Pentateuque et Josué (Nb 32 ; Jos 1, etc.). Ce n'est pas étonnant d'autant plus que le thème de l'unité du peuple de Dieu occupe une bonne place dans l'œuvre chroniste. Parmi les termes qualificatifs liés à la guerre, à savoir : vaillants, portant le bouclier et l'épée, tirant l'arc et exercés à la guerre, *lemūdē milḥāmāh* (exercés à la guerre) est unique. Les termes traduits par : « portant le bouclier et l'épée » et « tirant l'arc », décrivant l'expertise militaire des guerriers que l'on trouve dans ce texte, appartiennent à la tradition littéraire du Livre des Chroniques. La mention des nombres semble plus typologique que réelle.

Notons au v. 20 la présence d'un vocabulaire exprimant certains thèmes théologiques chers au Chroniste. C'est le cas de la forme verbale *zā'ăqū* qui signifie

« ils ont crié ». Et comme c'est à Dieu que ces tribus de la Transjordanie ont crié, c'est bien le thème de la prière qui est exprimé. La prière de ces tribus a eu pour effet le secours de Dieu exprimé par la forme verbale *wayyē'āzrū* au niphal et qui a pour sens « ils ont été secourus ». Un autre thème cher au Chroniste, c'est la confiance en Dieu exprimée au v. 20 par l'expression *bāṭeḥū bô* qui signifie « ils ont mis leur confiance en lui ».

Le v. 22 contient le message théologique selon lequel dans un contexte de guerre menée avec le secours de Dieu, le résultat est déterminé par Dieu, car il vient en aide à ceux qui placent leur confiance en lui. C'est vers Dieu que les Africains et leurs dirigeants doivent crier et c'est en lui qu'il faut placer toute la confiance pour remporter la guerre contre toutes les forces qui empêchent l'avènement d'un mieux-être.

Les v. 23-26 parlent des descendants de Manassé en Transjordanie. Il s'agit précisément de la demi-tribu de Manassé. Le v. 23 qui les introduit commence presque comme le v. 11 qui introduit les descendants de Gad. On y trouve l'emploi de la forme verbale *yāshebhū* qui signifie entre autres « ils habitaient ». Il est donc question de la résidence de cette demi-tribu. Au v. 24, le Chroniste donne la liste des chefs de leurs familles qualifiés aussi de vaillants guerriers. En 1 Chroniques 7.14-19, le Chroniste donne d'autres informations sur cette demi-tribu, ainsi que sa descendance.

Le v. 25 s'ouvre par un *waw* consécutif et adversatif mieux traduit en français par « mais ». Ce qui est dit après ce « mais » ne concerne finalement pas que la demi-tribu de Manassé, mais aussi les descendants de Ruben et de Gad. Ils furent tous exilés par le roi assyrien que le Chroniste préfère appeler Tilgath-Pilnéser. La raison de cet exil est celle introduite par le « mais » qui commence le v. 25 : « Ils furent infidèles au Dieu de leurs pères et ils se prostituèrent avec les dieux des peuples du pays que Dieu avait détruits devant eux » (TOB). Ce verset contient deux verbes traduisant l'infidélité des descendants de Ruben, de Gad et de la demi-tribu de Manassé. Le premier est le verbe est *m'l* (être infidèle) et le deuxième *znh* (se prostituer). Le texte dit bien au v. 26 que c'est Dieu qui éveilla l'esprit de Poul, roi d'Assyrie, l'esprit de Tilgath-Pilnéser. On peut se poser la question de savoir si pour le Chroniste il s'agit de deux rois ? Selon Sara Japhet, il s'agit d'un seul roi, car Poul est le nom de Tiglath-Pileser dans les sources néo-babyloniennes[70]. Pour le Chroniste, l'exil des tribus de Ruben et de Gad, ainsi que la demi-tribu de Manassé est une punition que Dieu leur avait infligée. Le même Dieu qui les avait aidées à exterminer les peuples qui les menaçaient et à conquérir le pays de leur résidence, est aussi celui qui les a envoyés en exil. Ces tribus furent déportées vers 734 av. J.-C. (2 R 15.29). Apparemment, le Chroniste rend compte de deux phases d'exil du royaume du Nord (peut-être vers 734 et vers 721 av. J.-C.), mais il sélectionne les matériaux à sa guise et en fonction du but qu'il poursuit.

Les tribus de la Transjordanie que sont Ruben (5.1-10), Gad (v. 11-17) et une moitié de la tribu de Manassé (v. 23-24) sont placées dans le même récit, comme l'indique leur histoire dans les versets 18-22, 25, 26. Leur histoire s'achève sous forme de tragédie, alors qu'elles ont bien commencé et ont même bien continué. La campagne militaire à laquelle les trois groupes ont participé a été un succès. La raison de leur succès, c'est la prière.

Malheureusement, ces trois groupes n'ont pas gardé leur foi. Ils ont glissé dans l'infidélité religieuse (v. 25-26). Ils ont transgressé le premier commandement, à savoir : « Tu n'auras pas d'autres dieux devant ma face » (Ex 20.3, NBS). Dieu les a livrés aux mains des Assyriens. Ils ont perdu le pays, et, selon le témoignage du Chroniste, ils ne sont jamais revenus.

Nous pouvons bien commencer, mais mal terminer si nous abandonnons le Seigneur. Il ne serait pas certes juste de considérer tous les malheurs des Africains comme conséquence d'un abandon du Seigneur. Cependant, il est vrai que la situation de certains pays africains ne serait pas aussi lamentable si leurs dirigeants plaçaient leur confiance en Dieu, se détournaient de leur idolâtrie et vivaient avec la crainte de Dieu.

5.27–6.66 Les descendants de Lévi et leurs villes

Dans les v. 27-41 du cinquième chapitre, l'auteur des Chroniques donne une première liste des descendants de Lévi, en commençant par Guershôn[71], Qehath et Merari, ses trois fils. Avec les descendants de Lévi, le Chroniste arrive au cœur même de ses généalogies. Parmi les descendants de Lévi, selon cette liste, se trouvent Aaron, Moïse et leur sœur Miriam. Ici, l'auteur s'est inspiré de certains passages du Pentateuque comme Genèse 46.11 ; Exode 6.16-25 ; Nombres 3.17ss et 26.57-60. Notons qu'alors que le premier nom des enfants de Lévi est Guershôn, lorsque l'auteur passe à la présentation des fils des fils de Lévi, il commence par Qehath qui en réalité est en deuxième position (v. 28). Il préfère mettre Qehath en relief, peut-être parce que c'est de sa descendance que naîtront Aaron, Moïse et Miriam. C'est d'elle aussi que sont nés les grands prêtres. La liste des générations des prêtres s'achève par le nom de Yehotsadaq qui partit au temps de l'exil de Juda par les Babyloniens conduits par Nabuchodonosor. Ici, le Chroniste revient, comme aux v. 25-26, sur le thème de l'exil. Ce n'est plus celui du royaume du Nord, mais celui du royaume du Sud. Cependant, contrairement à l'exil du Nord évoqué aux v. 25-26, celui de Juda est présenté sans donner les causes. La liste que donne le Chroniste n'est pas exhaustive. Des noms ne s'y trouvent pas. C'est par exemple le cas d'Éli et d'Abyatar pour ne citer que ceux-là. Des quatre fils d'Aaron, seuls Eléazar et Itamar vont survivre, et Eléazar sera un partenaire dominant.

Dans les v. 1-33 du sixième chapitre, l'auteur fait une autre présentation des descendants de Lévi et commence aussi par ses trois fils, mais il omet les noms d'Aaron, de Moïse et de Miriam parmi les descendants de Qehath, fils de Lévi. Notons que le Chroniste a dû avoir à sa disposition une version de Nombres 3.17-20 et 26.57ss. Au v. 1, l'auteur met Guershôn en tête lorsqu'il présente les descendants des fils de Lévi. D'après cette présentation, les prêtres étaient une branche de la lignée de la tribu de Lévi. Lévi est présenté comme l'ancêtre des prêtres (5.27-41), des lévites et des chantres lévitiques (6.1-32), ou des lévites ayant la charge de tout le service de la Demeure, de la maison de Dieu (v. 33).

Les v. 10-13 contiennent de manière curieuse une branche qui aboutit au nom de Samuel qui descend de Lévi par Qehath. Il serait, selon les v. 18-23, le grand-père du chantre nommé Hémân. C'est curieux parce que 1 Samuel 1.1 révèle que la famille de Samuel est de la tribu d'Éphraïm et non de Lévi. En introduisant le nom de Samuel dans la généalogie des fils de Lévi, le Chroniste a peut-être voulu justifier le sacerdoce de Samuel attesté dans le Livre de Samuel (1 S 1.28 ; 2.11, 18-21, etc.).

L'auteur précise que c'est à la tribu de Lévi que David confia la fonction de chanteurs au sanctuaire du Seigneur, dès que le coffre sacré y fut déposé (v. 16). Le lecteur retrouve par cette information l'intérêt de l'auteur pour le personnage de David. Les autres membres de la tribu de Lévi ne sont pas ignorés, puisqu'ils accomplissaient toutes les autres tâches concernant le sanctuaire de Dieu.

Aux v. 34 et 35, l'auteur revient sur les grands prêtres, car on revoit les noms des descendants d'Aaron en ligne directe. L'auteur nous enseigne qu'il y a à faire dans la maison du Seigneur, pourvu que chacun accomplisse les tâches qui lui sont confiées.

Le portrait que le Chroniste fait des chantres lévites est remarquable. Il y a dans le Livre du Deutéronome des stipulations concernant les prêtres, les prophètes, les juges, et les rois (Dt 16.18-18.22), mais aucune d'elles ne concerne les chantres et musiciens. D'ailleurs, en tant que classe, ces derniers n'apparaissent même pas dans le Deutéronome. Le Code sacerdotal évoque une grande variété de questions et couvre plusieurs thèmes absents de la loi biblique plus ancienne, mais on n'y trouve pas le rôle joué par les chantres cultuels. Dans la vision chroniste, chantres et musiciens jouent un grand rôle dans l'administration établie par David. Les v. 16-17 puis 1 Chroniques 16.4 et 7-38 ; 23.5 le démontrent. Les généalogies ascendantes soulignent le rôle joué par Hémân (v. 18), Asaph (v. 24) et Étân[72](v. 29).

La dernière partie de ce chapitre (v. 39-66) est consacrée aux villes attribuées à la tribu de Lévi. Les familles des lévites sont organisées par groupes et placées selon la répartition que l'auteur rapporte. Cette répartition suit une logique plus géographique que généalogique.

Les v. 39-66 font écho à Josué 21.3-42 que le Chroniste pouvait avoir à sa disposition dans une forme ou dans une autre. Le texte massorétique et la Septante (LXX) n'ont probablement pas eu la même source. Le v. 39 est une introduction propre au Chroniste sans parallèle dans le livre de Josué. En Josué 21.1-3, ce sont les chefs de famille des lévites qui s'approchent d'Éléazar, le prêtre de Josué, et des chefs de famille des tribus des Israélites pour leur rappeler ce que le Seigneur, par l'intermédiaire de Moïse, avait ordonné concernant les villes à donner aux lévites. Le Chroniste donne directement les lieux d'habitation des lévites.

Les villes données aux lévites viennent de l'héritage des autres tribus. Josué 21.4-8 rapporte que c'est par tirage au sort que les villes ont été attribuées aux lévites. Les villes des lévites ont été celles où les lévites ont eu les prérogatives d'y habiter et d'y exercer peut-être des droits (Lv 25.32-34). En Josué, l'absence de part territoriale pour les lévites vient du fait que Yahvé est leur part (Jos 13.14 et 33), ou : le sacerdoce de Yahvé est leur part (Jos 18.7).

La place que le Chroniste accorde à l'occupation du pays par les lévites-prêtres révèle son intention de mettre en exergue l'importance de la dimension religieuse du pays au-dessus de la dimension politique.

Conclusion et questions de réflexion

Avec l'inceste de Ruben et les conséquences qui en découlent, cette unité contient le principe selon lequel la violation des normes établies entraîne la ruine. Dans sa théologie de rétribution immédiate, le Chroniste nous enseigne que la désobéissance conduit à la ruine ou à la malédiction. En revanche, l'obéissance entraîne la bénédiction. Sommes-nous obéissants ou désobéissants ? De nos jours, comment la désobéissance et l'obéissance à la Parole de Dieu se manifestent-elles ?

Cette unité revient sur le thème de la prière avec l'importance de placer notre confiance dans le Seigneur Dieu. En qui plaçons-nous notre confiance ? Comment se manifeste l'idolâtrie de nos jours ?

Cette unité fait aussi mention de l'exil. Quelles sont les raisons qui conduisent à l'exil de nos jours ? Peut-on aussi parler d'exil au plan spirituel ? Si oui, quels exemples pouvons-nous donner ?

Il est aussi question des descendants de Lévi, or parler de ces descendants, c'est aussi parler de sacerdoce, quel regard critique pouvons-nous porter sur notre sacerdoce à plein temps ou temps partiel ?

DES DESCENDANTS D'ISSAKAR AUX DESCENDANTS DE SAÜL

Un proverbe Kongo dit : *Nzadi ya fuluka, miela nto na nto.* Il signifie littéralement : « Un fleuve est rempli par les rivières. » Le peuple dont parle le Chroniste est composé de plusieurs descendants.

7.1-40 Les descendants des autres fils d'Israël

Après la présentation de la tribu de Lévi, l'auteur passe à celle des descendants des autres fils d'Israël. Il commence par la tribu d'Issakar (v. 1-5) dont il structure la description en trois parties : les fils d'Issakar, les descendants de son fils Tola et ceux de Ouzzi, fils de Tola, et tous les autres. Cette présentation généalogique est le résultat du recensement organisé au temps de David. 1 Chronique 21 fait écho à cette présentation. La liste des quatre fils d'Issakar correspond presque au contenu de Genèse 45.13 et de Nombres 26.23ss. Des exégètes ont déjà souligné la similarité entre le livre de Juges et celui de Nombres dans la manière de présenter le personnage de Tola (Jg 10.1 et Nb 26.23ss). Notons la présence dans les deux passages de la racine *yāshāb*, en Juges 10.1 comme forme verbale et en Nombres 26.23 sous la forme d'un nom propre. Il y a lieu de se poser la question sur la pertinence de la mention de beaucoup de femmes et de fils au v. 4. La description que l'auteur fait de la tribu d'Issakar se caractérise par les chiffres et l'emploi des mots qui font penser au combat. Israël est ici décrit comme un camp de guerre.

L'auteur passe ensuite à la tribu de Benjamin (v. 6-11). La liste des fils de Benjamin se trouve aussi en Genèse 46.21 ; Nombres 26.38 ; 1 Chroniques 8.1. Ces listes ne sont pas toutes identiques, car des différences concernent le nombre d'enfants, leurs noms, et les relations entre les générations. Mais il y a des éléments communs à toutes ces listes : le nom du fils aîné de Benjamin nommé Béla. Avec quelques variantes, la liste de Genèse 46 semble plus proche de la version chroniste. Tous les noms sont des noms propres, à l'exception de ceux d'Anatoth et d'Alémeth. En effet, il n'y a pas de différence absolue entre les noms de familles et ceux des lieux, pas seulement parce que dans la pratique les localités étaient associées aux peuples ou aux familles qui y habitaient, mais aussi parce que tout le système conceptuel généalogique présente les circonstances sociales et géographiques en termes généalogiques[73]. Dans la quatrième génération des descendants de Benjamin se trouve un autre personnage portant le nom de Benjamin. Certes, il est possible de voir que certains noms des fils de Jacob sont portés par d'autres personnages dans la Bible (voir Esd 10.23, 31, 32 ; Issakar en 1 Ch 26.5, etc.). Cependant, ce cas où un petit segment tribal porte le nom de toute la tribu est unique. L'hypothèse d'une corruption textuelle n'est pas à exclure.

L'absence de la tribu de Zabulon dans les généalogies chronistes aura été interprétée par quelques exégètes comme une simple erreur en ce sens que cette liste des fils de Benjamin serait celle de Zabulon, de sorte qu'on ne devrait pas avoir une liste des descendants de Benjamin au chapitre 7 et une autre au chapitre 8. Cette intéressante hypothèse n'est malheureusement pas à retenir, puisque la reprise d'une liste déjà donnée est un phénomène bien attesté dans la Bible. Mais pourquoi cette omission de la tribu de Zabulon par le Chroniste ? Le texte ne révèle aucune raison plausible.

Comme dans la description de la tribu d'Issakar, la force de la tribu de Benjamin est indiquée par l'emploi des chiffres.

Aux v. 12-13, l'auteur présente les descendants de Dan et de Nephtali (l'accent tombe sur Huschim, le fils de Dan). Ces deux généalogies ont pour source Genèse 46.23-26 (cf. Nb 26.42-43). En Genèse 46.23-25, Dan et Nephtali sont fils de Bilha, la concubine de Jacob. L'auteur ne cite que partiellement Genèse 46.25 et omet les autres détails concernant Laban et Rachel. Un fragment de Qumran partiellement publié (4QTNaph) concernant le *Testament de Nephtali* discute la généalogie, la naissance et l'appellation de Bilha.

L'auteur passe ensuite aux descendants de Manassé en Cisjordanie. Ici, il n'est plus question de chiffres. Dans la présentation de cette tribu de Manassé, la note particulière c'est le rôle que les femmes y jouent. Sur les six versets consacrés à la tribu de Manassé en Cisjordanie, quatre versets (14, 15, 16, 18) contiennent au moins un mot qui désigne une femme. Au v. 16, la femme nomme les enfants.

Aux v. 14-29, l'auteur distingue entre Manassé (v. 14-19) et Éphraïm (v. 20-27) comme deux entités différentes. Cependant, il considère aussi les deux tribus ensemble (v. 28-29). Les généalogies de Manassé (v. 14-19) et d'Éphraïm (v. 20-27) sont suivies d'une liste de leurs villes et territoires. Éphraïm (v. 28) et

Manassé. Le mode de présentation chiastique employé par le Chroniste lie les deux tribus l'une à l'autre.

Au v. 15, il est fait mention de Celofehad. Selon Nombres 26.28-34, ce personnage est le quatrième dans la lignée à partir de Manassé (cf. Nb 27.1-11 ; 36.1-12 ; Jos 17.3).

L'anecdote des v. 21-24 interrompt la généalogie qui continue au v. 25, et fonctionne comme donnant l'explication du nom de Beria, fils d'Éphraïm. L'anecdote est aussi un enseignement implicite sur le respect des choses d'autrui.

Quant à la tribu d'Asser (v. 30-40), les sources de sa présentation sont probablement Genèse 46.17 et Nombres 26.44-45. Ici on retrouve le chiffre et le vocabulaire de combat. Les gens d'Asser ont la particularité d'être décrits comme d'excellents chefs de famille, des hommes de valeur et des dirigeants remarquables. Le monde d'aujourd'hui a besoin de gens de ce genre.

On se rend compte que lorsqu'il fait allusion à la monarchie divisée, le Chroniste met l'accent sur trois tribus : Juda, Benjamin et Lévi. Plusieurs passages bibliques peuvent être cités montrant que les trois mêmes tribus jouaient un rôle hégémonique à l'époque perse (1 Ch 9.2, 3, 7, 10-34 ; Esd 2.40 ; 8.15, 18-20, 30-34 ; 9.1 ; 10.15 ; Né 3.17 ; 7.1 ; 9.5 ; 10.1, 10, 29 ; Ml 2.8, etc.). Du fait de leur influence dans Yehud, les tribus de Juda, Benjamin et Lévi dominent les généalogies chronistes. Les six tribus qui sont : Issakar, Dan, Nephtali, Manassé, Éphraïm et Asser occupent un espace total de trente-trois versets (7.1-5, 12-40). Le lecteur de la Bible peut, à juste titre, se poser la question de savoir pourquoi le Chroniste n'accorde qu'un espace limité à ces tribus. Une autre question : Pourquoi le Chroniste consacre de l'espace aux tribus du Nord ? Si c'est Juda, Benjamin et Lévi qui dominaient la scène de Yehud, pourquoi dépenser tant d'énergie et accorder tant d'intérêt à développer les lignages pour les autres groupes traditionnellement associés à Israël, c'est-à-dire au royaume du Nord ? Il est sûr que cette manière de faire s'inscrit dans le contexte de sa théologie du « tout Israël ». Le Chroniste est héritier des écrits bibliques anciens et il en fait usage conformément à son but théologique. Le portrait qu'il peint d'un Israël plus large est un acte de redéfinition nationale à la lumière de ses perceptions et de son évaluation du passé. C'est aussi un acte d'autodéfinition formulé à la lumière d'un futur idéal. Bien que Genèse 48-49 accordent assez d'attention à Lévi, Benjamin et Juda, ces textes consacrent plus d'attention à Ruben, Gad, Asser, Nephtali, Issakar, Zabulon, Dan, Siméon, et spécialement à Joseph et à ses deux fils Égyptiens : Éphraïm et Manassé. Le contraste avec le livre de Juges est même plus frappant, car Juda n'apparaît même pas dans le cantique de Débora (Jg 5.1-31). En dehors des remarques concernant la conquête inachevée de Juda (Jg 3.3-20), Juda n'apparaît nulle part ailleurs dans le Livre des Juges. Dans le

Livre des Chroniques, par contre, notamment dans les généalogies, Juda, Lévi et Benjamin occupent une place importante. S'il y a un « vrai Israël dans les généalogies, ce sont toutes les tribus ensemble, et non une seule d'entre elles[74]. »

8.1-40 Une autre liste des benjaminites et les descendants de Saül

Le début de ce chapitre est inhabituel. L'impression qu'il donne au lecteur est celle d'une suite à l'intérieur d'une même généalogie. Dans la généalogie des fils de Benjamin rapportée dans ce chapitre, une petite portion de matériaux vient des écrits bibliques plus anciens. Le reste est sans parallèle et vient probablement de sources perdues. Voici les passages venant des sources connues : 8.1-3a (Gn 46.21 ; Nb 26.38-40) ; 8.3b (Jg 3.15) ; 8.33 (1 S 31.2 ; cf. 14.49 ; 2 S 2.8-10) ; 8.34 (2 S 4.4 ; 9.12). Ce chapitre peut être structuré de la manière suivante : 1-7 et 8-28.

8.1-7 Une autre liste des descendants de Benjamin

L'auteur des Chroniques présente ici une liste des descendants de Benjamin différente de celle qui se trouve au chapitre précédent (7.6-13). La première différence qui saute aux yeux du lecteur est le nombre d'enfants : 3 au chapitre précédent et 5 dans ce chapitre. Même les noms de ces fils sont différents, à l'exception de Béla. Le chiffre 5 correspond à Nombres 26.38-39. Béla est cité même ailleurs comme premier fils de Benjamin. Achebel apparaît en Genèse 46.21 et Nombres 26.38, mais pas en 1 Chroniques 7.6. Ara peut-être le même nom qu'Ahiram de Nombres 26.38, mais mal écrit. Les deux autres noms Noha et Rafa ne figurent nulle part ailleurs en tant que fils de Benjamin. Une étude de ces fils révèle bien des variantes non seulement par rapport aux autres livres bibliques, mais aussi à l'intérieur des mêmes livres. Dans le monde antique, les généalogies pouvaient être actualisées ou modifiées pour les adapter à de nouvelles circonstances[75].

Les v. 1-7 introduisent la tribu de Benjamin selon la version de ce chapitre. Les v. 3-7 sont d'abord consacrés aux fils de Béla. Il y a une différence lorsque nous comparons cette liste avec celle de 1 Chroniques 7.7. Cette section présente les difficultés suivantes : Guéra est mentionné deux fois : v. 3 et 5. D'autres difficultés interviennent au v. 6 où il est question des fils d'Éhoud. La première difficulté de ce verset est qu'il n'a pas été fait mention de ce personnage dans les versets précédents, à moins qu'il ne s'agisse du père d'Éhoud au v. 4 (TOB) au lieu d'Éhoud, mais ce n'est pas vraiment sûr. La deuxième difficulté est que la formule : « Voici les fils d'Éhoud » n'est pas immédiatement suivie d'une liste de ces fils. Les noms cités au v. 7 sont-ils ceux de la liste attendue après la formule introduisant les fils d'Éhoud ? Le lecteur peut aussi se poser la question de la convenance des éléments du v. 7 dans le contexte, quand bien même quelques noms qui s'y trouvent sont déjà mentionnés au v. 4. La période historique de l'exil dont il est fait mention au v. 6 n'est pas claire. Les v. 1-7 de ce chapitre contiennent assez d'éléments qui font l'objet de conjectures dans leur interprétation. Notons qu'il est question ici aussi d'exil sans dire la cause de cette captivité à Manahath de certains clans de Benjamin. Manahath contient l'idée de repos. Pour une raison ou pour une autre, nous pouvons nous retrouver en captivité au plan politique ou religieux, ou encore spirituel.

8.8-28 Familles de la tribu de Benjamin à Jérusalem

Les v. 8-28 présentent les familles de la tribu de Benjamin à Jérusalem. Dans cette section aussi, il y a quelques difficultés. Le nom de Shaharaïm au v. 8 n'est attesté ni avant ni après ce texte. Sara Japhet postule que ce nom est probablement celui de la famille de Benjamin dont ce texte constitue la trace survivante dans sa narration[76]. Toutefois, le fait que les éléments de la famille de ce personnage dominent tout le passage jusqu'au v. 28, peut constituer une preuve de l'importance de cette famille au sein de la tribu de Benjamin, malgré son absence dans d'autres listes des descendants de Benjamin. Aux v. 13-14 deux autres familles de Benjamin sont introduites : Béria et Shéma, sans lien explicite avec les noms précédents. Béria et Shéma décrits comme chefs de famille parmi les habitants d'Ayyalôn, indiquent-ils un mélange des éléments de la tribu de Benjamin et ceux de la tribu de Dan ? Historiquement peut-on trouver l'arrière-plan de ces éléments dans Néhémie 11.13-35 ou dans Esdras 2.3ss ? Cependant, la série des épisodes liés aux mouvements, réinstallation, aux entreprises de construction des benjaminites, au Sud (Manahath) ; à l'Est (Moab) et à l'Ouest (Lod, Ono, Gath), indiquent plus un contexte de la période monarchique. Les v. 15-28 ont pour fonction de décrire une autre expansion des benjaminites au-delà des frontières originelles[77].

Dans les v. 29-40, il s'agit de la famille de Saül le benjaminite et ses relations avec la ville de Gabaon et celle de Jérusalem. Les v. 29-32 sont repris en 1 Chroniques 9.35-38. Il y est fait mention du père de Gabaon qui habitait Gabaon. Nous avons ici un des exemples de nom désignant une personne et une ville. Les v. 33-40 qui sont repris en 1 Chroniques 9.39-44 présentent une généalogie qui commence par Ner, le grand-père du roi Saül et se poursuit sur une douzaine de générations après Saül. En comparaison avec la généalogie du chapitre 9, la généalogie du chapitre 8 a deux versets supplémentaires (v. 39-40).

On le voit, l'auteur revient sur la tribu de Benjamin au chapitre 8 pour introduire l'histoire de Saül, premier roi d'Israël.

9.1-44 La population de la ville de Jérusalem

Ce chapitre commence par un terme fort prisé dans le Livre des Chroniques : *kol yisraēl* « tout Israël ». Ce terme fait partie des thèmes majeurs de ce livre. Malgré le fait qu'il écrit à une époque postexilique, donc postérieure au schisme, le Chroniste considère que les habitants du royaume du Nord, aussi bien que ceux du Sud, sont membres du peuple de Dieu. 1 Chroniques 9 se rapproche de Néhémie 11.3-19. Mais de nombreuses variantes se trouvent dans l'énumération chroniste. Immédiatement après l'information de l'enregistrement et l'inscription du « tout Israël » dans le Livre des rois d'Israël auquel nous n'avons pas accès de nos jours, l'auteur passe à une note triste pour expliquer la raison principale de l'exil babylonien : l'infidélité du peuple envers son Dieu. Le terme exil est bien connu des Africains, car plusieurs d'entre eux et ceux d'autres pays, pour diverses raisons, se trouvent actuellement en exil, au sein d'un même continent ou ailleurs. La famine, le manque d'emploi, la misère, les persécutions politiques et/ou religieuses ou raciales, sans oublier, surtout de nos jours en Afrique, les guerres civiles, font partie des causes de départ. Ces causes révèlent que l'exil n'a pas toujours pour cause l'infidélité envers Dieu. En revanche, dans le cas où la guerre qui occasionne l'exil est dû au manque d'amour entre compatriotes, il s'agit bien d'une infidélité envers Dieu.

Le Chroniste trouve bon de mentionner, au v. 2 (NBS), les Netinim parmi les gens qui s'installent dans leurs propriétés, dans leurs villes. Ces gens sont des serviteurs du temple. Leur appellation signifie littéralement : « Ceux qui ont été donnés. » On peut dire qu'ils ont été donnés au temple pour être au service de Yahvé. D'autres textes attestent leur existence : Esdras 2.43, 58, 70 ; 7.7 ; 8.17, 20 ; Néhémie 3.26, 31, etc. Un accent particulier est mis sur Jérusalem, la ville où viennent s'installer des gens de Juda, de Benjamin, d'Éphraïm et de Manassé. Notons donc que même les tribus du Nord sont présentes à Jérusalem. Le Chroniste présente Jérusalem comme une ville d'accueil. La mention d'Éphraïm et de Manassé, qui sont des tribus du Nord, fait de la liste de 1 Chroniques 9 une liste qui va au-delà de celle qui se trouve dans Néhémie 11.4 qui est le texte parallèle. Notons tout de même que les versets suivants ne parlent que de Juda, Benjamin et Lévi.

Du v. 4 à 9, l'auteur présente les gens de la tribu de Juda et de celle de Benjamin. Il se met ensuite à présenter la classe des prêtres, celle des lévites, les portiers. Le contexte de ce texte, dès le début, révèle le temps d'exil, puisqu'au

v. 1, il est écrit : « Ceux de Juda ont été déportés à Babylone à cause de leur infidélité » (TOB). Son auditoire est de la période postexilique. C'est presque la seule fois où le Chroniste parle de la période postexilique, puisque son intérêt porte sur la monarchie davidique, de David à Sédécias, le dernier roi de Juda. Son souci est de faire usage de la période monarchique pour enseigner ses contemporains postexiliques.

La brève liste des prêtres aux v. 10-11 peut être comparée aux longues généalogies des passages comme 1 Chroniques 5.21-41 ; 6.35-38 ; Esdras 7.1-5, sans oublier celle qui se trouve dans les *Antiquités juives* de Josèphe (Ant. 10.152-53). Au v. 13, le Chroniste parle des gens qu'il qualifie d' « hommes vaillants au service de la maison de Dieu » (TOB). Ici, il emploie de mot hébreu *'ăbodāh*[78] pour désigner le service religieux. La vaillance des hommes est dite par le mot hébreu *gibbôr* qui est au pluriel, à l'état construit. Alors que le texte parallèle de Néhémie 11.12 évoque l'ouvrage de la maison, le Chroniste préfère parler de « service de la maison de Dieu ». Il apporte une précision, car il ne s'agit pas de n'importe quelle maison, mais de la maison de Dieu. Notons qu'il utilise ici le terme *'ēlōhîm* ayant pour sens Dieu, au lieu du tétragramme divin YHWH ou Yahvé. La mise en relief de la vaillance des hommes dans leur service de la maison de Dieu ne manque pas de pertinence à l'époque postexilique qui est aussi l'époque du second temple. Cette mise en relief garde sa pertinence de nos jours dans les Églises du monde en général et d'Afrique en particulier. L'emploi que le Chroniste fait de l'expression que nous pouvons traduire par « travailler pour le service de la maison de Dieu », est significatif, parce qu'il ressemble à celui des auteurs sacerdotaux qui parlent souvent de la responsabilité lévitique du travail de la tente de la Rencontre (Nb 1.53 ; 3.7-8 ; 8.15 ; 16.9 ; 18.4, 6, 21). Gary Knoppers fait la remarque selon laquelle le Chroniste se sert des termes techniques apparaissant dans les sources sacerdotales et dans Ézéchiel, mais il les emploie d'une nouvelle manière[79].

Il se dégage de ce texte un intérêt particulier de l'auteur pour la vie du temple et pour les lévites. Du v. 14 au v. 34, on note un emploi fréquent de *lévite* ou de *lévitique*. À cet emploi fréquent de *lévite*, il convient d'ajouter le mot portiers (*shō'ărîm*) qui revient plusieurs fois à partir du v. 17. Cette redondance a probablement pour fonction de mettre en valeur le travail de portier. Elle est absente dans le texte parallèle de Néhémie 11. Pour le Chroniste, être portier n'est pas méprisable. Il ne serait pas exagéré de penser, à la suite de Frank Michaéli[80], que l'auteur pouvait lui-même être portier. Toutefois, même une personne ne faisant pas partie des portiers pouvait bien mettre en valeur cette fonction, grâce à sa vision de l'importance du service au sein de la maison de Dieu. L'ancienneté de cette fonction révélée aux v. 19, 22 et 23 peut aussi avoir suscité la conscience de la valeur des portiers. Dans l'Église Évangélique du Congo, il existe depuis plus de deux décennies, une catégorie de chrétiens qui se placent entre autres aux portes des temples pendant les cultes, portant des bâtons blancs. Ils le font de manière assidue et avec zèle.

Le résumé fait au v. 34 révèle que les prêtres, les lévites et les portiers appartiennent tous à la tribu de Lévi.

À Jérusalem habitaient aussi le fondateur de Gabaon et sa femme. Les v. 35-44 sont une sorte de répétition de 8.29-38, avec l'ajout des v. 39-40 qui permettent au Chroniste d'introduire encore le récit de la mort de Saül qui va suivre.

Conclusion et questions de réflexion

Cette unité offre au lecteur plusieurs principes qui demeurent pertinents de nos jours. Parmi ces principes nous pouvons citer le respect des choses d'autrui. Avons-nous du respect pour les choses d'autrui ? Que peut engendrer le non-respect des choses d'autrui dans notre environnement religieux ou social ? L'unité offre aussi le principe de l'excellence en citant les chefs de famille des tribus.

Recherchons-nous l'excellence dans la famille de Dieu, dans nos familles biologiques, dans le pays, et partout où nous nous trouvons ?

L'unité du « tout Israël » préoccupe le Chroniste. Travaillons-nous pour l'unité ou pour la division au sein de l'église, de nos familles, dans le pays ?

L'exil est aussi mentionné. Dans le contexte de cette unité, il a pour cause l'infidélité. Peut-on parler des bienfaits de l'exil dans la Bible et dans nos vies ?

Il est aussi question ici du principe d'être au service du Seigneur. Qu'est-ce qui motive notre engagement de servir Dieu ?

LA CONSTRUCTION DU TEMPLE AU CŒUR DES RÈGNES DE DAVID ET DE SALOMON

1 CHRONIQUES 10–29

DE SAÜL À DAVID

Cette deuxième grande section du Livre des Chroniques raconte la préparation et la construction du temple, respectivement par le roi David et son fils le roi Salomon. Elle commence par un récit du premier roi d'Israël nommé Saül. Ce dernier est disqualifié par le Seigneur (YHWH), à cause de son infidélité.

10.1-14 Saül meurt à cause de son infidélité

Après avoir utilisé les généalogies pour enseigner ses lecteurs sur l'origine de l'humanité et la place d'Israël dans cette humanité, le Chroniste commence son récit de la monarchie d'Israël, comme exemple pour enseigner ses contemporains, et par extension tous les croyants du monde d'hier et d'aujourd'hui. 1 Chroniques 10 peut être divisé en quatre parties : la première (v. 1-7) révèle comment le roi Saül et ses enfants sont morts ; la deuxième partie (v. 8-10) met en exergue l'humiliation du corps de Saül ; la troisième partie (v. 11-12) est consacrée aux obsèques de la famille du roi Saül ; la quatrième partie (v. 13-14) révèle les raisons de la mort de Saül.

Le récit de la mort de Saül, le premier roi d'Israël, se rapproche de 1 Samuel 31.1-13. Le récit du Chroniste diffère légèrement, mais de manière significative, de celui du Livre de Samuel. Les sept premiers versets constituent une petite unité littéraire grâce à l'inclusion qui s'y trouve : au v. 1 et au v. 7, apparaît le verbe hébreu *nûs* qui signifie « fuir ». Au v. 1, il est écrit que « les hommes d'Israël s'enfuirent devant les Philistins », au v. 7, l'auteur dit que « les Israélites abandonnèrent leurs villes et prirent la fuite » (TOB). Le Chroniste raconte l'histoire de la défaite des Israélites et de la mort de Saül et de ses fils. Dans ces versets, l'auteur ne mentionne pas les causes de la mort de Saül et de ses fils. Il le fera dans les v. 13 et 14. Ici, l'accent est mis sur la mort du roi et de toute sa maison. Dans 1 Samuel 31.6, ce sont tous les hommes de Saül qui meurent avec le roi et ses enfants. Le Chroniste dit que « Saül mourut, ainsi que ses trois fils ; toute sa maison mourut en même temps » (1 Ch 10.6, TOB). On le voit, le Chroniste semble dire que personne de la maison de Saül, susceptible de lui succéder, n'avait survécu à la catastrophe. Pourtant, 2 Samuel 2.10 fait mention d'un fils de Saül nommé *Ishbosheth* qui régna deux ans, et 2 Samuel 21.7-9 parle d'un petit-fils de Saül portant le nom de *Mefibosheth* et d'autres descendants du roi Saül. Notons aussi qu'alors que dans 1 Samuel 31.7, ce sont les Israélites d'au-delà de la vallée et ceux d'au-delà du Jourdain qui abandonnent les villes et prennent la fuite, dans 1 Chroniques 10.7, l'auteur ne parle que des Israélites qui abandonnent leurs villes et qui prennent la fuite. Il ne s'intéresse pas à la précision que donne l'auteur de 1 Samuel 31. Il ne fait non plus aucune mention de la période des guerres civiles que rapportent les quatre premiers chapitres de 2 Samuel.

Aux v. 11 et 12, le déshonneur subi par le corps de Saül est atténué. Les obsèques organisées par les gens de Yavesh en faveur des dépouilles mortelles de Saül et de ses fils, redonnent une certaine dignité à la réputation de Saül. Les habitants de Yavesh expriment leur reconnaissance à Saül, même s'il est déjà mort. Ils se souviennent probablement du secours que Saül leur accorda lorsqu'ils furent menacés par les Ammonites (1 S 11). Ce que font les habitants de Yavesh, c'est ce que les Kongo du Congo-Brazzaville appellent : *mvumbi mbi, kiluoni nga yo*, ce qui signifie littéralement : « Le cadavre qui sent mauvais n'est mis en valeur que par ses parents. » Quelle que soit la puanteur que peut dégager un cadavre, ses parents s'occuperont de ses obsèques. Au Congo-Brazzaville, une famille peut manquer d'argent pour sauver la vie d'une personne malade. En revanche, lorsque la personne malade meurt, ses parents ne manquent pas d'argent pour organiser ses obsèques et pour l'inhumer. Un dicton congolais dit : *wafua watoma*, que l'on peut traduire par : « Quiconque meurt devient bon. » Quelle que soit la mauvaise réputation d'une personne, lorsqu'elle meurt, on transcende ses mauvais agissements. Malgré sa mauvaise célébrité révélée par les v. 13 et 14, le roi Saül bénéficie d'honorables obsèques.

Par la révélation, aux v. 13 et 14, des raisons de la mort du roi Saül, le Chroniste veut apprendre à ses contemporains que les choix qu'ils font déterminent ce qu'ils deviennent. Le v. 13 dit bien que « Saül mourut à cause de l'infidélité qu'il avait commise envers le Seigneur » (TOB). Au lieu d'obéir aux commandements du Seigneur, Saül fit le choix de les négliger et d'invoquer l'esprit d'un mort pour le consulter. Le choix de désobéir au Seigneur et de consulter un mort a eu comme conséquence la mort de beaucoup d'Israélites (v. 1), celle des fils de Saül et sa propre mort par suicide, une mort honteuse. Notons que la mort même des fils, c'est aussi la mort de la dynastie de Saül. Même de nos jours, nos choix déterminent ce que nous devenons.

Les Philistins n'ont pas battu les Israélites par leur propre force, c'est parce que le Seigneur a voulu châtier le roi et son peuple pour avoir fait le mauvais choix. Car il est écrit au v. 14 : « [Dieu] le fit mourir et transféra la royauté à David, fils de Jessé » (NBS).

11.1-9 La volonté de Dieu : David, roi d'Israël

Dans ma tendre enfance, j'étais convaincu que mon père ne pouvait pas me mentir. Je considérais ce qu'il me disait comme toujours vrai. Même quand il n'avait pas encore réalisé ce qu'il m'avait promis, je gardais espoir qu'il le ferait tôt ou tard. Le Seigneur est aussi pour Israël un père. Il l'est aussi pour tous ceux qui croient en lui. Ce que le Seigneur promet à son peuple reste vrai et s'accomplit.

Les v. 1-9 ont leur parallèle en 2 Samuel 5. Le même Dieu qui a fait mourir Saül à cause de son infidélité envers le Seigneur, a trouvé bon de confier la royauté à David. Tel que l'auteur de ce texte décrit l'événement, l'accession de David au trône royal est la volonté de Dieu à travers tout le peuple. Volonté de Dieu parce qu'il est dit dans ce texte que ce qui arrive à David n'est que l'accomplissement de la promesse que le Seigneur lui a faite : « C'est toi qui feras paître Israël, mon peuple » (v. 2, TOB). 1 Chroniques 11.3 s'achève sur un commentaire : « Selon la parole du Seigneur transmise par Samuel », qui ne se trouve pas en 2 Samuel 5.3. L'approbation du règne de David par les anciens se fait justement sur la base de la promesse divine à travers le prophète Samuel.

Selon le récit en 2 Samuel, David devint roi à l'âge de trente ans. Il régna quarante-sept ans et six mois à Hébron et trente-trois ans à Jérusalem (2 S 5.4-5). En 1 Chroniques 3.1-8, le Chroniste présente deux listes des enfants de David : celle des enfants nés à Hébron et celle de ceux nés à Jérusalem. Le contexte littéraire est celui des listes généalogiques. Cependant, dans ce chapitre 11, le contexte littéraire n'est plus celui des listes généalogiques. Le Chroniste met ici l'accent sur le règne du roi David. Sa manière de présenter les choses diffère de celle de l'auteur du texte parallèle (2 S 5). Alors que 2 Samuel 5.4-5 ne se contente que de dire l'âge de David lorsqu'il devint roi et le nombre d'années de règne à Hébron et à Jérusalem, en 1 Chroniques 11.4, le Chroniste veut montrer que c'est « tout Israël » qui est avec lui dès le début de ses règnes. Un dicton congolais dit : *Nsamu ku ntelo na ku nguilu*, c'est-à-dire « la manière de dire détermine la manière de comprendre ce qui est dit ». La manière de dire du Chroniste met ici en exergue sa volonté de faire comprendre que son règne a fait l'unanimité des Israélites. Contrairement à 2 Samuel 5.6-10 où la conquête de Jérusalem n'est que l'affaire du roi et ses compagnons, l'auteur des Chroniques en fait l'affaire du roi et de tous les Israélites. Jébus devient la Cité de David, grâce à la participation de l'ensemble du peuple à la conquête, mais surtout parce que le Seigneur, le Dieu de l'univers, était avec le roi David (v. 9).

Si le Seigneur est avec nous, ce que nous faisons se fait selon sa volonté.

11.10-47 La force de combattre toujours ensemble

Cette section de ce chapitre, dont certaines informations se trouvent aussi en 2 Samuel 23.8-39, présente les principaux guerriers de David qui, avec tout le peuple et selon l'ordre du Seigneur, ont porté David au trône. L'auteur de 2 Samuel souligne que ces guerriers ont été fidèles au roi tout au long de son règne. Cette fidélité a eu entre autres comme conséquence l'éclatante victoire que le Seigneur leur a accordée contre les Philistins, le même peuple qui les battit à cause de l'infidélité de Saül. Comme quoi, nous ne sommes forts que lorsque le Seigneur est avec nous. Il vaut mieux donc veiller à ce qu'il soit toujours avec nous et que nous aussi soyons toujours unis, sans nous tromper d'ennemis. Le Chroniste ne place pas, comme le fait l'auteur de 2 Samuel, la liste des principaux guerriers de David à la fin de son règne, mais au début. Cela ne manque pas de sens au plan théologique. Pour le Chroniste, comme l'accession de David au trône, le soutien qu'il reçoit des braves guerriers s'inscrit aussi dans l'accomplissement de la parole du Seigneur (11.10). Une fois de plus, le Chroniste souligne le fait que dès son début, le leadership de David sur le tout Israël fait l'unanimité. On le voit, la question de l'autorité de David occupe une place remarquablement importante dans l'œuvre du Chroniste. La raison est simple : David est le fondateur de la liturgie du temple de Jérusalem. La manière dont le Chroniste décrit David révèle bien l'autorité qu'il lui confère. L'initiative prise par David concernant la liturgie du temple de Jérusalem est à comprendre comme un accomplissement de la volonté du Seigneur.

Les guerriers de David se sont organisés en deux groupes : le groupe des trois et le groupe des trente. C'est dire que le bon combat se mène avec une bonne organisation, en tenant compte de la connaissance qu'on a de l'adversaire. Notons que l'apôtre Paul en Éphésiens 6 nous enseigne en quoi consiste le combat du chrétien. Le récit du rocher de Bethléem (11.15-1 ; 2 S 23.13-17) montre bien l'amour des guerriers pour David leur leader et leur loyauté à son égard. Le Chroniste veut faire comprendre que même avant d'être roi, David avait déjà gagné l'amour et la loyauté du peuple d'Israël. Après avoir décrit l'héroïsme de trois guerriers, le Chroniste passe aux actes des trente. Ce qui est dit de Benaya qui, armé d'un bâton, réussit à arracher la lance de la main de l'Égyptien grand de taille et le tua, fait écho à la victoire de David sur le géant Philistin nommé Goliath (1 S 17). La liste des braves guerriers de David est plus longue en 1 Chroniques 11 que dans le texte parallèle, celui de 2 Samuel 23 où la liste s'arrête à Urie le Hittite, mari de Bathshéba. Les noms ajoutés par le Chroniste vont du v. 41b au v. 47. Au travers de ce qui peut être considéré comme une exagération, le Chroniste souligne davantage la grandeur de l'autorité et de la gloire du roi David. Au Congo-Brazzaville, et peut-être ailleurs aussi, le nombre de militaires qu'on accorde à un chef militaire dépend de ses grades, ou de son importance au plan politique.

12.1-41 David, le rassembleur

Le David peint par le Chroniste est un rassembleur. Ce texte nous présente un David qui ne combat pas seul. Depuis le temps de Saül, David reçoit le renfort des tribus d'Israël, même celui des benjaminites d'où Saül est issu. C'est impressionnant. Le texte parle d'une grande armée avec des fonctions précises : des soldats équipés d'arcs et de frondes, capables de lancer des pierres ou de tirer des flèches de la main gauche et de la main droite (v. 2) ; des vaillants guerriers bien exercés au combat et sachant manier le bouclier et la lance, aussi redoutables que des lions (v. 9) ; etc.

Les v. 16-18 relatent l'arrivée des troupes de Benjamin et de Juda pour apporter un renfort à David dans sa forteresse. Celui-ci voulut s'assurer que ce n'était pas un piège que les troupes mentionnées étaient venues lui tendre. Il les rassura qu'au cas où ces troupes seraient venues avec la paix, il s'engagerait de tout cœur personnellement pour une amitié sincère avec leur pays d'origine. Ici, David ne profère aucune menace en contrepartie de la promesse qu'il a faite. Il place sa confiance dans le Dieu de leurs ancêtres qui est le meilleur juge. C'est lui qui sonde nos cœurs et connaît ce qui se passe dans notre cœur. La confiance en Dieu que David exprime contraste avec le manque de foi du roi Saül qui, au lieu de chercher Dieu, mit sa confiance dans le culte des morts. Le Seigneur rassure David par l'oracle que transmet l'un des principaux officiers nommé Amassaï revêtu de l'Esprit de Dieu. Cet oracle de Dieu qui annonce la paix permet à David de ne plus avoir peur et d'accueillir les troupes. Jusqu'au v. 37, le Chroniste montre que David ne fait qu'attirer auprès de lui des gens qui viennent lui prêter secours. Les guerriers de toutes les douze tribus d'Israël sont arrivés à Hébron en sincérité de cœur pour établir David roi de tout Israël. Les v. 23 et 39 (en Hébreu) forment une inclusion. Y est attestée la présence du verbe hébreu traduit par « arriver », « venir » ou « entrer ».

La joie est aussi de la partie (v. 41), car cette rencontre au cours de laquelle tous les soldats sont venus à Hébron, de tout cœur, pour proclamer David roi, est également une occasion de fête.

Conclusion et questions de réflexion

Par le truchement de cette unité, le Chroniste nous apprend que nos choix déterminent ce que nous devenons. Ici aussi la théologie de la rétribution fonctionne. Plusieurs de nos malheurs en Afrique ont pour cause nos mauvais choix. Quels exemples de mauvais choix faits par notre église, notre famille, ou notre pays pouvons-nous citer ?

Le Chroniste fait aussi mention de l'unité autour de l'accession de David au trône royal et de la confiance qu'il place dans le Seigneur. Sur quelle base faisons-nous nos élections au sein de nos églises locales, et en politique ?

LE RÈGNE DE DAVID

Un proverbe bamiléké du Cameroun dit : « Tous les grands ont deux sacs, l'un de sagesse et l'autre de sottises. » Le règne de David révèle la grandeur de ce roi, mais ne cache pas ses faiblesses ou ses limites, même si le Chroniste ne rapporte pas certaines faiblesses de ce roi attestées dans le Livre des Rois.

Après son récit de l'établissement de David sur son trône à Jérusalem, le Chroniste passe à la narration des grands événements de son règne. La première action du règne de David qu'il rapporte est le transfert de l'arche à Jérusalem et l'inauguration des services du culte devant l'arche (13.1–16.43). C'est après cela que le Chroniste raconte la promesse que le Seigneur Dieu fait d'une dynastie éternelle pour David (17.1-15). Il y fait écho à l'oracle de Nathan que mentionne le Livre de Samuel (2 S 7). Après cette promesse, il rapporte l'action de grâce que David adresse au Seigneur suite à cette promesse (17.16-27). Les succès de David en matière de guerre et dans la pacification du royaume démontrent à quel point Dieu l'a béni (18.1–20.8). Le Chroniste n'occulte tout de même pas la grande erreur commise par David : l'organisation du recensement, un acte qui déplaît au Seigneur (21.1-30). Cet échec de David se présente cependant comme un tremplin pour le grand héritage que David va laisser : le plan et les préparatifs de la construction du grand temple de Jérusalem que Salomon, fils de David, réalisera.

13.1–16.43 L'arrivée de l'arche à Jérusalem

L'arche semble être l'objet le plus sacré dans les anciennes traditions d'Israël. Elle contenait les dix commandements. Plusieurs fois dans le Livre des Chroniques, l'arche est désignée comme l'arche de l'alliance (1 Ch 15.25-29 ; 2 Ch 5.2 et 7). Selon ce qui est prescrit dans Exode 25, un propitiatoire en or

59

pur devait être fait. Il devait avoir une longueur de deux coudées et demie, une largeur d'une coudée et demie. Deux chérubins en or devaient être faits et forgés aux deux extrémités du propitiatoire. Un chérubin à une extrémité et un autre à l'autre. Les chérubins déploieraient leurs ailes vers le haut pour protéger le propitiatoire de leurs ailes. Ils seraient face à face et ils regarderaient vers le propitiatoire. Moïse placerait le propitiatoire au-dessus de l'arche et, dans l'arche, il placerait la charte que le Seigneur lui donnerait. Là, le Seigneur rencontrerait Moïse, et, du haut du propitiatoire, d'entre les deux chérubins situés sur l'arche de la charte, le Seigneur dirait à Moïse tous les ordres qu'il lui donnerait pour le peuple d'Israël. L'arche servait de marchepied du Seigneur, l'endroit où les pieds du Seigneur touchaient la terre. Ainsi, l'arche constituait l'intersection des mondes divin et humain. Parmi les chants congolais chantés à l'occasion de la fête de Noël, il y a un chant qui contient entre autres ces paroles : *Kinzambi, nakimuntu bi bundane, i nsamu wangitukulu tumweni wo lumbu ki.* Littéralement, ces paroles signifient : « Le divin et l'humain se joignent, C'est une merveille à nos yeux ce jour. » *Nzambi* c'est Dieu ; *kinzambi*, c'est ce qui est divin. *Muntu* signifie homme, *kimuntu* c'est ce qui est humain. L'arche au milieu des Israélites symbolisait la présence divine au milieu d'eux. En effet, pendant le séjour des Israélites dans le désert, l'arche était la place où Moïse et Aaron rencontraient le Seigneur (Ex 25.22). En faisant entrer l'arche dans Jérusalem, David établissait cette ville comme le lieu de l'intronisation de Dieu. David faisait de Jérusalem, non seulement la capitale d'un royaume, mais aussi le centre du monde.

1 Chroniques 13.1–16.43 ressemble à 2 Samuel 5.11–6.20. Toutefois, le Chroniste arrange les matériaux à sa manière. Dans 2 Samuel, les récits de l'amitié de David avec Hiram de Tyr, la construction du palais de David et la défaite des Philistins sont placés avant l'histoire des deux tentatives du transfert de l'arche à Jérusalem, mais le Chroniste les place entre les deux récits de l'arche, de sorte que le premier récit du transport de l'arche vient avant.

Ce changement a deux effets majeurs. Le premier c'est que le couronnement de David, la conquête à Jérusalem et le transport de l'arche se suivent. Après la conquête de Jérusalem, le premier acte de David en tant que roi est le transport de l'arche dans sa nouvelle capitale. De cette manière, le Chroniste montre que la première priorité de David était d'établir le culte de Jérusalem. Le deuxième effet majeur est lié à la question que David lui-même s'est posée en 1 Chroniques 13.12 (voir aussi 2 S 6.9) : « Comment ferai-je venir chez moi l'arche de Dieu » ? La mort d'Ouzza peut être considérée comme un signe du déplaisir de Dieu à l'égard de David. En plaçant les récits des succès de David en matière de guerre et en diplomatie après la première tentative manquée du transport de l'arche à Jérusalem, le Chroniste montre clairement qu'une telle interprétation de mort d'Ouzza serait erronée. Aussi longtemps que David demeurait fidèle et obéissant à la parole de Dieu, la main de ce Dieu continuait d'agir sur lui. Comme nous pouvons le constater, lorsque David apprend la cause du premier échec, le remède qu'il trouve c'est d'instituer de nouveau les autorités religieuses correctes ou convenables.

13.1-14 David, le roi croyant et démocrate

Pendant le régime monopartite au Congo-Brazzaville, un slogan fort prisé introduisait les meetings. Il contenait les paroles suivantes : « Tout pour le peuple et rien que pour le peuple. » Le leader disait : « Tout pour le peuple ! » Les militants répondaient en chœur : « Rien que pour le peuple ! » Le peuple était apparemment au centre des préoccupations des leaders politiques. Malheureusement, ce slogan n'était que de l'opium que l'on faisait avaler aux militants et au peuple. Dans la prise des décisions concernant le peuple, ce dernier n'était pas souvent associé. À l'opposé, David fonctionne comme un démocrate. Les v. 1-4 de ce chapitre n'ont pas de parallèle dans le Livre de Samuel. En revanche, les v. 5-14 ont un parallèle en 2 Samuel 6.1-11. Il est intéressant de voir comment l'auteur des Chroniques continue de décrire le règne de David. C'est un roi qui n'agit pas tout seul. Il associe non seulement les commandants de régiments et de compagnies, ainsi que les notables, mais aussi tout le peuple. Sa conception du peuple s'applique aussi à sa vision concernant le pays et la relation du « pays » avec le « peuple ». Les frontières du pays sont représentées comme depuis le torrent d'Égypte[81] jusqu'à l'entrée de Hamath[82] (1 Ch 13.5), une définition qui va au-delà des frontières connues d'une période historique réelle. Les membres du peuple sont vus comme réellement installés à l'intérieur de ces plus larges frontières depuis le début de l'histoire.

C'est un roi qui sait que seul il n'est rien. Il sait qu'il est roi parce qu'il y a un peuple. Ce n'est pas une simple information qu'il donne au peuple, il le fait participer à la prise de décision : « Si vous le jugez bon », dit-il. Ce n'est pas tout. Il sait que le royaume appartient au Seigneur, et que sans lui, il ne peut rien faire. C'est pourquoi en consultant le peuple, il ajoute : « Et si le Seigneur notre Dieu l'approuve. » Quel bon modèle pour les hommes et les femmes d'État de nos jours en Afrique et ailleurs ! L'exemple de David est aussi à suivre au sein des Églises où parfois les fidèles ne font que subir les décisions prises par les leaders.

La vision du « tout Israël », remarquable dans le Livre des Chroniques, semble incompatible avec la concentration par le Chroniste du rôle du roi davidique en relation avec le temple unique de Jérusalem. Conscient de cette difficulté, le Chroniste la surmonte en mettant l'accent sur le souci de David et de Salomon d'impliquer tout le peuple dans les dispositions concernant l'arche de l'alliance (1 Ch 13, 1 Ch 15-16), puis dans les préparatifs de la construction du temple (1 Ch 21-29). Par cette description distinctive de la monarchie unifiée, le Chroniste remonte à l'époque antérieure au schisme. Il présente à ses lecteurs un idéal sûr, dans lequel ils peuvent tous s'accorder.

David exprime un souci noble négligé par Saül : ramener le coffre sacré de Dieu à Jérusalem. Son projet bien présenté trouve l'assentiment du peuple. Il est aussi compatissant. La mort subite d'Ouzza, puni pour avoir touché le coffre, ne le réjouit pas, mais l'attriste. Les circonstances de cette mort suscitent en lui une peur au point de se voir indigne de faire venir chez lui, dans la Cité de David, le coffre sacré de Dieu.

Heureuse la maison d'Obed-Édom où David fait demeurer le coffre pendant trois mois, car le Seigneur la bénit (v. 14).

14.1-17 Quand Dieu affermit le règne de son oint

Ce récit qui est parallèle à 2 Samuel 5.11-16 parle de l'affermissement du règne de David par Dieu. Cet affermissement se manifeste de la manière suivante : David reçoit la visite d'une délégation de Hiram, roi de Tyr. Elle est porteuse de bonnes choses et de ressources humaines pour la construction d'un palais. Selon l'auteur de ce texte, David considère cette visite comme la confirmation par le Seigneur de sa royauté. Mais il reconnaît que c'est à cause d'Israël le peuple de Dieu. Là encore David exprime qu'il n'est rien sans le Seigneur et sans le peuple du Seigneur. Même les nombreuses femmes et les nombreux enfants s'inscrivent dans le cadre de la bénédiction divine accordée à David. Le comportement de David au plan sentimental est similaire à celui de bon nombre d'Africains. Au Congo-Brazzaville, par exemple, le Code congolais de la famille reconnaît la possibilité aux maris d'épouser plus de deux femmes. Il y a donc tension entre les textes qui régissent la plupart des Églises protestantes et ce Code qui légitime la polygamie et qui n'est que l'écho de toutes les cultures traditionnelles congolaises. Deux fois, selon ce texte, David bat les Philistins qui sont jaloux de son onction et tentent de s'emparer de lui. Notons qu'ici encore David exprime sa dépendance de Dieu. Il le consulte d'abord et Dieu le rassure qu'il est victorieux, avant d'attaquer les Philistins. Cela signifie que David s'appuie sur le Seigneur dans ce qu'il entreprend. C'est un bon exemple de leadership. Comme il craint Dieu, il ordonne que les statues des dieux philistins soient brûlées, afin qu'elles ne soient pas une source de tentation pour le peuple de Dieu. Même si nos États sont laïques, plusieurs dirigeants politiques africains sont membres des Églises chrétiennes. Cependant, placent-ils entièrement leur confiance en Dieu ? Des idolâtres peuvent-ils avoir le courage qu'avait David d'ordonner que soient brûlés les dieux autres que Yahvé ? (v. 12).

Le v. 16 dit : « David fit ce que Dieu lui avait ordonné » (NBS). Tel est le secret de ses victoires et de l'affermissement croissant de son règne, ainsi que l'expansion de sa renommée dans tous les pays.

Conclusion et questions de réflexion

Dans cette unité, nous voyons que devenu roi, David place les intérêts de Dieu avant toute chose. Le transfert de l'arche de l'alliance révèle la priorité qu'il accorde au culte, à l'adoration de Dieu. L'heureuse conséquence est qu'il est béni. Par quelle activité commençons-nous nos mandatures en tant que leaders ? Recherchons-nous avant tout les intérêts de Dieu ou nos propres intérêts ? Même si nous disons que nos pays africains sont laïques, que recherchent d'abord les chrétiens qui deviennent présidents de nos pays ?

Lorsque nous demeurons fidèles à Dieu, sa main est sur nous. Dans la parcelle de responsabilité qui est la nôtre, que rencontrons-nous comme obstacle à notre volonté de demeurer fidèles à Dieu et quelle solution la Bible nous révèle-t-elle pour y remédier ?

David est présenté ici comme un leader démocrate qui associe ses collaborateurs et le peuple à ce qu'il veut faire. En dehors du recensement qui a déplu au Seigneur, David ne veut rien faire sans Dieu. Quelle place accordons-nous à Dieu dans notre leadership ou notre management ? Avons-nous toujours la volonté d'associer nos collaborateurs et le peuple dans la prise de nos décisions ? Quel fonctionnement observons-nous chez nos hommes politiques africains sur cette question ?

Il est aussi question dans cette unité de polygamie et du fait d'avoir plusieurs enfants comme signes de bénédiction divine. Quel commentaire cela nous inspire-t-il aujourd'hui ?

L'ARCHE DE L'ALLIANCE

Dans une pièce de théâtre montée par les jeunes d'une paroisse protestante au Congo-Brazzaville, un acteur jouant le rôle de professeur d'Ancien Testament pose la question suivante à ses étudiants : « Que savez-vous de l'arche de l'alliance dont parle l'Ancien Testament ? » Un autre acteur jouant le rôle d'étudiant lui donne cette réponse : « L'arche de l'alliance c'est le coffre où David cachait ses richesses. » Le professeur réagit en ces termes : « Tu ferais mieux de bien relire les textes sur l'arche de l'alliance. »

15.1-29 Le transport réussi de l'arche

Ce chapitre est la suite logique du chapitre 13 qui parle déjà du coffre sacré ou arche de l'alliance. Il s'agit ici aussi du transport de l'arche. Cette fois, le transport est réussi. David est décrit comme un bâtisseur, parce que le récit commence par l'information selon laquelle David construisit des maisons dans la Cité de David et fixa un lieu pour l'arche de Dieu (v. 1). En prenant de telles dispositions, David était en train de préparer Jérusalem à devenir le centre politique et spirituel du peuple d'Israël. Le récit de cette seconde tentative de transport de l'arche est beaucoup plus long que celui de la première tentative. Le drame de la mort d'Ouzza aura servi de leçon. Ici, dès le v. 2, des précautions sont prises pour éviter une autre tragédie. David est déterminé à organiser le transport de l'arche en conformité avec les prescriptions de la Torah. La règle à respecter est la suivante : « Le coffre de Dieu ne doit être porté que par les lévites... » (NBS). Cette tâche leur a été confiée par le Seigneur lui-même. Il y a ici l'écho de Deutéronome 10.8 et de Nombres 7.9. Comme il le fait à plusieurs endroits, le Chroniste accorde ici beaucoup d'importance aux lévites.

Au v. 3 nous retrouvons la bonne habitude de David qui consiste à associer le tout Israël à l'action qu'il va entreprendre. Faire monter l'arche du Seigneur vers le lieu qu'il avait fixé pour elle est l'objet du rassemblement du tout Israël que David organise. Selon le v. 13, Le premier échec du transport de l'arche est interprété comme dû à l'absence des prêtres et des lévites.

Le groupe que David rassemble paraît inhabituel. D'habitude, les lévites sont divisés en trois clans qui sont les descendants des trois fils de Lévi : Guershom, Qehath et Merari. Cependant, en 15.5-10, six clans lévitiques sont décrits. En plus des trois clans déjà cités, il y est fait mention de trois autres : Élitsaphân, Hébron et Ouzziel. Hébron et Ouzziel sont deux des quatre fils de Qehath, les deux autres étant Amram l'ancêtre de Aaron, et Aminadav (Ex 6.18, 1 Ch 6.18, voir aussi Nb 3.19). Élitsaphân est de toute évidence le fils d'Ouzziel (Ex 6.22). Tous ces clans lévitiques forment un total de 862 personnes venues à Jérusalem sur ordre de David.

Les chefs de familles lévitiques et les membres de leurs familles doivent se purifier avant d'aller chercher le coffre du Seigneur. La pieuse préparation qui s'impose avant de transporter le coffre du Seigneur est un enseignement à prendre au sérieux, même de nos jours, dans l'exercice du saint ministère. Il est important aussi que, dans l'Église, chacun sache demeurer dans la tâche officielle qui est la sienne.

Selon 1 Chroniques 15.16-24, une fois de plus, des louanges accompagnent le transport de l'arche (ou coffre) du Seigneur. Les musiciens en action sont des lévites choisis pour cette tâche. Avec les musiciens lévitiques, trois autres groupes sont mentionnés : les portiers (15.18 et 23-24), les lévites de second ordre (15.18), et les prêtres qui jouaient de la trompette devant l'arche de Dieu (15.24). Dans le Livre des Chroniques, les portiers sont des lévites, alors que dans le Livre des Rois, les portiers sont des prêtres. En 2 Rois 23.4, par exemple, ceux du second ordre sont appelés prêtres. Stiven S. Tuell émet l'hypothèse selon laquelle les gardiens de l'époque préexilique devraient être distingués des portiers postexiliques[83], puisque selon 1 Chroniques 9.22, 212 portiers sont rentrés de l'exil. Nous pouvons comparer ce chiffre avec ceux d'Esdras 2.42 où il y en a 139, de Néhémie 7.45 qui en mentionne 138 et de Néhémie 11.19 qui fait mention de 172 portiers. Pourtant 2 Rois 25.18 ne parle que de trois gardiens partis en exil.

Dans le contexte de 2 Rois 23.4, le grand prêtre Hilqiya qui est du second ordre et les gardiens sont convoqués par le roi Josias pour purifier le temple de toutes les images et objets cultuels utilisés pour l'adoration de Baal, d'Ashéra et de l'armée du ciel. Cela revient à dire que les tâches du second ordre étaient liées au maintien du temple. Notons aussi que dans le livre d'Ézéchiel (40.45-46), l'auteur décrit deux différents groupes de prêtres : ceux qui ont en charge le temple et ceux qui ont en charge l'autel. Le deuxième groupe est par la suite qualifié comme composé de descendants de Tsadoq qui sont les seuls des descendants de Lévi autorisés à se présenter devant le Seigneur pour le servir (Ez 40.46). Les prêtres du premier groupe d'Ézéchiel, qui ont en charge le temple, pouvaient bien être les prêtres de second ordre[84].

Dans le Livre des Chroniques, seuls les membres du clergé servant à l'autel sont appelés prêtres. Fort curieusement, même jouer des trompettes devant l'arche du Seigneur est une tâche confiée aux prêtres (15.24 ; 16.6). En Nombres 31.6, Phinéas, petit-fils d'Aaron avait la responsabilité de jouer de la trompette de guerre. En Josué 6.9, 13, ce sont les prêtres qui jouent des trompettes à Jéricho.

Les v. 25-29 décrivent la montée de l'arche de l'alliance du Seigneur depuis la maison de Obed-Édom. Selon 2 Samuel 6.12-19 qui est le texte parallèle, seul David est mentionné comme parti pour faire monter l'arche de Dieu de la maison de Obed-Édom à la cité de David, alors que le Chroniste associe à cette cérémonie les anciens d'Israël et les chefs de milliers. Au lieu d'un bœuf et d'un veau gras selon 2 Samuel 6.13, le Chroniste parle de sept taureaux et sept béliers comme sacrifices offerts pour que Dieu donne son aide aux lévites qui portaient l'arche. Le chiffre sept indique la perfection. C'est dire que la quantité des sacrifices offerts à cette occasion était celle qui convenait. Le v. 27 décrit David comme revêtu d'un « manteau de byssos » et ayant aussi, sur lui, « un éphod de lin ». Le Chroniste fait donc de David un prêtre.

Comme nous pouvons le constater, une bonne louange joyeuse accompagne le transport du coffre du Seigneur, et comme la consigne du v. 2 est respectée, son entrée à Jérusalem se fait sans drame, au milieu des ovations, des sonneries de cors et de trompettes… Par rapport au texte parallèle, le Chroniste ajoute la mention de trompettes et cymbales au v. 28. La réaction de Mikal, fille de Saül, à la vue du roi David sautant et dansant de joie, n'est pas décrite dans le Livre des Chroniques (1 Ch 15.29) comme elle l'est dans le Livre de Samuel (2 S 6.20). Le Chroniste occulte la raison qui est à l'origine du mépris de Mikal à l'égard de David son mari.

16.1-43 L'arche et l'assurance de la présence du Seigneur

Les v. 1-3 ont comme parallèle 2 Samuel 6.17-19. Mais dans le Livre des Chroniques, les trois premiers versets s'inscrivent dans le contexte de la suite du chapitre 15 consacré au transport du coffre sacré. Celui-ci est en 16.1 qualifié d'arche de Dieu. Son arrivée à Jérusalem, dans la tente qui a été préparée pour lui, engendre une grande fête. Des sacrifices sont offerts et le peuple reçoit la bénédiction de Dieu par l'intermédiaire de David, après quoi des vivres sont distribués au peuple. Et comme pour ce peuple, la présence du coffre sacré implique la présence de Dieu, les lévites explosent dans la louange au Seigneur présent au milieu de son peuple. Dans le long psaume qui va du v. 8 au v. 36, on retrouve des prières qui sont dans le Livre des Psaumes comme les Psaumes 96 ; 105 ; 106. Le célèbre refrain du Psaume 106.1 : « Célébrez l'Éternel, car il est bon, car son amour dure à toujours » (Semeur) est aussi attesté au Psaume 136.1. Dans ce verset que nous trouvons aussi en 1 Chroniques 16.34, le mot hébreu *'ôlām* contient l'idée d'un temps très long. C'est pourquoi il peut être traduit par « toujours », « à toujours », « plus longtemps ». Le mot hébreu *'ôlām* correspond au mot *kongo*[85] *lamu* qui, comme *'ôlām*, contient l'idée d'un temps plus long. Lorsqu'on applique le mot *lamu* à quelqu'un, on veut dire qu'il vit longtemps. Les *Bakongo* appliquent aussi le mot *lamu* à Dieu. Son amour est *lamu*.

Le Chroniste attribue les trois psaumes (96 ; 105 et 106) à Asaph et ses frères (16.7), avec lesquels plusieurs des psaumes sont associés (50 ; 73-83). Notons qu'Asaph et ses frères chantent les psaumes sur instruction de David. Selon 1 Chroniques 16.7, David est le fondateur de la liturgie de Jérusalem.

Le Psaume 105 est un hymne, un cantique de louange à Dieu. Ce qui motive la louange dans ce psaume, c'est le souvenir des actes puissants du salut que Dieu avait accordé à Israël son peuple. Le Psaume 96 est aussi un hymne. Cependant, la motivation de la louange dans ce psaume, c'est la puissance de Dieu en tant que juge et gouverneur du monde. Le Psaume 106 qui est un psaume d'actions de grâce forme une paire avec le Psaume 105. Ces deux psaumes apparaissent ensemble dans le Psautier et dans 1 Chroniques 16. Les deux contiennent l'expression « Alléluia » que l'on peut traduire par « louez le Seigneur » (Ps 105.45 ; 106.1, 48). Il est intéressant de voir que les deux psaumes rappellent les événements du passé d'Israël. Dans le Psaume 105, l'accent est mis sur le passé d'Israël du point de vue de l'histoire qui raconte les actes de la délivrance que le Seigneur avait accordée à son peuple. En revanche, dans le Psaume 106, le même passé est vu sous l'angle de la rébellion du peuple d'Israël à l'égard de son Dieu. La lecture des deux psaumes révèle la justice de Dieu contrastant avec le péché du peuple. Au travers des trois psaumes cités en 1 Chroniques 16, le Seigneur est décrit comme le juste juge qui gouverne le monde. Le Seigneur répond avec des bénédictions à ceux qui sont fidèles. Cependant, à cause de la justice de Dieu, la désobéissance et l'infidélité ont pour conséquence la destruction. Comme dans les Psaumes 105 et 106, dans le Livre des Chroniques, le thème du droit et de la justice de Dieu est démontré dans l'histoire du peuple de Dieu. En 16.13, le peuple d'Israël est appelé serviteur du Seigneur, les fils de Jacob sont qualifiés d'élus.

Du v. 15 au v. 17, il est demandé au peuple de Dieu de se souvenir de l'alliance du Seigneur Dieu conclue avec Abraham, confirmée par serment à Isaac, érigée en décret pour Jacob. Notons qu'à l'instar de l'alliance dont il est question dans le livre d'Ésaïe (55.3), cette alliance est perpétuelle. En *kongo* on parlerait d'une alliance *lamu*, c'est-à-dire *'ôlām*. Ici comme dans le psaume, le Chroniste adapte ou contextualise une vieille idée. L'alliance éternelle avec David a été transformée. Elle devient une alliance avec le peuple. La promesse au v. 18 ne manque pas de pertinence pour la communauté du temps du Chroniste réclamant la terre après l'exil babylonien[86].

C'est dans le livre de la Genèse que commence l'histoire de l'alliance de Dieu avec Abraham. C'est Dieu qui prend l'initiative de cette alliance. La promesse que Dieu fait à Abraham est inconditionnelle. Il lui promet que ses descendants seraient une grande nation et qu'ils auraient leur propre terre. Le règne de David et l'établissement par le roi David de la liturgie du temple de Jérusalem marquent l'accomplissement de cette promesse. Pour le Chroniste, l'histoire ancienne de la fidélité de Dieu rappelée dans ce Psaume 105 est la clé de compréhension du passé d'Israël et une source d'espoir pour son avenir. Ce que Dieu promet reste vrai et s'accomplit.

L'histoire d'Israël est encore racontée de manière sélective dans le Psaume 105.12-45. Bien que l'introduction du psaume mette l'accent sur la promesse faite à Abraham, peu d'attention lui est accordée dans le psaume. Seuls les v. 12-15 du Psaume 105 parlent généralement d'Israël de l'époque antérieure à la captivité égyptienne. Et ce sont précisément ces versets que le Chroniste cite. Le reste du psaume qui mentionne principalement les événements de l'Exode est ignoré. Cela ne devrait cependant pas nous conduire à la conclusion selon laquelle le Chroniste serait antipathique aux traditions exodiques. Nous avons déjà remarqué que le Chroniste estime que ses lecteurs sont familiers avec les sources qu'il cite. L'inconditionnelle promesse faite à David en 1 Chroniques 17 fait écho à l'inconditionnelle promesse que Dieu aura faite à Abraham. Le même Dieu qui avait protégé Abraham, Isaac et Jacob, avait protégé la communauté exilique et l'avait de nouveau établie dans la terre promise.

Le Chroniste se tourne ensuite vers le Psaume 96, un psaume de louange pour la justice de Dieu et pour son autorité. La structure de cet hymne est quelque peu inhabituelle, car elle n'a pas qu'une seule invitation, mais deux (1 Ch 16.23-24 et 16.28-30a). En effet, ce psaume offre aussi deux motivations de louange au Seigneur Dieu : la suprématie ou supériorité du Seigneur sur toutes les idoles (16.25-27), et le juste règne de Dieu sur le monde naturel et sur toutes les nations (16.30b-33).

Le Psaume 96 est un chant d'intronisation comme le sont les Psaumes 24, 29, 47, 93, 95 et 97-99. Dans les chants d'intronisation, Dieu est acclamé comme Roi au-dessus des cieux et de la terre. Souvent cela se passe avec des cris de joie : « Le Seigneur est Roi. » Le Chroniste introduit un chant d'intronisation parmi les chants chantés à l'occasion de l'inauguration de la tente dans laquelle l'arche a été placée. Celle-ci était comprise comme marchepied du Seigneur au-dessus duquel Dieu était invisiblement sur son trône (lire par exemple : Ex 25.22 ; 2 S 6.2 ; Ps 80.1 ; Es 37.16). Le Psaume 96 cite lui-même le Psaume 29 (comparer le Ps 96.7-9 avec le Ps 29.1-2).

1 Chroniques 16.23 est une invitation à la communauté cultuelle. L'atmosphère et le contexte du Livre des Chroniques, qui inclut la communauté cultuelle constituée par les actes salutaires du Seigneur, peuvent certainement s'appliquer à l'idée de la communauté d'alliance constituée par le baptême.

En 1 Chroniques 16.25-27, il est question de la suprématie de Dieu sur les idoles. Selon le Chroniste, l'adoration des idoles avait conduit à la destruction du royaume du Nord (1 Ch 5.25). De même, l'infidélité de Juda était aussi à l'origine de sa destruction (1 Ch 9.1). Le fait de s'appuyer sur le culte des morts plutôt que sur le fait de rechercher à être conduit par le Seigneur fut à l'origine du rejet du roi Saül. En revanche, la destruction par David des images des Philistins démontre l'attitude convenable qu'il faut avoir face aux vaines idoles (1 Ch 14.12).

La seconde invitation à la louange (16.28-30a) est une adaptation du Psaume 29 qui est un psaume très vieux qui applique au Seigneur des images liées à Baal, le dieu cananéen de l'orage. Les premiers versets de ce psaume invitent tous les dieux à honorer le Seigneur (Ps 29.1-2). 1 Chroniques 16.28-30a et Psaume 96.7-9 ont presque les mêmes mots. Cependant, ce ne sont pas les êtres célestes, mais « les familles des peuples » qui sont invitées à honorer le Seigneur. Le changement ne manque pas de sens à la lumière de ce qui est dit plus haut dans le psaume, à savoir les dieux ne sont rien, c'est-à-dire ne sont que des vanités (1 Ch 16.26). C'est pourquoi, dans les versets suivants, ce ne sont pas les êtres célestes qui sont invités à s'assembler dans la cour divine, mais la communauté des adorateurs qui se rassemble devant le Seigneur. Dans le contexte de 1 Chroniques 16, « devant le Seigneur », c'est devant l'arche de l'alliance.

En 1 Chroniques 16.30b-31, dont le parallèle se trouve au Psaume 96.10-11, le Chroniste apporte une modification. Ainsi, les mots : « Il [le Seigneur] juge les peuples avec droiture » (Ps 96.10, NBS) ne sont pas mentionnés. De même, les mots : « Il jugera le monde avec justice, il jugera les peuples par sa constance » (Ps 96.13, NBS) ne sont pas repris par le Chroniste.

En 1 Chroniques 16.32-33, on trouve une invitation adressée à la mer et tout ce qu'elle renferme, à la campagne, bref à toute la nature, à louer le Seigneur. Un écho au livre d'Ésaïe (Es 55.12) y est présent. La nature loue le Seigneur pour sa justice. L'association de la nature dans le cadre de la révélation de Dieu est mentionnée par l'apôtre Paul dans le Nouveau Testament. Ce dernier affirme que

« la création attend avec impatience la révélation des fils de Dieu » (Rm 8.19, NBS). La justice humaine et même l'injustice ont des effets sur le monde naturel. La destruction et la pollution des ressources naturelles menacent l'avenir de notre planète. En Afrique, la déforestation par exemple est un phénomène qui menace la vie des Africains. Bon nombre d'Africains ignorent ou semblent ignorer les conséquences fâcheuses de la destruction de la couche d'ozone. Les océans, les campagnes et les forêts sont des créatures de Dieu et ont besoin d'être bien gérés par les humains qui sont eux aussi des créatures de Dieu.

Dans 1 Chroniques 16, la citation du Psaume 96 fonctionne comme un accomplissement des promesses contenues dans le Psaume 105. Tout au long de l'histoire d'Israël, Dieu s'est toujours montré fidèle. En revanche, en tant que juge de la terre, il demandera des comptes au peuple d'Israël. Tel est le message exprimé en 1 Chroniques 16.34-36 qui a pour parallèle le Psaume 106.1 et 47-48. Notons que le premier Alléluia du Psaume 106.1 manque dans 1 Chroniques 16.34-36. Il est probable que cet alléluia a été ajouté après l'époque du Chroniste. Ces versets expriment l'attitude propre à la communauté de l'époque du Chroniste : reconnaissance pour ce que Dieu a fait, ensemble avec une prière d'humilité pour la délivrance et l'aide continuelle offertes par Dieu. Il existe aussi cependant un psaume qui révèle que l'histoire d'Israël est une histoire de rébellion (Ps 106.6). Le psaume rappelle les murmures et les actes de rébellion dans l'histoire d'Israël, de l'esclavage en Égypte jusqu'à l'exil babylonien. L'objectif de ce rappel est de conduire Israël à la repentance. Le passé d'Israël met à la fois en exergue l'amour et la justice de Dieu. Le Chroniste a réécrit à sa manière la dernière ligne du Psaume 106 pour la rendre convenable à son contexte. Plutôt que d'être une invitation à la louange et à la soumission, elle est devenue une déclaration de la réponse que la communauté donne à la consécration de la tente (1 Ch 16.36).

La différence entre les derniers versets de 1 Chroniques 16 et son parallèle en 2 Samuel 6 est qu'en 2 Samuel 6.17-19, après les sacrifices, vient la bénédiction et après qu'il aura reçu sa part de vivre, chacun est rentré chez lui, or dans ce texte du Chroniste, toute l'assemblée reste pour la louange.

Les v. 37-43 que l'auteur place après le *amen* de l'assemblée, témoin de la louange par Asaph et ses collègues qui ont chanté les merveilles de Dieu, nous permettent de comprendre qu'avant la construction du temple à Jérusalem, le lieu sacré de Gabaon est un lieu cultuel célèbre. C'est encore l'offre des sacrifices au Seigneur et la louange à ce Dieu dont l'amour est sans fin (v. 41), qui dominent le récit dans ces versets. Ce n'est qu'après tout cela que chacun retourne chez soi et que David rentre aussi chez lui saluer les siens. Le culte est donc, selon le Chroniste, une occasion de joie dans une confiance absolue en Dieu, à cause de son amour sans fin.

Conclusion et questions de réflexion

Cette unité décrit le roi David comme un bâtisseur et non un destructeur. Comment fonctionnons-nous en tant que dirigeants à l'église ou ailleurs dans la société ? Sommes-nous des leaders bâtisseurs ou des destructeurs ?

En mettant l'accent sur les dispositions prises dans le cadre du transport de l'arche, le Chroniste nous offre le principe de ne jamais entreprendre les tâches spirituelles avec légèreté. Comment nous préparons-nous aux tâches spirituelles ? Savons-nous demeurer chacun à notre place ?

Le Chroniste accorde une bonne place à la louange. Les actes puissants de Dieu dans l'histoire de son peuple motivent cette louange. La louange est donc le moyen par lequel le peuple exprime sa reconnaissance au Seigneur Dieu pour ses hauts faits. Le culte est une occasion de joie. Cette unité révèle aussi le principe suivant : ce que Dieu promet reste vrai et s'accomplit. Nous pouvons placer toute notre confiance dans le Seigneur et attendre l'accomplissement des promesses du Seigneur pour nos pays et pour nos familles. Quelle place la louange occupe-t-elle dans nos cultes, à l'église ou en famille ?

Il est aussi fait mention de Dieu comme droit et juste et comme créateur. Au moment où la destruction et la pollution des ressources naturelles menacent l'avenir de notre planète, que doit être le comportement du chrétien ?

L'ORACLE DE NATHAN ET D'AUTRES VICTOIRES DE DAVID

17.1-27 La promesse divine d'une descendance pour David

17.1-15 La version chroniste de l'oracle de Nathan

1 Chroniques 17 peut être divisé en deux parties : v. 1-15 et v. 16-27. La première partie met en dialogue le roi David avec le prophète Nathan. La deuxième partie rapporte la prière de David. Le texte commence par l'installation de David dans sa maison (1 Ch 17.1 et 2 S 7.1). Contrairement à 2 Samuel 7.1, le Chroniste ne mentionne pas le repos que le Seigneur donna à David, après l'avoir délivré de ses ennemis. L'auteur a-t-il considéré ce repos comme une évidence après le récit de la victoire de David sur les Philistins (1 Ch 14.16-17) ? Une autre hypothèse est de dire que le Chroniste ne fait pas mention de ce repos, parce que d'autres batailles sont mentionnées dans les chapitres 18-20. Le repos d'Israël ne viendra que lorsque Salomon, le fils de David régnera (22.9 ; 23.25). Cela correspond bien au nom de Salomon qui signifie « fondement de la paix ».

Alors que 2 Samuel 7.6 mentionne le mot « Égypte », 1 Chroniques 17.5 l'omet. Les raisons de cette omission probablement volontaire ne sont pas connues. Toutefois, cette omission ne modifie pas le sens du texte. Elle peut signifier que le Chroniste parle de délivrance accordée par Dieu à son peuple, quelles que soient les circonstances. Pour la communauté du Chroniste, la délivrance de l'exil babylonien que le Seigneur a accordée à son peuple est une manifestation de la grâce de Dieu. 1 Chroniques 17.5-6 révèle que Dieu n'a jamais eu besoin d'un temple et n'a jamais demandé à quelqu'un de lui en construire un. La question ici n'est pas de savoir si oui ou non on devrait construire un temple, mais celle de savoir qui devrait le construire. L'autre point important dans cet oracle, c'est que tout en interdisant à David de bâtir une maison pour le Seigneur, ce dernier rassure que c'est plutôt lui (le Seigneur) qui lui construira une maison, c'est-à-dire une descendance (17.10). Il est promis à David la naissance d'un fils qui assurera la continuité de sa lignée (17.12).

David vit dans la dépendance de Dieu et ne supporte plus de voir le coffre de l'alliance de Dieu dans une tente de toile, alors que lui vit dans un palais construit en bois de cèdre. Il a donc l'intention de construire une maison convenable, selon lui, au Seigneur. Comme dans le Livre de Samuel (2 S 7) qui est le parallèle de ce texte, celui-ci ne contient pas, de manière explicite, l'intention de David. Cette intention est voilée dans la question qu'il pose au prophète Nathan. C'est dans la réaction du Seigneur transmise par Nathan que se dévoile plus explicitement l'intention de David de construire un temple où Dieu puisse habiter. Dans la plupart des Églises dites « de réveil » ou « charismatiques » au Congo-Brazzaville, il n'est pas rare d'entendre quelqu'un dire : « Dieu m'a dit » ou « Dieu est avec toi ». Les personnes qui le disent semblent être convaincues que c'est réellement Dieu qui a dit ou qui rassure. La question est de savoir si c'est réellement Dieu qui parle par le truchement de ces personnes. L'attitude ambivalente du prophète Nathan nous enseigne que lorsque notre volonté n'est pas conforme à celle du Seigneur, nous devons avoir l'honnêteté de la corriger, même après l'avoir déjà exprimée. Le Seigneur qui selon ce texte est aussi le Dieu de l'univers, n'est pas contre le projet de la construction d'un temple, même si cela n'est pas une priorité au moment où David en exprime l'intention.

Notons qu'au lieu d'agréer directement l'intention de David, le Seigneur promet de lui accorder une descendance, comme pour lui dire que ce n'est pas lui David qui au moment opportun construira une maison pour le Seigneur. C'est l'un de ses fils, que ce texte ne nomme pas, qui construira un temple pour le Seigneur et celui-ci l'installera sur un trône inébranlable. Le Seigneur promet de maintenir ce fils dans la maison royale pour toujours. Cette promesse est devenue un sérieux problème au moment de la prise de Jérusalem par les Babyloniens en 587 av. J.-C. Ce malheureux événement a entraîné la destruction du palais royal et du temple, sans oublier la mort des enfants du roi et la déportation de ce dernier. Depuis cette catastrophe, aucun autre roi davidique n'a encore régné à Jérusalem. Les v. 38-39 du Psaume 89 en font écho. Avec un tel événement, quel sens l'alliance éternelle avec David pouvait-elle encore avoir ? À vrai dire, la promesse n'a pas la même signification pour les Israélites. Il s'agissait pour eux d'une survie politique perpétuelle. Plus tard, des interprètes chrétiens ont compris cette promesse de l'alliance éternelle avec David comme s'étant accomplie en Jésus-Christ qui, par la puissance de sa résurrection, vit et règne pour toujours (Mc 12.35-37 ; Ac 2.25-36 ; Ap 5.5). Cependant, à l'intérieur de l'Ancien Testament, l'alliance de Dieu avec David était comprise autrement. La forme finale de l'histoire deutéronomiste (HD) révèle la méchanceté du peuple et de ses rois, par exemple celle du roi Manassé (2 R 21 ;10-15). Cette méchanceté a eu pour conséquence la manifestation des malédictions que rapporte le Livre du Deutéronome (Dt 28.63-68). Cela signifie implicitement que le retour à la fidélité apportera la restauration des bénédictions de Dieu. Dans le Psautier, on remarque un mouvement allant de l'exaltation du roi terrestre qui règne sur Sion (Ps 2) à la louange du roi céleste, le Seigneur (Ps 95-99). Dans les prophètes, la promesse inconditionnelle et éternelle est vue, non comme entre David et le Seigneur, mais entre le Seigneur et tout le peuple d'Israël (Jr 32.40 ; Ez 37.25-26 ; Es 55.3).

Une comparaison de 1 Chroniques 17.1-15 avec 2 Samuel 7, révèle des différences. Cependant, plusieurs de ces différences ne sont que mineures. Elles sont dues soit à des erreurs scribales, soit au fait que le Chroniste a eu à sa disposition d'autres sources différentes du texte massorétique. Dans le fond, les deux textes véhiculent le même contenu. Dans les deux textes, la lignée davidique est éternelle.

La démarcation la plus remarquable du Chroniste par rapport à 2 Samuel se trouve dans les versets qui suivent. Contrairement à 2 Samuel 7.14-15, le Chroniste ne fait pas mention des mots suivants : « S'il commet une faute, je le corrigerai en me servant d'hommes pour bâton... » (2 S 7.14b, TOB). En revanche, l'idée de la promesse inconditionnelle d'une lignée davidique éternelle demeure (v. 14). Il y a tout lieu de se poser la question suivante : en omettant les mots qui disent qu'en cas de faute, le Seigneur corrigera le roi davidique, comment le Chroniste explique-t-il la fin tragique de la royauté davidique en 587 ? L'une des réponses consiste à dire que pour le Chroniste, ce n'est pas la maison ou la royauté davidique qui subsistera à jamais, mais la maison et la royauté de Dieu.

Les démonstrations de la perspective du Chroniste modifient l'oracle de Nathan. L'accent mis sur la maison et la royauté de Dieu conduit à une spiritualisation et moins à une historicisation de la conception spécifique de la royauté en 1 Chroniques 17. La royauté politique de David pouvait connaître des échecs, alors que la royauté de Dieu demeure solide. L'intérêt du Chroniste porte non sur la politique, mais sur la foi. Ensuite, l'accent sur Salomon et non sur toute la lignée davidique idéalise le personnage de Salomon.

17.16-27 La prière d'actions de grâces de David

La manière dont David reçoit l'annonce de la volonté du Seigneur est intéressante. La prière d'actions de grâce et de louange qu'il lui adresse exprime l'humilité avec laquelle il accepte cette volonté et sa reconnaissance au Seigneur son Dieu, le Dieu d'Israël qui est aussi le Dieu de l'univers. David est conscient que ni lui-même, ni sa famille, ni l'ensemble du peuple d'Israël ne mérite la faveur de Dieu. Librement et gracieusement, Dieu manifeste son amour pour son peuple. Les mots de la prière de David font penser au Psaume 139. La confiance de David devant Dieu ne repose pas sur un mérite mais sur l'amour et la grâce de Dieu. Le v. 21 l'exprime bien. Ce verset contient la mention du nom de l'Égypte que le Chroniste a omis plus haut. En rappelant les actes de délivrance que le Seigneur a posés en faveur d'Israël son peuple, le Chroniste souligne l'amour de Dieu pour ce peuple qu'il a choisi. David considère la grâce de Dieu, non pas seulement comme sujet de sa prière, mais aussi comme la fondation qui rend cette prière possible.

Le Chroniste modifie la conclusion de la prière de David. Dans 2 Samuel, la bénédiction de Dieu est présentée comme à venir (2 S 7.29), tandis que dans 1 Chroniques 17, David loue le Seigneur pour la bénédiction déjà reçue. Le roi David s'adresse au Dieu qui bénit et qui est béni à jamais (v. 27). La confiance en la grâce de Dieu solidifie la foi de David au point où il se sent en sécurité et serein. Malgré le fait que son désir de bâtir un temple n'a pas rencontré l'assentiment de Dieu, David a pleine confiance dans le plan de Dieu pour sa vie et pour celle de ses descendants.

18.1-17 Avec le Seigneur, de victoire en victoire

Ce que l'auteur dit dans ce texte qui commence par l'expression traduite en ces termes : « après cela », est bien en lien étroit avec ce qui le précède. En effet, la prière de David dans le chapitre précédent se termine par les mots suivants : « Tu bénis et tu es béni... » (TOB). Ce sont justement les effets de cette bénédiction qui se traduisent par les victoires militaires que David remporte sur les Philistins, les Moabites, les Syriens de Soba. Le roi David sait qu'il doit ses victoires au Seigneur, c'est pourquoi il lui consacre l'argent et l'or pris aux autres nations, Édomites, Moabites, Ammonites, Philistins et Amalécites. À trois endroits, des nations deviennent pour David des serviteurs soumis au tribut : il s'agit des Moabites (v. 2), des Araméens (v. 6), des Édomites (v. 13). Et comme on dit que l'ennemi de mon ennemi est mon ami, la victoire de David sur Hadad-Ezer, roi de Tsoba, fait la joie de Tôou, roi de Hamath, adversaire de Hadad-Ezer. Une comparaison avec le Livre de Samuel révèle qu'ici le Chroniste est plus sélectif qu'à tout autre endroit du récit sur le règne de David. En effet, les chapitres 18-20 reproduisent partiellement les chapitres 8-21 de 2 Samuel. De manière délibérée, le Chroniste laisse de côté tout ce qui est peu glorieux dans le récit de David, par exemple son adultère avec Bethsabée, l'inceste d'Ammon, la révolte d'Absalom, etc. Le Chroniste omet aussi l'épisode de la générosité de David envers le fils de

Jonathan appelé Méphibosheth (2 S 9). Il est vrai que ce dernier fait partie des généalogies que donne le Chroniste où il est appelé Mérib-baal (1 Ch 8.34 et 9.40). En revanche, ni lui ni tout autre descendant du roi Saül ne joue un rôle dans le récit chroniste. Selon 1 Chroniques 10.7, toute la maison de Saül avait péri au mont Guilboa lors de l'attaque des Israélites par les Philistins. Le Chroniste ne dit rien sur l'amitié de David avec Jonathan fils du roi Saül. Il ne sélectionne que les matériaux qui vont bien avec le but qu'il poursuit.

En 1 Chroniques 18.2, le Chroniste fait mention des Moabites battus par David, devenus ses serviteurs et soumis au tribut. Mais son texte parallèle (2 S 8.2), contient d'autres paroles comme : « ...et les mesura au cordeau, en les couchant à terre. Il en mesura deux cordeaux à tuer et un plein cordeau à laisser en vie » (TOB). En d'autres termes, deux-tiers de la force militaire moabite sont exécutés. Le Chroniste ne mentionne pas cette scène macabre. Cette omission peut avoir pour raison un choix délibéré du Chroniste ou l'absence de cette scène dans l'une de ses sources. Le fait que la Septante atteste cette scène permet de penser qu'il ne s'agit que d'un choix du Chroniste.

1 Chroniques 18.8 dit que David s'empare d'une très grande quantité de bronze. La suite de ce verset mentionne le nom de Salomon. La fin de ce verset ne se trouve pas en 2 Samuel 8.8. Par cette mention, le Chroniste anticipe déjà un élément du récit de la construction du temple.

Il semble curieux de voir que 2 Samuel 8.13 attribue la victoire sur Édom au roi David lui-même, alors que 1 Chroniques 18.12 l'attribue à Abshaï fils de Tserouya. Là aussi cette différence peut être due au choix libre du Chroniste. Cette victoire renforce tout de même l'autorité de David dans la région.

Aux v. 14-17, ayant pour parallèle 2 Samuel 8.15-18, le Chroniste passe du récit des victoires militaires de David à la description de son administration. Cette partie commence par la présentation de David comme un roi qui fait droit et justice à tout son peuple. Le Chroniste peint le roi David non seulement comme un chef militaire victorieux, mais aussi un administrateur bien organisé et exemplaire.

Pour le Chroniste, le sens de l'histoire de David se trouve dans l'établissement de la liturgie du temple de Jérusalem. Il inscrit le récit de l'arche dans le contexte de la bénédiction que Dieu avait promise au roi David. Comme béni de Dieu, le roi David est conscient qu'il doit rendre justice avec impartialité.

Quiconque travaille avec et pour le Dieu de justice est en principe prédisposé à être impartial dans sa manière de rendre justice.

19.1-19 Avec le Seigneur, loin du déshonneur

Deux parties se distinguent dans ce chapitre. La première partie (v. 1-5) est une note triste pour le roi pourtant animé de bonnes intentions : les ministres envoyés par le roi sont déshonorés. Ce déshonneur est la conséquence de la méfiance manifestée par les Ammonites, en particulier leurs princes qui se sont trompés d'ennemis. Pourquoi n'avoir pas d'abord écouté les émissaires du roi David ? Beaucoup de situations similaires se passent dans le monde d'aujourd'hui. Les bonnes intentions peuvent donc rencontrer l'adversité de ceux pour qui elles ont été formulées puis concrétisées. Pendant l'une des phases de la guerre ayant éclaté au Congo-Brazzaville, une famille s'était retrouvée dans un endroit où elle était désespérée, car coupée des autres et exposée aux attaques des meurtriers. Une semaine après, elle a vu entrer dans la cour de l'endroit où elle était, deux véhicules blindés remplis de personnes en uniforme et bien armées qui, aussitôt arrivées ont encerclé la parcelle, tout en tirant en l'air. Nous pouvons imaginer la panique que ce genre de situation entraîne ! Pourtant, il y avait plus de peur que de mal. Ces militaires étaient venus pour les délivrer. Il nous arrive de nous tromper d'ennemi.

La bonne intention de David de présenter ses condoléances à Hanoun, fils de Nahash, après la mort de ce dernier, a malheureusement entraîné l'humiliation des envoyés. Ceux qui travaillent pour le Seigneur ne sont pas épargnés d'intrigues susceptibles de les humilier, mais ces intrigues ne peuvent jamais avoir le dernier mot sur eux.

C'est pourquoi dans la deuxième partie de ce chapitre (v. 6-19), la fidélité et la puissance de Dieu se manifestent et rendent David victorieux sur ses ennemis, un autre exemple d'accomplissement de la parole qui, lorsque nous en faisons une promesse, affirme : « Je ferai plier tous tes ennemis » (1 Ch 17.10, BFC). Les Ammonites et les Syriens ou Araméens sont battus par les Israélites. Dans cette victoire, nous remarquons la conjugaison des efforts humains et divins. Les efforts humains se traduisent ici par la bonne organisation en vue d'un bon combat que le général Joab entreprend (v. 10-14). L'effort divin se traduit par les paroles comme : « Le Seigneur donnait la victoire à David partout où il allait » (1 Ch 18.13, NBS), puis par des paroles qui expriment la confiance en Dieu : « que le Seigneur agisse comme il le jugera bon » (1 Ch 19.13, BFC). Notre confiance en Dieu ne nous empêche pas de nous organiser de façon convenable. Selon le v. 17, David prend lui-même part au combat. Ce n'est pas un manque de confiance en ses généraux. Il apporte sa contribution. Il n'est pas un leader qui ne fait que donner des ordres aux autres. Il est aussi un homme de terrain.

Le Chroniste modifie le v. 19. Alors que 2 Samuel 10.19 dit que c'est avec Israël que tous les rois, serviteurs de Hadad-Ezer, battus devant Israël, font la paix avec Israël et le servent, la version chroniste en 1 Chroniques 19.19 affirme que c'est avec David que les serviteurs de Hadad-Ezer font la paix.

20.1-8 La suite des victoires

Celui que Dieu bénit est béni. Cette bénédiction continue à se manifester aussi longtemps que le béni demeure attaché au Seigneur. Nous pouvons subdiviser ce texte en deux parties : la première concerne la capture de Rabba par le général Joab, la deuxième fait mention du combat contre les Philistins et de la victoire que les Israélites remportent sur eux.

L'attaque entreprise par Joab contre les Ammonites et la capture de Rabba leur capitale, peuvent être comprises comme la conséquence de l'humiliation qu'ils ont fait subir aux messagers du roi David. Notons que par rapport au parallèle de ce texte qui se trouve en 2 Samuel, l'auteur ne retient que les informations qui cadrent avec le but qu'il poursuit, celui de faire un tableau élogieux de David. L'information selon laquelle David envoie Joab dévaster le pays des Ammonites (v. 1), alors que lui-même demeure à Jérusalem semble être en contradiction avec les v. 2-3 où il est dit que David et tout le peuple retournent à Jérusalem. Le lecteur qui lit le récit de 2 Samuel 11.2–12.25 peut remarquer que le Chroniste saute une bonne partie de ces matériaux. La contradiction des v. 1 et 2-3 concernant la position de David ne peut-elle pas s'expliquer par l'omission chroniste de certains matériaux pourtant présents dans le Livre de Samuel ?

Le texte massorétique de 1 Chroniques 20.2 et son parallèle dans 2 Samuel 12.30 disent qu'après avoir occupé Rabba David prend la couronne qui se trouvait sur la tête de Milkom, nom du dieu des Ammonites (cf. 1 R 11.5 et 33 ; 2 R 23.13). À l'instar des dieux phéniciens Melchart et Molek, Milkom était une forme du dieu cananéen de l'orage, nommé Baal. Les trois noms dérivent d'une même racine sémitique : *melek*. Ce mot désigne « roi » en hébreu. Dans le texte massorétique, ce qui est traduit par « leur roi » et le nom Milkom sont presque identiques (cf. Jr 49.1 et 3 ; So 1.5). En défiant l'image du dieu ammonite et en portant sa couronne, David renforce l'humiliation des Ammonites. Il transforme la population de Rabba et de toutes les villes ammonites en une population torturée, les soumettant à des corvées. Les mots utilisés au v. 3 en disent long. Alors que le texte massorétique de 2 Samuel 21.18-22 décrit les héros philistins comme des descendants de Rapha, le Chroniste fait allusion à eux comme des Rephaïtes (1 Ch 20.4). Ce terme est utilisé dans la Bible hébraïque pour parler des habitants pré-israélites de Canaan (Gn 14.5 ; 15.20 ; Dt 2.10-11). Il est aussi employé pour les défunts du shéol (Ps 88.10 ; Es 14.9). La mythologie cananéenne atteste le lien entre ces deux termes. Les Rephaïtes y représentent la lignée des héros déchus et des rois des temps anciens[87]. Ils sont aujourd'hui au rang des défunts. Deutéronome 3.11 affirme : « Og, roi de Bashân, était le seul qui restait des derniers Rephaïtes ; et son lit, un lit de fer, n'est-ce pas celui qu'on voit à Rabba des fils d'Ammon ?... » (TOB). Les Rephaïtes peuvent être considérés comme des géants. Deutéronome 2.11 identifie les Rephaïtes avec les Anaqites. Dans le rapport de la mission des douze explorateurs du pays de Canaan, selon Nombres 13.33, il est aussi fait mention des Anaqites de la race des géants ou *Nephilîm*. Selon Genèse 6.4, les Nephilîm étaient sur la terre et ils y étaient encore lorsque les fils de Dieu vinrent trouver des filles d'hommes et eurent d'elles des enfants. En 2 Samuel, il est possible de penser aux enfants de Rapha comme de grands guerriers humains. Cet arrière-plan était au service du Chroniste pour qualifier les héros philistins de Rephaïtes. Les textes ougaritiques au deuxième millénaire avant Jésus-Christ attestent aussi la mention des Rephaïtes comme des rois et des héros défunts[88].

Le combat contre les Philistins s'inscrit dans la mouvance des victoires que David remporte grâce au Seigneur qui combat pour lui. Un combat à Guézer, un autre à Gath, et un troisième à Gath, le règne de David est celui du combat. Ce qui implique que le sang est beaucoup versé sous ce règne. Le nombre trois et la description de la haute taille du soldat ennemi pendant le troisième combat, traduisent bien la féroce adversité des Philistins. Heureusement que l'armée de David combat avec la force du Seigneur. Notons qu'il y a une différence entre 1 Chroniques 20 et 2 Samuel 21. Le Chroniste modifie le célèbre récit du combat entre David et Goliath. Il souligne tout de même que David doit toutes ses victoires au Seigneur conformément à l'affirmation : « Le Seigneur donnait la victoire à David partout où il allait » (1 Ch 18.13, TOB).

Si nous voulons toujours sortir vainqueurs de nos combats contre nos ennemis, le secret s'appelle combattre avec le Seigneur, mais pas contre le Seigneur.

Conclusion et questions de réflexion

Le Seigneur a promis une alliance éternelle à David. Mais avec la destruction du temple de Jérusalem construit par le roi Salomon, temple détruit par les Babyloniens, quel sens cette alliance éternelle avec David pouvait-elle encore avoir ?

David, disqualifié par le Seigneur en ce qui concerne la construction du temple, se montre humble dans sa prière d'action de grâce. Comment nous comportons-nous lorsque le Seigneur désapprouve notre intention d'entreprendre un projet qui nous tient à cœur ?

Dans cette unité, il est aussi beaucoup question des victoires remportées par le roi David. Ces victoires sont des signes des bénédictions divines. Elles s'inscrivent dans le cadre de la théologie de la rétribution immédiate selon laquelle l'obéissance à la volonté de Dieu entraîne la bénédiction se traduisant par exemple par des victoires, et la désobéissance entraîne la malédiction pouvant se traduire par des échecs. Sommes-nous obéissants ou désobéissants ? Pouvons-nous parler de victoires et d'échecs en Afrique ? Que peuvent être les causes de nos échecs en Afrique ?

DE DAVID À SALOMON

Un proverbe kongo du Congo-Brazzaville parle d'un type d'arbre appelé *ba dia nséké* qui se renouvelle au même moment où il devient sec et même après avoir été brûlé. L'idée que véhicule ce proverbe est qu'une génération qui passe est remplacée par une autre.

21.1-30 David et son règne

Jusqu'ici, le Chroniste a fait le tableau d'un David intègre. Ce chapitre apporte un bémol à la description du personnage de David. Comme il le fait ailleurs, le Chroniste sélectionne les matériaux qui cadrent avec le but qu'il poursuit. Le chant de David (2 S 22//Ps 18) et les derniers mots sont omis par le Chroniste. Il préfère son propre récit des dernières actions et paroles de David (22.1–29.30). La liste des guerriers au sein de l'équipe de David (2 S 23.8-39) est placée par le Chroniste vers le début de l'histoire de David (11.10-47). Le récit chroniste du recensement, la peste, et le sacrifice de David ont leur parallèle dans 2 Samuel 24.1-25. Certes le Livre des Chroniques et le texte massorétique de 2 Samuel diffèrent substantiellement ici, la comparaison avec 4QSam et LXX confirme que le Chroniste est généralement fidèle à sa source. Ce texte peut être subdivisé en trois parties : la première est consacrée à la faute que David commet en ordonnant le recensement du peuple d'Israël, ce qui est curieux, puisque d'habitude, selon le Chroniste, David consulte le Seigneur avant d'agir ; dans la deuxième partie, il s'agit de la punition causée par la faute commise ; la troisième partie concerne la construction d'un autel que David entreprend pour le Seigneur.

21.1-6 La faute commise par le roi David

Cette première partie dont le parallèle se trouve en 2 Samuel 24.1-9, contient le mot Satan qui signifie accusateur. Ce mot remplace-t-il l'expression « la colère du Seigneur... » qui se trouve dans le texte parallèle ? Selon ce texte, c'est cet accusateur qui pousse David à la faute, le même David que jusqu'ici, l'auteur des Chroniques présente comme régnant avec Dieu. C'est dire que celui qui marche avec Dieu peut connaître des moments de faiblesse, laquelle peut se manifester par un entêtement à faire ce qui déplaît à Dieu. Aucune motivation politique ni économique n'est donnée, par le Chroniste ni par le Livre de Samuel, pour l'organisation de ce recensement. Mais les deux textes s'accordent pour reconnaître que le recensement est un mal. La conception selon laquelle les recensements sont de mauvaises choses ne se trouve pas que dans les deux textes parallèles. Elle est aussi présente dans Exode 30.11-16. Selon ce texte, pour éviter qu'un fléau atteigne les Israélites (Ex 30.12), pendant le recensement, chaque Israélite donnera au Seigneur la rançon de sa vie. Il s'agit d'un demi-sicle, selon le sicle du sanctuaire à vingt guéras. En Actes 5.37, Gamaliel rappelle au Conseil la sanglante révolte de Judas, le Galiléen, à la suite du recensement conduit par Quirinius vers l'an 6 avant notre ère.

Des raisons ne manquent pas pour expliquer pourquoi les recensements comportent un caractère vil et dangereux. Trois raisons peuvent conduire un roi à entreprendre un recensement. Le recensement permet au roi d'imposer un tribut. Un recensement est souvent accompagné de l'augmentation des taxes. Ensuite, un recensement pouvait déterminer la taille de la population disponible pour des travaux forcés (2 Ch 2.17). Enfin, le recensement permettait au gouvernant d'avoir une idée de la masse à enrôler dans le service militaire (Nb 1.3 ; 26.2 ; 2 Ch 25.5-6). Le recensement de David rapporté dans ce chapitre 21 est de cette nature (21.5, cf. 2 S 24.9). Pour le Chroniste et pour l'auteur du Livre de Samuel, le recensement est un mal susceptible de provoquer la colère de Dieu contre le peuple d'Israël.

Après avoir d'abord résisté à l'idée de recenser le peuple (21.3), Joab finit par obéir à l'ordre du roi. Dans le Livre des Chroniques, Joab exclut délibérément les tribus de Lévi et de Benjamin de ce recensement (21.6). Joab met en pratique la Torah qui, selon Nombres 1.40, exempte la tribu de Lévi de tout recensement militaire. Les raisons d'exclusion de la tribu de Benjamin ne sont pas évidentes. En relisant attentivement 1 Chroniques 7.6-12, on se rend compte que dans l'histoire du Chroniste, la tribu de Benjamin joue un rôle spécial. Dans ses généalogies, le Chroniste consacre trois listes différentes à la tribu de Benjamin. Seules les tribus de Juda et de Benjamin sont traitées en détail. De plus, tout au long de l'histoire, Juda et Benjamin sont ce que le Chroniste appelle l'Israël fidèle. Une autre raison qui peut justifier l'exclusion de Benjamin, c'est que le haut lieu de Gabaon se trouvait dans le territoire de Benjamin (Jos 18.25). Selon le Chroniste, le tabernacle et son autel étaient situés à Gabaon (16.39 ; 21.29 ; 2 Ch 1.3–6.13), qui par conséquent était le lieu pour le culte sacrificiel en Israël jusqu'à la construction du temple de Jérusalem par le roi Salomon. Selon Myers (1965, p. 147), le respect pour l'autel du Seigneur pouvait empêcher Joab d'engager la tribu de Benjamin dans le recensement. L'exclusion des tribus de Lévi et de Benjamin n'explique-t-elle pas la différence des chiffres en 1 Chroniques 21.5 et 2 Samuel 24.9 ?

21.7-16 La punition pour la faute commise

Dans la deuxième partie (v. 7-16), l'auteur montre que Dieu n'est pas soumis à David. Celui-ci n'est pas intouchable. Il est faillible et non exempté de la sanction qu'il mérite pour la faute commise. C'est lorsque le Seigneur commence à frapper que David se rend compte de son péché et sollicite le pardon de Dieu. Le Chroniste met en scène le voyant Gad pour transmettre sa volonté au roi David. Dans l'Église Évangélique du Congo, ce phénomène est très présent. Des personnes ayant reçu le don de prophétie vont souvent transmettre au pasteur, aux fidèles, parfois discrètement aux hommes politiques des messages supposés venir de Dieu. On peut cependant se demander si tous ces messages viennent de Dieu.

Dans le message que le voyant Gad transmet au roi David, ce dernier a le choix entre trois châtiments. À ce sujet, les deux textes parallèles offrent plusieurs variantes sur ce que nous pouvons traduire par « sept années de famine ». David préfère tomber entre les mains du Seigneur que de tomber entre les mains des hommes (21.13). La raison de ce choix est claire : la miséricorde de Dieu est très grande. Ce que dit le roi David sous-entend que le roi compte sur l'amour de Dieu. Le v. 15 révèle cet amour, car le même Dieu qui envoie un ange à Jérusalem pour la ravager est affligé du malheur causé par la mission accomplie par son ange. La deuxième partie de ce chapitre démontre l'humilité de David qui reconnaît sa faute devant le Seigneur. Il y a cependant l'irréparable, puisque soixante-dix mille Israélites meurent. En Afrique, plusieurs fois, des innocents perdent leurs vies à cause des fautes des dirigeants politiques. Et souvent, ces derniers ne s'en repentent pas.

Dans la troisième partie (v. 17-30), l'intercession de David ne se fait pas attendre (v. 17). L'attitude qu'adopte David fait écho à celle de Moïse après l'adoration du veau d'or par les Israélites et sous la menace de Dieu (Ex 32). Comme Moïse, David intercède pour le peuple. Notons cependant que si dans le contexte du récit chroniste David est coupable, dans le contexte du veau d'or, Moïse n'est pas coupable. Le péché de David a entraîné la catastrophe. Heureusement, cette catastrophe n'a pas le dernier mot sur ce peuple, c'est le Seigneur qui l'a, lui qui a châtié et qui maintenant ordonne que David construise un autel pour le Seigneur, afin que le fléau prenne fin. Quelle joie de savoir que le Seigneur pardonne et exauce nos prières ! La générosité d'Ornân suite à la demande de David de l'emplacement de l'aire pour bâtir un autel au Seigneur pour éloigner le fléau du peuple, est une attitude louable. Celle de David qui refuse d'offrir un holocauste qui ne coûte rien, l'est aussi (21.22-24). La valeur de ce que donne le roi David à Ornân pour acquérir l'emplacement où il construit un autel au Seigneur révèle son amour et son respect pour le Seigneur. Attention ! Le roi David n'achète pas la grâce de Dieu. Il a d'abord reconnu sa culpabilité. Par l'offre des holocaustes et des sacrifices de paix, il exprime son respect pour le Seigneur. Dans la nouvelle alliance, Jésus-Christ, le grand prêtre, non par le sang des animaux, mais son propre sang est entré une fois pour toutes dans le sanctuaire et a obtenu une libération définitive (Hé 9.11-14). Jésus-Christ purifie notre conscience des œuvres mortes pour servir le Dieu vivant (Hé 9.14).

22.1-19 Encouragements de David à Salomon et aux princes

Ce chapitre décrit les préparatifs à la construction du temple (1-5), la manière dont le roi David encourage son fils Salomon à construire le temple (6-16), et les exhortations qu'il adresse aux princes à venir en aide à Salomon (17-19).

22.1-5 Les préparatifs à la construction du temple : une affaire inclusive

L'emploi du pronom démonstratif au v. 1 révèle que David montre le lieu où sera construite la maison du Seigneur, c'est-à-dire le temple. Après avoir montré ce lieu, David rassemble les tailleurs de pierres. Les v. 2-19 n'ont pas de parallèle direct dans Samuel et Rois, mais on y trouve des allusions aux textes anciens. Selon le v. 2, les tailleurs de pierres sont des *gērîm*, en d'autres termes des immigrés. La mention de ces derniers dans les préparatifs liés à la construction du temple témoigne du caractère inclusif de la théologie du Chroniste. Le texte de 2 Chroniques 2.16-17 en fait aussi mention. On verra plus tard que les *gērîm* sont aussi pris en compte dans la longue prière qu'adresse le roi Salomon à l'occasion de la dédicace du temple. Le fer, le bronze, le bois de cèdre, en quantité considérable, sont mis à la disposition de la construction de la maison du Seigneur. Avant de mourir, David veut s'assurer que rien ne va manquer à son jeune fils pour la construction de la maison du Seigneur. Selon le v. 5, la maison à bâtir sera à la mesure du Dieu d'Israël dont la grandeur, la puissance, la splendeur, la majesté et l'éclat sont soulignés par David dans sa prière rapportée en 1 Chroniques 29.10-11.

22.6-16 David encourage son fils Salomon à construire la maison du Seigneur

Si dans les versets précédents l'auteur n'emploie que le mode narratif, dans cette partie il utilise aussi bien le mode narratif que le mode scénique, en d'autres termes, l'auteur parle et fait aussi parler les personnages. David et le Seigneur sont les personnages que le Chroniste fait parler ici. Concernant David, les paroles rapportées par l'auteur sont celles que David adresse à son fils Salomon. Il lui fait un bref historique de la genèse de la construction du temple. Du point de vue de la trame narrative, c'est la première fois que Salomon découvre la genèse de l'histoire de la construction du temple à laquelle son père David lui demande de s'engager.

Concernant le Seigneur en tant que personnage actif, le Chroniste rapporte les paroles que le Seigneur avait adressées à David. Malgré sa bonne intention de vouloir construire la maison du Seigneur, David a été disqualifié par le Seigneur. La raison de cette disqualification est donnée au v. 8 : David est disqualifié parce qu'il a versé beaucoup de sang et a fait de grandes guerres. Salomon reçoit donc la lourde charge de construire la maison du Seigneur. Sans le lui dire ouvertement, David prépare aussi Salomon à lui succéder. Les paroles du Seigneur que David transmet à son fils sont de nature à le rassurer et lui donner courage. Grâce à ces paroles du Seigneur, Salomon sait qu'il est « un homme de repos », que le Seigneur lui accorde le repos, qu'il promet de le délivrer de tous les ennemis qui l'entourent, qu'il a promis d'accorder paix et tranquillité à Israël pendant son règne. N'est-ce pas aussi cela la signification de son nom ?

Si aux v. 6-10, l'accent est mis sur la genèse de la brève histoire de la construction de la maison du Seigneur, aux v. 11-16 introduits par 'attāh (maintenant) et qui sont la suite de l'adresse du roi David à son fils Salomon, l'accent est mis sur les vœux de David pour son fils. Il veut que le Seigneur soit avec son fils, afin qu'il réussisse avec brio l'entreprise de la construction du temple. Selon David, Salomon a besoin de recevoir du Seigneur le bon sens et l'intelligence. Le lien entre l'observation de la torah du Seigneur et la réussite que l'auteur établit, ainsi que l'encouragement à être fort et courageux (ḥăzaq we'emats), aux v. 12 et 13 font écho au livre de Josué (1.6-9) lors de son investiture par le Seigneur. Les v. 14-16 reprennent des éléments des v. 2-5 concernant les préparatifs, au plan matériel, de la construction du temple. Il n'est pas rare de trouver de nos jours des pères qui, se sachant disqualifiés, auraient jalousé leur fils ou n'auraient pas pris la peine de préparer ce qui ferait le succès de leur fils.

22.17-19 David exhorte les princes d'Israël à venir en aide à Salomon

Après avoir parlé à son fils Salomon, David se tourne vers les princes d'Israël. Il est conscient que son fils ne peut pas réussir la construction du temple sans l'aide ou la participation des princes d'Israël. Au v. 19 se trouvent une exhortation importante et la révélation du but de la construction du sanctuaire du Seigneur. L'exhortation, c'est l'appel à la recherche du Seigneur de tout son cœur et de toute son âme. Une construction de la maison du Seigneur sans le Seigneur est une illusion. Nous trouvons dans ce verset l'emploi du verbe *dārash* qui signifie « chercher » et qui a pour objet le Seigneur. Or ce verbe est fort prisé dans le Livre des Chroniques. Le but de la construction du sanctuaire du Seigneur que ce v. 19 révèle est le suivant : « afin d'amener le coffre de l'alliance du Seigneur et les ustensiles sacrés de Dieu dans la maison qui va être bâtie pour le nom du Seigneur » (NBS). Il s'agit de passer d'un sanctuaire mobile à un sanctuaire immobile.

Conclusion et questions de réflexion

Dans son humilité, le roi David reconnaît qu'il a commis un péché. Ce n'est pas une faiblesse, mais une grandeur. Un bon leader, n'est-ce pas celui qui sait avouer ses fautes devant le peuple et devant Dieu ? L'Afrique a besoin de dirigeants humbles, dans l'église et en politique. Avons-nous dans l'histoire de notre continent des exemples de leaders politiques humbles ? Si oui, quelle en est la preuve ?

Le roi David intercède en faveur du peuple. Cela fait écho à Moïse, à la différence que Moïse n'avait pas commis le péché pour lequel il intercéda le Seigneur en faveur du peuple qui avait péché. Dans le cadre de la parcelle de responsabilité que nous avons, avons-nous le temps pour intercéder en faveur du peuple dont nous avons la charge de diriger ?

Cette unité révèle l'inclusion dans l'entreprise de la construction de la maison du Seigneur. Les immigrants y trouvent aussi leur place. Peut-on parler d'exclusion dans le fonctionnement de nos églises locales, et en politique et en économie ?

LES SERVITEURS DU TEMPLE

Un proverbe bamiléké du Cameroun dit : « Une seule main ne peut pas attacher un paquet. » Dans cette unité, il est question de serviteurs du temple dans leur diversité et dans la complémentarité.

23.1-32 Organisation des lévites pour un service mieux accompli

Un adage congolais parle de *maba ma nseke, mana mafwa, mana masasa*, ce qui signifie en français : « Lorsque les vieux palmiers sèchent, les plus jeunes poussent. » Le v. 1 de ce chapitre fait mention de la vieillesse de David. Celui-ci investit son fils, à sa place, comme roi sur Israël. Ce qui était voilé au chapitre 22 devient plus clair dans ce chapitre. Si le chapitre 22 met l'accent sur la responsabilisation de Salomon pour la construction du temple, le début de ce chapitre 23 met en relief la responsabilisation de Salomon pour le règne royal sur Israël déjà mentionné en 22.10. Le Chroniste établit un lien étroit entre la royauté et le temple. En 1 Chroniques 22 et 23, la scène se passe en privé et en public. Au chapitre 22, le roi David s'adresse à son fils en privé au sujet de la succession (22.7-16), puis confie la charge à tous les princes d'Israël d'aider son fils Salomon (22.17). Dans ce chapitre, le roi David investit son fils Salomon (en privé) avant de rassembler les prêtres, les lévites, les princes d'Israël (*kol sārê Israēl*). La suite de ce chapitre montre comment le roi David organise principalement les lévites pour assurer un bon service pour une bonne exécution des travaux du temple. Les chiffres donnés du v. 3 au v. 5 concernant les lévites révèlent la grandeur du temple à construire. Cette importance se révèle aussi par la valeur des catégories professionnelles citées. Mais l'auteur ne dit pas qui s'occupe du recensement des lévites. L'expression « l'âge de trente ans et au-dessus » fait écho à Nombres 4.3, 23, 30, 35, 39, 43. Une autre tradition fixe l'âge minimum à vingt-cinq ans (Nb 8.23-26).

Ici, la transition entre David et son fils Salomon se passe sans trouble, alors que dans Samuel-Rois, le règne de David s'achève sur une crise caractérisée par une rébellion.

La mutation entre le roi David et son fils occasionne une organisation administrative nationale. Avec le règne de Salomon on passera d'un culte centré autour de l'arche et de la tente à un culte centré autour d'un sanctuaire immobile qui n'est autre que le temple. Du v. 6 au v. 23, le Chroniste donne une liste des fils de Lévi, comme le dit le v. 24, famille par famille. Notons que n'étaient retenus pour être au service de la maison du Seigneur que les lévites qui étaient âgés de vingt ans et au-dessus. Le total des lévites selon ce chapitre (38 000) est différent de celui du temps de Moïse (8 580), selon Nombres 4.36-45.

Le Chroniste emploie un vocabulaire qui est aussi présent dans les écrits sacerdotaux, notamment dans le Livre des Nombres et dans le livre d'Ézéchiel. Toutefois, il en fait usage à sa manière. Notons par exemple que dans les écrits sacerdotaux et dans le livre d'Ézéchiel, les tâches des lévites et des prêtres sont séparées et distinctes, alors que dans le Livre des Chroniques, l'auteur met l'accent sur la complémentarité. Il ne dit pas clairement où s'arrêtent les tâches des lévites et où commencent celles des prêtres. En plus de leurs tâches d'assurer le service de la tente de la Rencontre, le service du sanctuaire, le service pour les fils d'Aaron dans la maison du Seigneur (v. 32), les lévites ont aussi la fonction de célébrer et de louer le Seigneur chaque matin et chaque soir, d'offrir au Seigneur tous les holocaustes, aux sabbats, aux nouvelles lunes, et aux rencontres festives (v. 30-31). Dans ce chapitre, le Chroniste présente lévites et prêtres comme frères et collaborateurs dans l'œuvre du Seigneur.

24.1-31 Organisation des prêtres et complément des lévites

Ce chapitre se présente en deux parties : v. 1-19, consacrée aux prêtres et v. 20-31, consacrée aux lévites.

Dans la première partie, le début du texte hébreu de la BHS : *Welibnê*, peut être traduit par : « Et pour les fils de... » Ici, il s'agit des fils d'Aaron. Le recensement que le Chroniste mentionne en 1 Chroniques 23.3-5 peut être considéré comme la toile de fond ou l'arrière-plan de ce qui est dit dans les chapitres 23-27.

Dans les v. 1-6, le Chroniste commence par la présentation des fils d'Aaron et s'empresse de donner l'information du décès des deux premiers fils d'Aaron : Nadab et Abihou. Cependant, il ne dit pas la cause du décès de ces deux fils. L'une des sources du Chroniste révèle la cause de cette mort : ces deux fils présentèrent un feu profane devant le Seigneur, dans le désert du Sinaï (Nb 3.4). En donnant déjà l'information du décès des deux premiers fils d'Aaron, le Chroniste prépare le lecteur à comprendre pourquoi dans la suite, seuls les noms des deux derniers (Éléazar et Itamar) sont mis en exergue. L'expression traduite par : « moururent avant leur père » (NBS) au v. 2 veut simplement dire qu'à la mort de ces deux fils leur père Aaron vivait encore.

Les prêtres dont il est question dans la première partie de ce chapitre sont organisés en 24 classes. Sara Japhet dit qu'une rivalité entre les nombreux prêtres pour le droit de conduire le service divin et concernant les privilèges du clergé[89], pouvait être à l'origine de la division des prêtres en 24 classes. Cette division en 24 classes est dans ce cas une solution à la situation qui prévalait, une opportunité pour tous les prêtres de servir le Seigneur dans le temple, chacun à son heure, sans rivalité. La liste des prêtres donnée dans ce chapitre ressemble, dans une certaine mesure, à d'autres présentes dans le livre de Néhémie (7.39-42//Esd 2.36-39 ; 10.2-8 ; 12.1-7 et 12-21). Des variantes et mêmes des différences ne manquent tout de même pas. Selon Rudolph, il est probable que « ces diverses listes reflètent les étapes d'une tradition qui a évolué avec le temps, depuis l'époque du retour de captivité jusqu'à celle du Chroniqueur[90] ».

Le Chroniste établit un lien étroit entre David et les fonctionnaires des deux principales familles des descendants d'Aaron : Tsadoq et Ahimélék (1 Ch 15.11 ; 18.16-17 ; 25.1 ; à comparer avec 2 S 8.18 ; 15.35 ; 17.15 ; 1 R 1.7, 9).

Le v. 4 donne l'information de la domination plus remarquable des fils d'Éléazar par rapport à ceux d'Itamar. Comme pour l'information de la mort des fils d'Aaron, le Chroniste ne dit pas non plus pourquoi il se trouva plus de chefs parmi les fils d'Éléazar que parmi ceux d'Itamar. Franck Michaéli pense que cette différence émane probablement d'une rivalité entre la classe d'Éléazar et celle d'Itamar[91]. Quelle que soit l'origine de cette situation, elle correspond à la période postexilique au cours de laquelle les sadocides descendants d'Éléazar dominaient la prêtrise. Toutefois, au v. 5, le Chroniste dit bien que « les princes du sanctuaire et les princes de Dieu étaient des fils d'Éléazar et des fils d'Itamar » (NBS). Même si l'expression hébraïque traduite par « princes du sanctuaire et princes de Dieu » n'est pas attestée ailleurs dans l'Ancien Testament, le Chroniste est animé d'un souci d'égalité du point de vue de l'importance entre les fils d'Éléazar et ceux d'Itamar. Selon Gary N. Knoppers, le titre de « princes du sanctuaire et princes de Dieu » reflète la posture privilégiée dont jouissent les fils d'Aaron dans l'œuvre du Chroniste[92]. Grâce à cette posture, les prêtres ont, avec les rois et le peuple, en leur conscience, la responsabilité d'œuvrer pour le mieux-être de la nation d'Israël. En 2 Chroniques 36.14, où il emploie l'expression *sārê hakkōhănîm* (princes ou chefs des prêtres) qui est compatible avec l'expression *sārê qōdesh wesārê hā'ĕlōhîm* (princes ou chefs du sanctuaire et princes de Dieu) le Chroniste accuse les chefs des prêtres d'être coupables pour l'exil babylonien.

Au v. 6, le nom de Shemaya, fils de Netanéel, un scribe d'entre les lévites, n'est pas attesté ailleurs. Sa mention par le Chroniste s'inscrit probablement dans le cadre de sa préférence pour les lévites.

Aux v. 7-19, le Choniste présente les 24 classes des prêtres. Un nom se trouve en tête de la liste des 24 classes de prêtres. Il s'agit de Yehoyarib, alors qu'en Néhémie 10.2 et 12.1 et 12, il est fait mention de Seraya en tête de liste. Dans 1 Maccabées 2.1, un lien est établi entre les origines des Hasmonéens et la classe sacerdotale de Yehoyarib. Concernant le nom Yedaya, en Esdras 2.36 et Néhémie 7.39, un lien est établi entre la maison de Josué et les fils de Yedaya. On ignore de quel Josué il s'agit dans ce contexte.

Le nom d'Harim au v. 8 et celui d'Immer au v. 14 attirent aussi notre attention puisqu'ils font partie des quatre familles sacerdotales retournées au pays après l'exil (voir Esd 2.39 et 37). Ils peuvent être considérés comme les fondateurs de la prêtrise Jérusalémite[93]. Notons l'absence sur la liste de la quatrième plus grande famille des prêtres rentrés de la captivité de Babylone, celle de Pashhour (Esd 2.38 ; Né 7.41). Que s'est-il passé pour que le Chroniste n'en fasse pas mention ? Le Livre des Chroniques n'en dit pas plus. Cette famille mentionnée en Esdras 10.22 a-t-elle par la suite disparu ? S'est-elle éclatée en plusieurs familles au point d'apparaître sous divers nouveaux noms ?

Au sujet de Haqqots au v. 10, selon Esdras 2.61-63 et Néhémie 7.63-65, ses descendants étaient déchus du sacerdoce ; après leur retour d'exil ils ne trouvèrent pas leurs titres généalogiques. Mais dans le Livre des Chroniques la généalogie et le statut des Haqqots ne sont pas remis en cause.

Les v. 11 et 12 font mention de Josué et d'Éliashib. L'absence d'information ne nous permet pas de savoir s'il s'agit ici de Josué fils de Yehozadak qui fut grand prêtre au début de la restauration selon Aggée 1.1 ; Zacharie 3.1 ; Esdras 2.2 ; et d'Éliashib qui servit aussi comme grand prêtre au temps de Néhémie (Né 3.1).

Le v. 13 parle de Yéshébéab, un nom qu'on ne trouve nulle part ailleurs dans la Bible. Quelques manuscrits de la Septante lisent Ishba'al, une lecture qui ne semble pas correspondre à la période postexilique. À une telle époque l'élément rappelant la divinité Ba'al pouvait-il encore se retrouver dans les noms ? Ne s'agit-il pas d'une corruption du texte grec ?

Le nom d'Hézir au v. 15 n'a d'autre occurrence biblique qu'en Néhémie 10.20 selon le texte massorétique. Ce nom se trouve parmi les princes ou chefs des lévites et des prêtres. Sara Japhet nous affirme que ce nom est attesté au plan épigraphique, parce qu'une inscription de la « tombe des fils de Hézir » avait été trouvée dans la vallée de Cédron[94].

Le v. 19 sert de conclusion à la première partie de ce chapitre. Cette conclusion commence par la formule *'ēlleh* (« ceux-là » ou « ceux-ci » ou encore

« ce sont là... ») que l'on retrouve aussi au v. 30 qui marque la fin de la liste des lévites selon ce chapitre.

Le fait que David a divisé les prêtres en 24 classes n'a d'incidence que sur leur programme de service et non sur leur préparation rituelle.

Notons que dans le Pentateuque, c'est par Moïse que passent les instructions que le Seigneur adresse aux prêtres. Moïse les transmet à Aaron (Lv 6.8 ; 17.1 ; etc.), parfois Moïse et Aaron reçoivent à la fois les instructions à transmettre au peuple (Lv 11.1 ; 13.1, etc.). C'est rare qu'Aaron tout seul reçoive les instructions du Seigneur (Ex 4.27 ; Lv 10.8 ; Nb 18.1, 8, 20). 1 Chroniques 24.19 ne fait mention que d'Aaron, comme pour dire que cette partie est exclusivement consacrée aux prêtres.

Les v. 20-30 ressemblent à une sorte d'appendice d'une liste déjà présente au chapitre 23. Cette partie commence avec le même mot que le début de la première partie de ce chapitre 24 : *Welibnê*, qui peut être traduit par : « Et pour les fils de... », avec la suite : *hannôtārîm* (ceux qui restaient). Cette suite est une précision qui montre que l'auteur tient compte de ce qu'il a déjà dit plus haut sur les fils de Lévi.

Les fils d'Amram ouvrent la liste au v. 20. Si nous comparons le v. 23 avec 1 Chroniques 23.19, il s'agit bien des fils d'Hébron. Les fils d'Hébron sont restés la famille la plus grande et la plus stable des branches lévitiques. Leur nombre de familles n'a pas changé. Ils sont, même après l'exil, restés quatre familles (23.19).

Aux v. 24-25, la présentation des fils d'Ouzziel semble différente de la précédente (comparer 23.20 avec 24.24-25).

Au v. 26, en comparant avec 23.21, un autre fils de Merari apparaît : Yaazia. Aux v. 26b et 27b, il peut s'agir d'une dittographie ou d'une corruption de texte. Aux v. 28-29, il y a une ellipse puisque pour les fils de Qish, on ne cite que Yerahméel, puis l'auteur ne cite pas les fils de Yerahméel, alors qu'il n'est pas dit de lui comme d'Éléazar qu'il n'eut pas de fils. Le Chroniste rattrape la descendance de Moushi qu'on pensait lire aux v. 26-27, il fait de Mahli un fils de Moushi, alors qu'au v. 26 il est son frère.

Le v. 30 représente la conclusion de la partie concernant la mention des lévites dans ce chapitre. Finalement, il y a des ressemblances entre la liste de 1 Chroniques 23.6-23 et celle de 1 Chroniques 24.20-30. Il y a aussi des dissemblances dans les détails. L'élément le plus remarquable est l'absence des descendants de Guershôn mentionnés en 1 Chroniques 23.6. N'étaient-ils plus importants à l'époque de la rédaction de 1 Chroniques ou étaient-ils incorporés dans d'autres catégories de ceux qui assuraient le service dans la maison du Seigneur ? Au v. 31, l'auteur poursuit sa conclusion en soulignant la fraternité entre les lévites et les prêtres.

Dans les Églises d'Afrique comme dans celles des autres continents, la pluralité des ministères ne devrait pas être une source de conflit mais une opportunité de renforcement de la fraternité. Au lieu d'utiliser la pluralité des ministères comme un prétexte pour créer des classes dans l'Église, nous ferions mieux de la considérer comme une bénédiction et vivre la fraternité dans la complémentarité.

25.1-31 Le tour revient aux chantres

Une structure en deux parties se dégage de ce chapitre : v. 1-7 et v. 8-31. Dans la première partie, le Chroniste présente une introduction générale de l'origine des chantres. Ceux-ci viennent de trois pères ou ancêtres : Asaph, Hémân et Yedoutoun. Une description de leurs tâches et de leur nombre y est aussi faite. La deuxième partie est consacrée à la division en vingt-quatre classes de ces chantres. Ces derniers bénéficient d'une présentation particulière : d'après leur origine (v. 2-4) et selon l'ordre des divisions (v. 9ss). Les lévites et les portiers sont seulement présentés selon leur descendance (23.26) et les prêtres selon leurs divisions.

Au v. 1 deux mots valent la peine d'être commentés : *wayyabdēl*[95] (et il sépara) et *sarê hatstsābā'*[96] (princes ou chefs de l'armée). David est le sujet de la forme verbale qui exprime l'acte de séparer. Le verbe hébreu qui signifie séparer est attesté dans d'autres textes du Pentateuque pour parler de la séparation des prêtres et des lévites d'avec les autres membres du peuple de l'ancienne alliance (Nb 16.9 ; Dt 10.8 ; Nb 8.14). Dans le Livre des Chroniques, ce verbe est aussi présent en 1 Chroniques 23.13. De même que Moïse et Aaron furent séparés (23.13), les chantres le sont aussi. Cet acte de séparation fait de David celui qui introduit la musique dans le culte.

Toujours au v. 1, l'expression *sarê hatstsābā'* (princes ou chefs de l'armée) suscite des interrogations. Que viennent faire les chefs de l'armée dans le service cultuel ? En effet, le mot *tsābā'* qui peut aussi être traduit par « armée », signifie aussi « service » ou « office ». Ce mot est présent dans les textes suivants où il désigne le service des lévites : Nombres 4.3, 23, 30, 35 ; 8.24 et 25. L'expression *sarê hatstsābā'* peut donc être traduite par « chefs d'office cultuel » ou « chefs de service cultuel ». Ce sens convient bien ici puisque par la suite vient le mot *'ăbodah*[97] (v. 1) qui signifie « travail » ou « service ».

En tenant compte de la manière dont l'auteur aligne les mots de ce v. 1, nous pouvons comprendre que les chefs du service cultuel collaborent avec David dans l'acte de séparation ou la mise à part des fils d'Asaph, de Hémân et de Yedoutoun comme chantres cultuels. Le Chroniste décrit la fonction de chantre comme celle de prophétiser. L'usage du mot, dont le Qere nous permet de lire *nebi'îm* (prophètes), le démontre. Dans ce contexte, le Chroniste présente le chantre comme celui qui prophétise. Ici se révèle l'intérêt du Chroniste pour les prophètes. Cet intérêt est aussi manifeste dans les textes comme : 1 Chroniques 21.9 ; 29.29 ; 2 Chroniques 9.29 ; 12.15 ; 19.2 ; 29.25 ; 33.18 ; 35.15. Il est clair qu'aux v. 2 et 3, le Chroniste considère chanter et jouer aux instruments de musique dans le culte comme prophétiser. Ce lien entre la louange et la prophétie est déjà attesté en 1 Samuel 10.5.

En ce qui concerne Asaph, sa position ou son importance est aussi soulignée en 2 Chroniques 29.30. Malgré cette importance, les descendants d'Asaph ne constituent qu'un petit groupe parmi les chantres. Zakkour apparaît ailleurs dans d'autres listes (Né 12.35 ; 1 Ch 9.15). En 1 Chroniques 15.18 et 20 et 1 Chroniques 16.5, Zacharie que l'on peut probablement identifier avec Zakkour appartient au second ordre d'Asaph. Les autres fils d'Asaph : Joseph, Netania et Asarééla ne sont mentionnés qu'ici.

Au v. 3, cinq fils de Yedoutoun sont listés, un fils est omis. C'est probablement Shiméi mentionné au v. 17.

Au v. 4, ce sont les descendants de Hémân qui sont cités. Ici intervient aussi le génie du Chroniste qui, en tenant compte de sa théologie, incorpore des matériaux qui n'existent pas dans certaines de ses sources auxquelles nous pouvons avoir accès de nos jours.

Le v. 5 dit que quatorze fils et trois filles avaient été donnés par Dieu à Hémân décrit comme le visionnaire du roi pour les affaires de Dieu. L'expression *lehārîm qeren* que l'on traduit par « élever la corne », signifie « être présomptueux »[98].

Le v. 6 reprend la formule introductive présente au v. 5, à savoir *kol 'ēlleh* qui signifie « ceux-ci ». Selon ce verset, tous les fils d'Hémân étaient sous la direction de leur père pour le chant de la maison du Seigneur. Mais il est probable que cette conclusion concerne les descendants des trois lignées, celles d'Asaph, d'Hémân et de Yedoutoun.

Le v. 7 peut être considéré comme la conclusion de la première partie du chapitre 25. L'information donnée ici est qu'Asaph, Hémân et Yedoutoun étaient sous la direction du roi. Les 24 classes qui sont présentées dans la deuxième partie ont chacune 12 personnes. C'est ce qui donne le total de 288 indiqué au v. 7.

Le v. 8 introduit la deuxième partie dont les v. 9-31 ne constituent, du point de vue syntaxique, qu'une seule phrase. Dans cette partie, comme ailleurs dans le Livre des Chroniques, des problèmes qui font l'objet de débats ne manquent pas. Ici, l'auteur met l'accent sur la famille d'Hémân, alors qu'ailleurs il met en relief celle d'Asaph. Le nombre élevé de fils d'Héman (14 fils), par rapport aux deux autres familles (Asaph 4 fils, Yedoutoun 6 fils), peut justifier cette tendance de l'auteur ici.

Le rôle prophétique des chantres que le Chroniste met en exergue dans ce chapitre ne manque pas de pertinence pour les Églises en général et celles d'Afrique en particulier. La connaissance par les chantres de nos Églises de leur rôle prophétique peut aider à prendre au sérieux leur tâche et à éviter de pratiquer l'art musical pour l'art. En effet, le prophète invite à la repentance, il console, il édifie. La prise au sérieux de la fonction prophétique des chantres concerne aussi bien la forme musicale et son contenu.

26.1-32 Les portiers au service du Seigneur

Après les lévites (23), les prêtres (24) et les chantres (25), l'auteur s'intéresse, dans ce chapitre, aux portiers. Deux parties y sont observables : v. 1-19 et 20-32. Dans la première partie, il s'agit des classes des portiers de la maison du Seigneur. La deuxième partie est consacrée aux lévites ayant reçu des tâches spécifiques dans la maison du Seigneur.

26.1-19 Les portiers de la maison du Seigneur

Dans les versets où le Chroniste donne la liste des portiers, deux lignées occupent chacune un groupe de versets : il s'agit des Coréites qui occupent les v. 1-9 et des fils de Merari mentionnés aux v. 10-11. Aussi bien pour les Coréites que les fils de Merari, leur présentation commence par une généalogie et se termine par des statistiques. Le premier ancêtre des portiers nommé dans ce chapitre, Méshélémia, est nommé Shalloum en Esdras 2.41 et Meshoullam en Néhémie 12.25. C'est pour nous aujourd'hui un renseignement sur la variabilité des noms à cette époque.

Comme nous pouvons le constater, les Coréites occupent plus de versets que les fils de Merari. En ce qui concerne les Coréites, le Chroniste les qualifie d' « hommes vaillants, pleins de force pour le service » (v. 8). Qualifier des personnages de vaillants est bien attesté dans le Livre des Chroniques. L'auteur le dit des prêtres (1 Ch 9.13/Né 11 ; 14 ; 1 Ch 12.28 ; 2 Ch 26.17). Il le dit des princes et des juges dans les chapitres 26.30 et 31. Il le dit aussi des guerriers (1 Ch 7.2 ; 8.40, etc.).

Au v. 5, le Chroniste dit d'Obed-Édom que Dieu l'avait béni. Les huit fils qui sont les siens sont l'expression de cette bénédiction. Ici, la bénédiction s'illustre par une progéniture abondante. Cette bénédiction fait écho à 1 Chroniques 13.14. Certains parmi les fils d'Obed-Édom portent des noms contenant l'idée de récompense : il s'agit de Sakar, Issacar et Péoultaï (voir Jr 31.16 cité en 1 Ch 15.7). C'est aussi le cas de Yehozabad[99], Netanéel[100].

Aux v. 10-11, Le texte ne donne pas la raison pour laquelle Shimri est nommé chef par son père, alors qu'il n'est pas le premier-né. Pourtant, aux v. 2 et 4 du même chapitre, ce sont les premiers-nés qui sont d'abord présentés. Aux v. 10 et 11, on ne sait pas qui est le premier-né. Mais Shimri occupe la première place, puisqu'Hilqiya qui le suit est le deuxième. Qui est donc le premier-né, et quelle est la vraie posture de Shimri dans l'ordre de naissance de ces fils ? Le texte ne donne aucune réponse.

Les v. 12 et 13 concluent la liste des portiers des deux lignées et introduisent l'organisation par tirage au sort (v. 14-19). Le Chroniste donne beaucoup de détails dans la description des tâches des portiers. Une autre description se trouve en 1 Chroniques 9.29-33. Le Chroniste met en relief la descendance lévitique des portiers. Notons que la désignation des portiers qui doivent être de service à la maison du Seigneur est faite par tirage au sort. Le Chroniste, même dans les chapitres qui précèdent celui-ci, révèle probablement l'importance du tirage au sort à son époque. La maison du Seigneur se compose de quatre côtés. Comme le nombre de familles n'est que de trois, l'une d'entre elles (Méshélémia) se voit attribuer deux côtés.

Les v. 14-18 présentent quelques difficultés qui ouvrent la voie aux conjectures. De plus, malgré l'abondance de détails sur la garde dans la maison du Seigneur, l'image qui émerge du service des portiers est plus ou moins ambigüe. Des questions sans réponses demeurent concernant le nombre des gardiens ou portiers par jour, la durée de leur garde, etc. 1 Chroniques 9.17ss donne quelques informations à ce sujet comme la rotation hebdomadaire des gardiens (1 Ch 9.25). L'important pour le Chroniste est de montrer le sérieux remarquable dans l'exercice de la garde au temple.

26.20-32 Les lévites ayant reçu des tâches spéciales

Cette partie présente deux types de trésors : les trésors de la maison de Dieu et les trésors sacrés. L'intendant de ces trésors d'après le v. 20, c'est Ahiya, l'un des lévites. Cependant, l'intendant chef des trésors selon le v. 24, c'est Shebouel, fils de Guershom, fils de Moïse. Sous son autorité étaient les Guershonites mentionnés aux v. 21-22, sans oublier l'autre Amramite, Shelomith de la lignée d'Éliézer qui avait en charge tous les trésors sacrés (v. 25-26).

Les v. 28-32 décrivent les fonctions lévitiques de trois manières : comme secrétaires et juges (v. 29) ; au service de l'œuvre du roi (v. 30) et au service de toutes les affaires de Dieu et celles du roi (v. 32). Le lecteur de ce chapitre se rend compte qu'en dehors de leurs fonctions dans le temple, les lévites pouvaient également avoir des fonctions civiles à l'ouest et à l'est du Jourdain.

Conclusion et questions de réflexion

Le principe de la complémentarité dans l'œuvre du Seigneur est très présent dans cette unité. Lévites et prêtres sont décrits comme frères et collaborateurs. Il est aussi question de chantres, de portiers, etc. Il est intéressant de voir le lien que le Chroniste établit entre la louange et la prophétie. Chanter et jouer des instruments de musique, c'est aussi prophétiser. Fonctionnons-nous dans la complémentarité dans l'œuvre du Seigneur, ou dans la rivalité ?

Les chantres de nos églises ont-ils conscience du fait qu'ils prophétisent, qu'ils communiquent un message ? Quelle définition donnons-nous de la prophétie ? Quelle place la prophétie occupe-t-elle au sein de nos églises en Afrique ?

L'ORGANISATION DU ROYAUME POUR SALOMON

Au cours d'une session de formation en leadership et management, un participant responsable d'une institution pose la question suivante au formateur : « Que dois-je faire pour avoir le contrôle de l'institution à la tête de laquelle je viens d'être placé ? » Le formateur répond simplement : « Mettez en place une bonne organisation, vous aurez le contrôle de votre institution. »

27.1-34 L'organisation du royaume

Après avoir présenté, dans les chapitres précédents, les catégories sociales liées essentiellement au service du temple, le Chroniste passe à l'organisation du fonctionnement du royaume. Ce chapitre peut être structuré en quatre parties : v. 1-15 ; 16-24 ; 25-31 et 32-34. La première partie parle de l'organisation militaire du royaume ; la deuxième est consacrée à l'organisation civile du royaume ; la troisième s'intéresse à l'administration des biens du royaume et la dernière décrit l'entourage privé du roi.

27.1-15 L'organisation militaire du royaume

Le v. 1 indique que les personnes dont les noms vont être cités sont au service du roi. Parmi le personnel au service du roi le Chroniste cite les *shōterîm*. Ce mot peut être traduit par « fonctionnaires », « magistrats » ou « scribes ». Comme il est ici utilisé dans le cadre d'une organisation militaire, on peut le traduire par « officiers ». Selon le contenu de ce chapitre, 12 divisions militaires sont de service de manière rotative chaque mois, à raison de 24 000 hommes par division.

Durant le règne de David, une procédure administrative consiste à instaurer des services rotatifs du personnel, afin de s'assurer que les principales institutions de Jérusalem jouissent d'un service continuel. La rotation se fait à raison de 24 000 militaires par groupe chaque mois. Chaque groupe est dirigé par un officier (27.2-15). Ce système reflète l'intégration de l'aile militaire dans le gouvernement du roi David. Il est au service du roi qui doit bénéficier d'une desserte militaire régulière tout au long de l'année. Un arrangement similaire organisait les lévites, les prêtres, les chantres et les portiers par équipes dans les postes de Jérusalem. On le voit, l'organisation des forces armées est au service de la centralisation du pouvoir à Jérusalem.

Notons qu'il y a des parallèles entre le système militaire dépeint dans les v. 2-15 et celui des fonctionnaires et des territoires de Salomon décrits en 1 R 4.7-19 et 5.7-8. Dans le Livre des Rois, il s'agit d'un système de 12 districts ou territoires fournissant un soutien chaque mois tout au long de l'année. Les divers territoires de Salomon ont des princes ou chefs (*sārîm*) à leurs têtes (1 R 4.2) ou des préfets (*netsîbîm* 1 R 4.19 ; 5.7). Le roi Salomon reçut régulièrement un tribut de la part de tous les territoires (1 R 5 ;7-8). Il y a donc des parallèles entre les deux systèmes : celui de David et celui de Salomon. En revanche, les différences sont aussi observables. Les officiers et préfets de Salomon sont responsables de diverses régions du pays, alors que les commandants ou officiers des divisions ou classes de David sont en service à Jérusalem (1 Ch 27.1). Dans le Livre des Chroniques, le système est centralisé. En 1 Rois 4-5 et en 1 Chroniques 27, les listes attirent l'attention sur les compétences administratives du roi.

L'expression « chaque classe étant de 24 000 hommes » (NBS) indique que le v. 1 ne sert d'introduction qu'à la liste des v. 2-15 et pas aussi à celle des v. 16-22. La section qui traite des officiers des classes se termine en principe par l'expression : « pour sa classe, 24 000 hommes » (v. 2, 4, 5, 7-15).

27.16-34 L'organisation civile du royaume

On retrouve ici, pour neuf tribus, la liste des fils de Jacob déjà rencontrée en 1 Chroniques 2.1-2. Les tribus de Joseph, Gad et Asher ne font pas partie de la liste. À la place, l'auteur mentionne les tribus d'Éphraïm et de Manassé, cette dernière est divisée en deux demi-tribus. La liste des v. 16-22 énumère une succession d'officiers tribaux et ne fait aucune référence aux classes.

L'établissement d'un système militaire à service rotatif (v. 2-15) et la désignation des fonctionnaires tribaux (v. 16-22) sont des étapes importantes dans le processus de stabilisation nationale.

Les v. 23-24 rappellent 1 Chroniques 21.1-6 et le recensement sur instruction du roi David, mais ayant suscité la colère de Dieu.

Douze personnes ont la charge d'assurer l'administration des biens du roi. Il est intéressant de compter parmi eux des étrangers (v. 30-31).

En dehors de Joab qui est présenté comme commandant en chef de l'armée du roi, les autres noms se distinguent de la liste de 1 Chroniques 18.14-17.

28.1-21 Le roi David investit son fils Salomon

Après les chapitres 23 à 27 consacrés à l'organisation des lévites, des prêtres, des chantres, des portiers et celle des autres services du royaume et du roi, le Chroniste passe à l'investiture de Salomon par son père David. Ce chapitre peut être divisé en deux parties : v. 1-10 et 11-21. Dans la première partie, le Chroniste rapporte le grand rassemblement que le roi David organise. Le roi David présente son fils Salomon comme son successeur selon la volonté de Dieu. La deuxième partie présente la remise à Salomon des plans du temple.

28.1-10 La présentation de Salomon comme successeur de son père

Le v. 1 est au mode narratif. Le verbe hébreu *qhl* (niphal) qui signifie « se rassembler, s'assembler » ou (hiphil) « rassembler, convoquer » est aussi attesté dans les textes suivants du Livre des Chroniques : 1 Chroniques 13.5 ; 15.3 ; 2 Chroniques 5.2-3 ; 11.1 ; 20.26. Au v. 1 de ce chapitre, ce verbe a pour sujet David et pour objet « tous les chefs d'Israël, les chefs des tribus, les chefs des classes qui étaient au service du roi, les chefs de mille et les chefs de cent, ceux qui étaient responsables de tous les biens et troupeaux du roi et de ses fils, avec les hauts fonctionnaires, les guerriers, tous les vaillants guerriers » (v. 1, NBS). Le nombre et la position sociale des personnes invitées montrent l'importance de l'événement. Ce sont tous les dignitaires de la nation qui sont convoqués pour prendre part à ce que nous pouvons appeler passation de consignes entre David et son fils et successeur Salomon. Le rassemblement dont il est question dans ce chapitre est plus grand que celui mentionné en 1 Chroniques 23.2 où le Chroniste fait usage de *'sph*, un autre verbe hébreu qui signifie aussi « rassembler ». Ce chapitre ne rapporte pas seulement une passation de consignes, mais une partie des adieux de David. Ce que ce dernier fait ici ressemble à certains rassemblements familiaux que la plupart des vieux organisent en Afrique avant de quitter ce monde. Ils y expriment leurs dernières volontés et laissent des consignes aux membres de la famille présents à la réunion.

Les mots qui introduisent le v. 2 sont au mode narratif, mais le reste de ce verset jusqu'au v. 10 sont au mode scénique. Seul le roi David est dit être debout et en train de parler. Malgré le fait que 1 Chroniques 23.1 révèle qu'il est devenu très vieux, dans ce chapitre 28, il est encore plein de vitalité, puisqu'il peut encore se tenir debout et prononcer un discours. N'est-ce pas là un écho à Deutéronome 34.7 qui présente Moïse âgé de cent vingt ans mais encore solide ? L'expression *shemā'ûni* qui signifie « écoutez-moi » est fort prisée dans l'œuvre chroniste, parce qu'elle est aussi attestée dans les textes suivants, donc surtout en 2 Chroniques : 2 Chroniques 13.4 ; 15.2 ; 20.20 ; 28.11 ; 29.5. Il est intéressant de noter aussi que le roi s'adresse aux dignitaires et au peuple comme leur frère (*'ahay* : mes frères). Cette conception de la position royale est présente dans l'idéologie deutéronomiste (1 S 30.23 ; 2 S 19.12-13). C'est aussi un critère dans la loi deutéronomique (Dt 17.15, 20). Le Chroniste fait usage de cette conception en montrant la participation ou l'implication du peuple dans les entreprises du roi. L'expression *bêt menûḥāh* qui signifie « maison de repos » qui est un apax dans la Bible hébraïque est bien attestée dans les targums. L'idéologie chroniste concernant le temple comme dépôt de la mobile arche de l'alliance est influencée par l'œuvre du Deutéronomiste (1 R 8.1-13) et par le Psaume 132, même si on peut aussi remarquer des aspects propres au Chroniste. Ici et au Psaume 132, l'arche ou le coffre de l'alliance est le marchepied du Seigneur. Le roi David rappelle son intention initiale de construire une maison pour le Seigneur. Il dit avoir tout préparé pour la réalisation de son intention. La manière dont le Chroniste présente les choses laisse l'impression que le refus de Dieu à son intention est intervenu au moment où David était déjà dans les préparatifs de la construction du temple.

Le v. 3 souligne bien que le Seigneur a dit non à l'intention de David. Il y a ici l'écho de l'oracle de Nathan (2 S 7) et de 1 Chroniques 22.8. Le v. 3 révèle la raison de la disqualification de David au projet de construction de la maison du Seigneur : il est un homme de sang, il a fait couler beaucoup de sang.

Au v. 4, concernant l'élection de David, le texte fait écho au Psaume 78.70 où nous trouvons l'emploi du verbe *bḥr* qui signifie « choisir » et que la Bible hébraïque emploie pour parler de l'élection.

Aux v. 4-5, il y a un bref rappel généalogique en matière d'élection. Il est fait mention de l'élection de Juda, de celle de David et de celle de Salomon. Comme le fait remarquer Gary N. Knoppers, le Livre des Chroniques est le seul qui parle de manière explicite de l'élection de Salomon[101]. Dans ce contexte, le règne de la dynastie davidique n'est pas pour un temps, mais perpétuel. 2 Chroniques 13.4-12 en fait écho au travers du discours du roi Abiya. Il n'est pas étonnant que dans le Nouveau Testament, Jésus-Christ, présenté comme fils de David, soit aussi décrit comme celui dont le règne ne connaîtra pas de fin. De manière récurrente, le Chroniste établit un lien entre le trône et la royauté davidique et le trône et la royauté du Seigneur.

Le v. 6 ressemble à 1 Chroniques 22.10. Au v. 7, le Chroniste ajoute l'obéissance de Salomon aux commandements du Seigneur comme condition à la perpétuité du trône royal.

Le v. 8 commence par *we'attāh* qui se traduit par « Et maintenant » qui introduit le passage d'une étape du discours à une autre ou la conclusion d'un discours. Pour conclure son adresse à tout Israël (*kol yisraēl*) qualifié d'assemblée du Seigneur (*qehal YHWH*), le roi David les appelle à garder (*shāmar*), c'est-à-dire à mettre en pratique et à scruter (*dārash*) tous les commandements du Seigneur. Notons aussi qu'il dit au même v. 8 : *wûbe'oznê ĕlōhênû* qui signifie littéralement : aux oreilles de notre Dieu. Cela veut dire que, selon le roi David, le Seigneur est au milieu d'eux au moment où il s'adresse à ce qu'il qualifie d'assemblée du Seigneur. Dieu est en train d'entendre ce qu'il dit aux Israélites. Les deux verbes présents dans ce verset *shāmar et dārash* font partie des verbes caractéristiques de la théologie du Chroniste. L'exhortation d'observer ou de mettre en pratique la Torah du Seigneur est déjà présente en 1 Chroniques 22.12-13. Si au chapitre 22 l'exhortation ne s'adresse qu'à Salomon, dans ce chapitre (28), elle est adressée à tout Israël. À la suite du Deutéronome (4.23-28 ; 28.58-64 ; 30.16-18), le Livre des Chroniques considère l'obéissance au Seigneur comme préalable à la possession du pays. Pour posséder le bon pays[102] et pour le laisser en héritage perpétuel à leurs descendants, tout le peuple d'Israël doit s'engager à mettre en pratique et à étudier les commandements du Seigneur. L'emploi du verbe *dārash* pour parler de l'étude des commandements de Dieu est intéressant. C'est dire que pour le Chroniste, la recherche de Dieu se fait aussi bien par la prière, l'adoration, que par l'étude ou la méditation de la Torah, c'est-à-dire l'enseignement du Seigneur.

Les v. 9 et 10 du discours de David s'adressent à Salomon. Le v. 9 commence par *we'attāh* (Et toi). Du point de vue sonore le début du v. 9 ressemble au début du v. 8, mais du point de vue sémantique, les deux débuts sont différents. Le v. 8 est introduit par « maintenant ». En revanche, le v. 9 commence par « et toi ». Le v. 8 conclut la première partie du discours de David. Le v. 9 introduit la deuxième et courte partie de ce discours. Le v. 8 conclut la partie qui s'adresse au tout Israël. Le v. 9 introduit celle qui s'adresse à Salomon. Lorsqu'il s'est adressé à tout le peuple, le roi David a dit : *shemā'ûni* (écoutez-moi) *'ahay* (mes frères). Ici, il abandonne le pluriel pour passer au singulier *benî* (mon fils). Ce terme fait écho au Livre des Proverbes qui l'emploie souvent dans les neuf premiers chapitres.

Comme au début du discours de David, le v. 9 contient des verbes à l'impératif. Ces verbes expriment ce que Salomon doit faire en tant que roi : *da'* (connais) ;

'*ābedēhû* (sers). Salomon est appelé à connaître le Dieu de son père et le servir d'un cœur entier[103] et que son être y prenne plaisir. Il s'agit pour Salomon de reconnaître l'autorité du Dieu de son père David de tout son cœur et de s'y soumettre entièrement. La racine du mot hébreu *ḥăphētsāh* (qui prend plaisir) est la même que nous trouvons au Psaume 1.2 où il est question de celui qui prend plaisir (*ḥephtsô*) dans la Torah du Seigneur et la médite nuit et jour. Au v. 9 se trouve aussi un des principes que le Chroniste aime bien souligner : le Seigneur se laissera trouver (*mts'*) par Salomon si ce dernier le cherche (*drsh*). Mais si Salomon abandonne le Seigneur ('*zb*), celui-ci le rejettera (*znḥ*) pour toujours. Notons tout de même que ce principe n'est pas mécanique. Le roi David souligne le fait que son fils Salomon ne doit pas construire le temple et régner sur Israël sans le Seigneur.

Le v. 10 commence aussi par un impératif : vois (*re'ēh*). Ici, voir signifie aussi comprendre. Salomon doit comprendre que c'est lui que le Seigneur a choisi pour construire une maison (*bayit*) qui soit un sanctuaire (*miqdāsh*). Ainsi, il doit être fort et il doit agir.

28.11-21 Remise à Salomon du plan du temple

La première partie de ce chapitre commence avec le mode narratif, se poursuit et se termine avec le mode scénique, la deuxième partie commence avec le mode narratif, se poursuit avec ce mode et s'achève par le mode scénique. Le mot hébreu *tabnît* qui signifie modèle ou plan est employé aux v. 11, 12 et 19. Nous trouvons ici l'écho du livre de l'Exode qui fait mention de Moïse qui avait reçu le plan du tabernacle (Ex 25.9, 40). Comme Moïse, David a le plan du temple. Selon le v. 19, c'est par un écrit de la main du Seigneur qu'il a été donné à David de comprendre tout ce qui est à faire selon le plan ou le modèle reçu. Contrairement au récit de 1 Rois 6-7 qui ne fait aucune allusion à un apport divin dans le cadre du plan du temple, le Chroniste y reconnaît une inspiration divine. Comme Moïse, David est une référence qui s'inscrit dans le cadre de l'inauguration d'une grande institution cultuelle. Le terme *bêt hakkapōret* que l'on traduit par « maison du couvercle » est un apax dans la Bible hébraïque, mais il est bien attesté dans la littérature rabbinique[104]. Ici, s'agit-il du saint des saints ? Avec l'idée qui se dégage du v. 19 où David dit avoir reçu de la main du Seigneur un écrit, et la mention du mot *rûaḥ* qui signifie « Esprit », « souffle », « vent », David apparaît comme un personnage inspiré par le Seigneur. Les v. 11-19 peuvent être résumés à travers les v. 11, 12 et 19 où nous trouvons les paroles suivantes : « David donna à Salomon, son fils, un modèle du vestibule et de ses maisons [...] il lui donna le modèle de tout ce qu'il avait dans l'esprit concernant les cours de la maison du Seigneur... » (v. 11-12, NBS) ; « C'est par un écrit de sa main, dit David, que le Seigneur m'a donné de comprendre tout ce qui est à faire selon le modèle » (v. 19, NBS).

Les v. 20 et 21 sont essentiellement au mode scénique. Les paroles de David commencent par une exhortation que l'on peut qualifier de traditionnelle dans l'Ancien Testament, parce qu'on la trouve aussi dans l'histoire deutéronomiste. Cependant, le Chroniste ajoute l'impératif d'agir au travers de son usage du verbe *'āsāh* (faire, agir). David rassure Salomon qu'il a tout préparé non seulement pour le succès de la construction, mais aussi pour son organisation et son fonctionnement. Nous retrouvons aux v. 20 et 21 plusieurs mots déjà présents au chapitre 22 et aux chapitres 23-27.

Ce chapitre offre des principes encore pertinents de nos jours. D'abord celui de la présentation officielle et publique du membre de l'Église à qui on confie une nouvelle responsabilité. À cette occasion, l'Église reconnaît le ministère que ce membre va exercer ou les nouvelles charges qui lui sont confiées. L'autre principe intéressant est celui de la recherche continuelle de Dieu. Il s'agit de le faire de tout cœur, afin de mieux le connaître et de mieux le servir. Comme pour le cas de Salomon, quiconque reçoit la charge de conduire le peuple de Dieu a besoin de chercher continuellement la face du Seigneur, certes par la prière, mais aussi et surtout par l'étude assidue de la Parole du Seigneur. Nos Églises en Afrique et dans les autres continents gagneraient beaucoup en ayant des dirigeants qui cherchent continuellement le Seigneur, puisque celui-ci, même de nos jours se laisse trouver. Malgré la laïcité de nos états africains, les chefs d'États qui disent être chrétiens peuvent aussi tenir compte des conseils que le roi David prodigue à son fils et successeur Salomon.

Conclusion et questions de réflexion

Parmi les principes à retenir de cette unité, nous pouvons remarquer celui d'une bonne organisation pour un meilleur contrôle. La bonne organisation des forces armées qui est au service de la centralisation du pouvoir permet un bon contrôle du royaume d'Israël. Dans le contexte de nos églises en Afrique, quels sont les avantages et les inconvénients d'un système de fonctionnement centralisé ?

Observer et mettre en pratique la Parole de Dieu est un autre principe que nous offre cette unité. Or pour mettre en pratique la Parole de Dieu, nous avons besoin de la connaître. Cette connaissance est rendue possible par l'étude ou la méditation régulière de cette Parole. Mieux connaître le Seigneur permet de mieux le servir. Il est aussi question de rechercher continuellement la face du Seigneur dans la prière. Sommes-nous assidus à l'étude et à la méditation régulière de la Parole de Dieu ? Quels peuvent être les obstacles à une bonne discipline de prière et de méditation régulière de la Parole de Dieu ? Comment y remédier ?

APPEL AUX DONS

Au chapitre précédent, le roi David est présenté comme ayant réuni les dignitaires et l'ensemble du peuple d'Israël. L'objet de cette rencontre a été l'investiture de Salomon comme successeur du roi David, son père. Le début de ce chapitre 29, qui est aussi le dernier, se présente comme la suite du rassemblement évoqué au chapitre 28. La racine *qhl* qui se trouve en 1 Chroniques 28.1 comme verbe est au v. 1 de ce chapitre 29 utilisée en substantif. Cela signifie qu'au chapitre 28, le roi David rassemble (*qhl*), et au chapitre 29, le même roi David s'adresse à toute l'assemblée (*qhl*). Le chapitre 29 peut être divisé en trois parties : v. 1-9 ; v. 10-19 et v. 20-29. Dans la première partie, il est question d'appel aux dons volontaires. Dans la deuxième partie, il s'agit de la prière de David. Enfin, dans la troisième et dernière partie, le chapitre parle de la proclamation de Salomon comme roi, de la mort du roi David.

29.1-9 Appel aux dons volontaires

Ce chapitre commence par le mode narratif pour introduire le discours du roi David. Dès le v. 1 de ce chapitre, le lecteur retrouve la mention de Salomon comme choisi par le Seigneur. Comme en 1 Chroniques 28.5, le Chroniste emploie ici le verbe *bḥr* qui signifie « choisir ». On le voit, le Chroniste insiste sur le fait que Salomon est l'élu de Dieu pour remplacer son père David au trône royal. De nos jours, il serait difficile de croire un père à la tête d'un pays ou d'une Église qui dit que c'est son fils que le Seigneur Dieu a choisi pour le remplacer. Dans le contexte du roi David, le pouvoir royal se transmet du père au fils. Ce n'est pas David lui-même qui a eu l'idée de choisir Salomon. C'est le Seigneur Dieu qui, par le truchement du prophète Nathan, a fait le choix. Dans de nombreux pays africains, les présidents d'aujourd'hui ou d'hier sont fils de leurs pères anciens présidents. Les motivations des chefs d'États africains qui imposent leurs fils à la tête de la nation après leur départ, ne sont pas les mêmes que celles qui s'inscrivent dans le contexte de la royauté dans l'Ancien Testament.

Le v. 1 contient aussi les mots *nahar wārāk* (jeune et fragile ou faible). Il est intéressant de voir que le Seigneur choisit Salomon alors qu'il est encore jeune et fragile. Les voies de Dieu sont insondables ! Des nombreux fils de David (*mikkol… rabbîm bānîm*), le Seigneur a préféré le jeune et fragile Salomon. Les critères d'éligibilité au sein de certaines Églises africaines ne tiennent pas compte du fait que le Seigneur Dieu peut choisir un plus jeune en âge ou sans expérience dans l'Église pour lui confier une grande responsabilité. Un engagement de tous est requis pour accompagner le jeune sans expérience à accomplir sa tâche avec succès. Le raisonnement du Chroniste qui se dégage des paroles du roi David révèle une sorte de paradoxe : l'œuvre à accomplir est considérable, mais celui qui est choisi pour le faire est encore jeune et sans expérience. Dans ce même raisonnement, le Chroniste montre aussi la différence entre la construction d'un palais pour un homme et celle du temple du Seigneur, donc entre la grandeur du Seigneur et la petitesse de l'homme.

Aux v. 2-4, le roi David démontre son engagement dans le cadre des préparatifs pour la construction de la maison du Seigneur. La valeur des objets cités témoigne du niveau élevé de son engagement. En 1 Chroniques 22.14, il est fait mention de *be'onyî* que l'on peut traduire par « dans mon humilité » ou « dans ma petitesse » ou encore « dans ma misère », etc. Au v. 2, c'est le mot *koḥa* qui signifie « force », « richesse », « capacité », qui est utilisé. Au v. 3, il est fait mention de *segûllah* qui a pour sens « propriété personnelle[105] ». C'est ce terme qui est utilisé en Deutéronome 7.6 pour parler du peuple d'Israël comme bien propre ou personnel du Seigneur. Selon J. G. McConville c'était un trésor d'importance spéciale pour un monarque du Proche Orient ancien, parce que c'était une sorte de sécurité personnelle en temps de guerre ou de famine[106]. Ce que David dit avoir fait est plus qu'un geste de grande générosité[107]. De toute sa force ou de toute sa richesse, ou encore de toute sa capacité, le roi David s'est engagé à offrir de l'or, de l'argent, du bronze, du fer, du bois, etc., afin de permettre une construction digne du grand Dieu pour qui la maison est à construire. Le roi David est le type de leader qui ne ménage aucun effort avant de demander aux autres d'apporter leurs contributions. Notons que le contenu de ces versets rappelle par exemple celui d'Exode 25.1-7 et 35.4-9. David le fait, certes, en tant que roi, et parce qu'il veut que son fils ne puisse pas échouer, ou parce qu'il est riche. Cependant, son exemple offre, quelle que soit la génération, le principe de conscience de donner, de tout cœur, pour l'œuvre du Seigneur ce qui a de la valeur.

Au v. 5, le roi David n'impose pas, mais pose une question qui est en même temps un appel indirect aux dons volontaires. Le verbe *ndb* employé au hithpael a pour sens « se porter volontaire », ou « faire des offrandes volontaires »[108]. Ne ferions-nous pas mieux dans nos Églises d'Afrique et d'ailleurs d'imiter ce bon exemple de David ? La crise économique et financière dans nos pays africains est parfois considérée comme un prétexte pour contraindre les fidèles à donner un peu plus d'argent pour le fonctionnement de l'Église. Le bon exemple de la procédure utilisée par David irait mieux quel que soit le contexte. Il serait bon d'enseigner régulièrement le peuple de Dieu sur l'importance de contribuer volontairement au développement de l'Église locale. Ce que l'on donne sans contrainte, on le donne avec joie. En revanche, ce qui est donné par contrainte est donné avec murmures.

Les v. 6-9 sont une bonne illustration de l'offrande volontaire. L'appel du roi David a été entendu. Les dirigeants du peuple à plusieurs niveaux ont montré l'exemple d'une obéissance volontaire et sans murmures. Nous retrouvons ici l'écho de la spontanéité des Israélites à l'occasion de la construction du tabernacle. L'emploi du verbe *sāmaḥ* qui a pour sens « être joyeux » ou « se réjouir », au v. 9, traduit la joie des gens qui ont offert des dons volontaires. Les v. 5 et 9 font une inclusion par l'emploi de la racine verbale *nādab* qui signifie (au hithpael) « se porter volontaire » ou « faire des offrandes volontaires ». Au v. 8, il fait mention d'un personnage nommé Yéhiel à qui ont été confiées les pierres précieuses. Le texte dit qu'il est du clan de Guershôn. Selon 1 Chroniques 23.8, il est l'aîné des trois fils de Ladan. En 1 Chroniques 26.21-22, il est déjà mentionné que les descendants de Ladan du clan de Guershôn ont la responsabilité des trésors de la maison du Seigneur. Au v. 5, ce verbe est utilisé au mode scénique lorsque David lance l'appel aux dons. Au v. 9, il est employé au mode narratif par le narrateur qui rapporte la réaction positive des auditeurs de David à son appel. Malgré la crise économique et financière dans la plupart des pays africains, si nous arrivons tous à comprendre l'importance de faire des offrandes volontaires, nous ferons l'expérience d'un mieux-être au plan économique et financier dans nos Églises d'Afrique.

29.10-19 La prière du roi David

Après une brève introduction au mode narratif, l'auteur passe au mode scénique en faisant parler le roi. L'attitude de David est intéressante. Plutôt que de féliciter ceux qui ont contribué volontairement, il se met à bénir le Seigneur devant toute l'assemblé (*le'ênê kol haqqāhāl*). Le Dieu que le roi bénit, il l'appelle « notre père depuis toujours jusqu'à toujours » (*'ābînû mē'ôlām we'ad 'ôlām*). David reconnaît que grandeur, vaillance, splendeur, majesté, éclat sont au Seigneur. En citant les cieux et la terre comme appartenant au Seigneur, le roi David fait, dans une certaine mesure, écho au récit de la création rapporté dans le livre de la Genèse (1.1). Le Dieu d'Israël n'est pas seulement le Père et le créateur, mais aussi la tête (*rōsh*). Richesse (*'ōsher*) et gloire (*kābôd*) sont devant le Seigneur. Celui-ci domine (*mōshēl*) sur tout. Au v. 12, l'auteur emploie deux fois l'expression traduite par « dans ta main ». Le Dieu d'Israël est vu ici comme universel. Ce Dieu est fort et il rend fort (*ḥzq*). Il est grand et il fait grandir (*gdl*). La souveraineté du Seigneur est aussi reconnue par le roi Josaphat en 2 Chroniques 20.6 lorsque le royaume de Juda fut attaqué par les Moabites, les Ammonites et les Maonites.

Ce que dit David au v. 14 ressemble à ce qu'il dit en 1 Chroniques 17.16. Les deux versets s'inscrivent dans le contexte d'une prière. Au chapitre 17, c'est suite à l'annonce faite par le prophète Nathan à David. Dans ce chapitre 29, c'est suite à l'abondante contribution volontaire pour la construction de la maison du Seigneur déjà prédite par le prophète Nathan dans son annonce au roi David. Dans les deux cas, le roi David fait preuve d'humilité. Dans la conception de David que le Chroniste rapporte, tout vient de Dieu. C'est de lui que les humains reçoivent ce qu'ils lui donnent en retour.

Au v. 15, nous trouvons la mention de *gērîm* (dont le singulier est *gēr*) qui a pour sens « immigrés » ou « étrangers ». Ce mot est déjà présent en 1 Chroniques 22.2 lorsque David ordonne de rassembler les immigrés résidant en Israël et que David charge de couper des pierres de taille pour la construction de la maison du Seigneur. Il associe donc les immigrés à l'entreprise de la construction de la maison du Seigneur. En 1 Chroniques 16.19, le Chroniste emploie le mot *gārîm* qui est le participe pluriel de *gār* du verbe *gûr* qui signifie « séjourner ». Dans ce texte, les pères israélites sont présentés comme immigrés en Canaan. Le Psaume 105.12 en fait aussi écho. En 1 Chroniques 29.15, au travers de ce qui sort de la bouche de David, les Israélites sont eux-mêmes présentés comme immigrés ou étrangers devant le Seigneur. Le roi David dont 1 Chroniques 23.1 dit qu'il est âgé et rassasié de jours, va donc vers la fin de sa vie sur terre. Il utilise dans ce dernier chapitre de 1 Chroniques (29.15) la métaphore d'immigré pour parler de la brièveté de la vie humaine. D'autres textes de l'Ancien Testament la soulignent (Ps 39.12 ; 144.3-4 ; Jb 8.8-9 ; 14.1-2).

Au v. 17, de la bouche de David sort l'expression *'attāh bōḥēn lēbāb* que l'on peut littéralement traduire par : « toi sondant (le) cœur. » Dieu sonde et connaît le cœur de chaque personne, qu'elle soit croyante ou pas. D'autres textes de la Bible hébraïque l'attestent aussi, d'une manière ou d'une autre (1 Ch 28.9 ; 1 S 16.7 ; Jr 11.20 ; Ps 7.10 ; 139). David souligne également dans ce verset que c'est volontairement et de tout cœur que lui et le peuple ont donné les offrandes pour la construction de la maison du Seigneur. L'expression *mēshārîm tirtseh* (la droiture tu agrées), David l'emploie pour montrer qu'il est conscient que le

Seigneur désire l'offrande donnée avec un cœur droit ou intègre. Cette expression fait écho aux messages prophétiques qui condamnent le formalisme religieux.

Au v. 19, le roi David recommande au Seigneur aussi bien le peuple que son fils. Que dans le cœur des membres du peuple d'Israël la pensée de donner volontairement et avec un cœur droit ne puisse pas disparaître ! David sait bien qu'un cœur non affermi par le Seigneur peut facilement s'opposer à sa volonté et faire ce qui déplaît au Seigneur. David demande au Seigneur d'aider son fils à avoir un cœur entier, afin qu'il observe les commandements du Seigneur et qu'il les mette en pratique et que la construction puisse se faire avec succès.

29.20-30 Fête et deuil

Ces derniers versets de 1 Chroniques présentent deux tableaux : le premier, v. 20-25, est festif, le second, v. 26-30, est nécrologique.

Après sa prière d'action de grâces et d'intercession, David engage toute l'assemblée dans une cérémonie sacrificielle et festive.

Au v. 20, introduit par le mode narratif, nous retrouvons le verbe *brk* qui a pour sens « bénir », déjà rencontré au v. 10 où c'est David lui-même qui bénit le Seigneur en présence de toute l'assemblée. Dans ce verset, David dit à toute l'assemblée de bénir le Seigneur. Dans les deux cas, c'est le Seigneur qui est béni. Toute l'assemblée passe du rôle de spectateur (v. 10), au rôle d'acteur (v. 20). La manière dont les choses sont décrites révèle que cette fois seule l'assemblée bénit et s'incline devant le Seigneur et devant le roi. Les choses se passent dans une atmosphère d'obéissance et d'humilité. Les verbes *qdd* (s'incliner) et *ḥwh* (se prosterner) s'inscrivent bien dans le cadre de l'humilité, lorsque c'est fait de tout cœur. Le texte dit que l'assemblée s'incline devant le Seigneur et devant le roi. Notons que ce n'est pas le roi David qui demande que l'assemblée s'incline et se prosterne devant lui. Ici n'est pas le seul endroit où on se prosterne devant le roi. En 1 Rois 1.31 et 53 se trouvent deux exemples. Dans ce texte, ce n'est pas David qui le demande, mais il ne le leur reproche pas non plus.

Le v. 21 décrit les sacrifices et les holocaustes offerts au Seigneur par l'assemblée israélite. C'est l'expression de leur reconnaissance de l'autorité du Seigneur et de leur dévotion. En 1 Rois 1.9-10 puis les v. 25-26, Adonija offrit des sacrifices, lorsqu'il voulut devenir roi.

Au v. 22, le narrateur fait encore mention de la grande joie (*besimḥāh gedôlāh*). C'est avec une grande joie qu'ils mangèrent et investirent Salomon comme roi. Ici se trouve l'écho d'Exode 24.1-11 lorsque Moïse, Aaron, Nadab, Abihou et soixante-dix des anciens d'Israël, au Sinaï, virent Dieu, puis mangèrent et burent. Il y a ici aussi l'écho du récit de l'investiture de David à Hébron où les gens mangèrent et burent (1 Ch 12.39-41). Le Chroniste fait également mention de l'installation du prêtre Tsadoq. En Afrique, lorsqu'on investit une autorité politique ou religieuse, on mange et on boit. Cela se passe aussi lors de la consécration d'une personne au ministère pastoral.

Au v. 23, il est écrit : *Wayyēsheb Shelōmōh* (Et Salomon s'assit). Succession réussie sans heurt. Le récit de l'investiture de Salomon comme roi dans sa version chroniste diffère de sa version deutéronomiste rapportée dans le Livre des Rois. Contrairement à ce qui se passe en Samuel-Rois, dans le Livre des Chroniques, le roi David prépare méthodiquement sa succession par son fils de sorte que la transition se fait paisiblement. Le v. 24 met en exergue l'accueil unanime du règne de Salomon par les fonctionnaires civils et militaires. Le v. 25 montre ce que devient Salomon. Il le devient grâce au Seigneur qui le rend grand, qui l'élève aux yeux de tout Israël. Le Chroniste ajoute même que le Seigneur rendit le règne de Salomon plus éclatant que celui d'aucun roi d'Israël avant lui. Cela veut dire que le règne de Salomon est plus éclatant que celui de son père David qui, selon son propre discours, fut disqualifié par le Seigneur pour avoir été un homme de guerre et pour avoir fait couler beaucoup de sang. Le contenu du v. 25 trouve un écho en 2 Chroniques 1.1.

Aux v. 26-30, le lecteur peut remarquer que le Chroniste se distingue de la version parallèle dans Samuel-Rois concernant le règne de David. Contrairement à Samuel-Rois, le Livre des Chroniques présente David comme ayant régné sur tout Israël à Hébron et à Jérusalem. Cette présentation correspond à sa théologie qui met en relief, entre autres thèmes majeurs, le tout Israël. En parlant de la mort de David, le Chroniste ne juge pas bon de mentionner ce que nous lisons en 1 Rois 2.10 : « David se coucha avec ses pères et il fut enseveli dans la ville de David » (NBS). En revanche, il trouve important de préciser que David « mourut dans une heureuse vieillesse, rassasié de jours, de richesse et de gloire » (v. 28, NBS). Là aussi, le Chroniste fonctionne conformément à sa théologie, notamment le thème de la rétribution. Malgré quelques reproches comme celui lié au recensement, ou celui d'avoir versé beaucoup de sang, David bénéficie d'une bonne présentation de la part du Chroniste. On peut donc comprendre que la fin de sa vie est embellie. Les documents cités aux v. 29-30 ne sont plus accessibles de nos jours.

Conclusion et questions de réflexion

Le principe de faire des dons est mis en exergue dans cette unité. En lançant un appel au peuple sur les dons, le roi David prêche par l'exemple. Il donne de tout cœur ce qui lui appartient pour la construction de la maison du Seigneur. Ce n'est donc pas étonnant de voir que son appel est très bien suivi par les autres responsables et par le peuple. De nos jours, la maison du Seigneur c'est aussi l'église. Sommes-nous des leaders exemplaires en matière de dons dans nos églises africaines ? Comment encourageons-nous les fidèles à donner pour le mieux-être de nos églises ? Avons-nous la culture de savoir donner pour l'œuvre du Seigneur ?

Le principe de prier est aussi présent ici à travers la prière du roi David. Avons-nous l'habitude de rendre grâce au Seigneur pour tout ce qu'il fait pour nos familles, nos églises, nos pays, nos vies ?

Le passage du roi David au roi Salomon se fait sans heurt. Est-ce parce qu'il s'agit d'une succession dynastique ? Comment pouvons-nous rendre pacifiques les successions à la tête de nos églises et nos pays ?

CONCLUSION POUR 1 CHRONIQUES

Au travers des neuf premiers chapitres de cette partie du Livre des Chroniques, le Chroniste fait usage du genre littéraire de la généalogie pour souligner l'origine commune de tous les humains. Sa conception du peuple d'Israël va au-delà des frontières connues. Pour cet auteur, même les *gērîm*, c'est-à-dire les immigrés, font partie du peuple de Dieu dont il parle. Nous pouvons dire que le Chroniste prêche l'unité dans la diversité. Que peut apporter la conception chroniste à la promotion du vivre-ensemble dans nos églises et dans les pays en Afrique ?

Après avoir révélé qui est ce peuple dont il raconte l'histoire et d'où vient ce peuple, le Chroniste passe à l'histoire de la royauté et met sur scène deux figures royales : Saül et David. Le premier est désobéissant et disqualifié par le Seigneur (YHWH). Le second est décrit comme cherchant le Seigneur, faisant ce qui plaît au Seigneur, quoiqu'il ne soit pas infaillible. Dans sa manière de décrire les deux premiers rois d'Israël, le Chroniste applique sa théologie de la rétribution immédiate. Que faut-il rejeter ou imiter dans le fonctionnement de ces deux rois ? Que dire de nos leaders politiques et religieux africains ?

Parmi les signes qui montrent que le roi David cherche Dieu, le Chroniste met en relief la ferme volonté de ce roi de préparer la construction du temple à Jérusalem. Il fait aussi intervenir les *gērîm* dans cette entreprise de construction. Son fils et successeur Salomon réalisera cette construction. À quoi peut-on appliquer la métaphore du temple aujourd'hui ?

2 CHRONIQUES

SALOMON : LE CULTE, LA SAGESSE ET LA RICHESSE

Tanga bibila sambila, lumbu ka lumbu, vo uzolele kula, ce qui veut dire en français : « Lis ta Bible et prie chaque jour, si tu veux grandir. » Telles sont les paroles d'un cantique que l'un de nos moniteurs de l'école du dimanche nous avait appris. La Parole de Dieu est au centre du culte protestant. Dieu nous parle par sa Parole. Nous parlons à Dieu quand nous prions. La Parole de Dieu nous fait grandir en sagesse et nous rend riches. Cette richesse peut aussi être matériellement visible comme ce fut le cas pour le roi Salomon.

Le premier chapitre de 2 Chroniques qui s'inscrit dans le contexte littéraire du règne de Salomon (chap. 1-9), peut être divisé en trois parties : v. 2-6 ; v. 7-13 et v. 14-17. La première partie est consacrée au culte, la deuxième à la sagesse et la troisième à la richesse de ce roi. Ce chapitre montre comment ce roi israélite qui cherche le Seigneur, devient sage et riche.

Le v. 1 qui sert d'introduction révèle déjà un atout qui prédispose Salomon à l'acquisition de la sagesse : « Le Seigneur, son Dieu, était avec lui… » Ces paroles de l'auteur de ce récit font écho à celles attribuées à David, le père de Salomon qui a rassuré son fils en ces termes : « Le Seigneur mon Dieu ne t'abandonnera pas ; il est avec toi et te soutiendra jusqu'à ce que soit achevé le travail à accomplir pour son temple » (1 Ch 28.20, BFC). À vrai dire, la première partie du v. 1 trouve sa justification dans la seconde partie. En d'autres termes, si Salomon, fils de David, affermit son autorité, c'est parce que le Seigneur son Dieu était avec lui. Pour mieux assumer nos responsabilités dans nos familles, dans nos Églises africaines et ailleurs, ainsi que dans la sphère politique, nous avons besoin que Dieu soit avec nous. Notons aussi que le Chroniste ne retient pas certaines informations du règne de Salomon contenues dans 1 Rois 3 qui est le texte parallèle.

119

1.2-6 Le culte

Pour mieux entretenir sa relation avec le Seigneur qui est avec lui, Salomon cherche à le consulter, en associant tous les Israélites, en particulier les commandants de régiments et de compagnies, les juges et tous les chefs de famille. En revanche, en 1 Rois 3.4 c'est seul que Salomon se rend à Gabaon. Dans le Livre des Rois, Gabaon est le lieu sacré le plus important, alors que dans le Livre des Chroniques, il est ajouté que c'est là que se trouvait la tente de la Rencontre avec Dieu. En 1 Rois 3 c'est une activité personnelle du roi. Cependant, en 2 Chroniques 1, c'est un événement public. C'est un pèlerinage. Selon 1 Rois 3.4, ce n'est pas pour la première fois que le roi Salomon le fait, car il y avait déjà offert des centaines de sacrifices complets. Le Chroniste ne trouve pas utile de le dire. Il met l'accent sur le caractère solennel et communautaire de l'événement. Le roi Salomon ne se limite pas à rassembler les Israélites au lieu sacré de Gabaon. Il en est aussi l'officiant. Ici comme ailleurs, le Chroniste révèle la prêtrise du roi. À l'instar de son père David dont le premier acte royal fut de rassembler le tout Israël pour transporter l'arche de l'alliance à Jérusalem (1 Ch 13.1ss), le roi Salomon commence son règne aussi par la recherche, avec tout le peuple, de la tente de la Rencontre avec le Seigneur Dieu. Le Chroniste place le temps cultuel avec toute l'assemblée, pour rechercher la bénédiction de Dieu, avant tout autre acte royal. Cela fait penser à ce que Jésus dit dans l'Évangile selon Matthieu : « Cherchez *d'abord* le règne de Dieu et sa justice...» (Mt 6.33, NBS, italique ajouté). L'importance que le Chroniste accorde au temple que Salomon va par la suite construire peut justifier l'importance qu'il accorde à Gabaon comme lieu de la tente de Rencontre avec Dieu. Pour cette rencontre avec Dieu, c'est tout le peuple qui est concerné.

1.7-13 La sagesse

Ce que 1 Rois 3.5 considère être « durant la nuit dans un rêve » (*bahălōm hallāylāh*), est chez le Chroniste présenté de la manière suivante : « Cette nuit-là » (*ballaylāh hahû*). Le Chroniste ne fait pas mention de rêve. Il se limite à dire que Dieu apparut à Salomon, de nuit. La belle initiative d'aller consulter Dieu qui est un autre atout pour acquérir la sagesse est un mouvement vers la sagesse qui vient de Dieu. Le jeune roi en est conscient, c'est pourquoi la seule demande qui traduit son seul souci à l'occasion de cette rencontre avec Dieu est que Celui-ci lui donne sagesse et discernement. Cela lui permettra de remplir sa tâche de roi à la tête du peuple d'Israël. Le texte dit que Dieu approuve la demande de Salomon. Pour devenir sage, Salomon consulte le Seigneur qui est avec lui. Ce texte trouve un écho dans le Nouveau Testament où il est écrit : « Si l'un de vous manque de sagesse, qu'il la demande à Dieu [...], et elle lui sera donnée » (Jc 1.5, NBS). Le principe de tout temps que nous offre ce texte est que c'est à Dieu que nous devons demander la sagesse afin que nous sachions remplir notre tâche, surtout celle d'être à la tête des autres dans le pays, dans la famille, dans l'entreprise, etc.

1.14-17 La richesse

La richesse et la gloire promises par Dieu dans les versets précédents sont manifestes dans cette troisième partie du premier chapitre. Cette partie trouve ses parallèles en 2 Chroniques 9.25-28 et en 1 Rois 10.26-29. Dans le contexte de ce premier chapitre du Livre des Chroniques, cette troisième et dernière partie du chapitre a pour fonction de conclure et de confirmer le récit de la révélation de Dieu à Gabaon. Alors que l'auteur du Livre des Rois attend d'en parler vers la fin de son récit du règne de Salomon, le Chroniste juge bon d'en parler aussi bien dans sa description du début de ce règne, avant la construction du temple, que dans celle de la fin du même règne (2 Ch 9.25-28), après la construction du temple. Nous pouvons affirmer que dans la version du Chroniste, la mention des richesses de Salomon encadre le récit de son règne. Pour lui, cette richesse est la réalisation de la promesse de Dieu qui se trouve en 2 Chroniques 1.12 : « C'est pourquoi tu recevras la sagesse et le discernement. Et en plus je te donnerai de grandes richesses et de la gloire ; tu en auras plus que n'importe quel autre roi, avant toi ou après toi » (BFC). Dieu a donné à Salomon au-delà de ses attentes, parce que le contenu de sa demande lui a plu.

Le v. 15 dit : « Grâce au roi, il y avait autant d'argent et d'or que de cailloux à Jérusalem » (BFC). C'est dire combien le roi Salomon a été en bénédiction pour son pays, grâce à la réalisation de la promesse que Dieu lui aura faite. Notons aussi au v. 16, l'ouverture dans ce texte aux autres pays comme l'Égypte (l'Afrique) et la Cilicie qui participent, bien que par voie commerciale, à l'accroissement de la richesse de Salomon. La participation des pays autres qu'Israël, y compris l'Afrique, à la richesse de celui qui a reçu la charge de construire le temple, rime bien avec l'ouverture aux autres peuples du temple à construire.

De nos jours, qui ne veut pas être riche ? Mais comment voulons-nous parvenir à la richesse ? Le roi Salomon n'avait pas sacrifié ses enfants ou ses parents pour devenir riche. Il avait offert à Dieu des sacrifices qui n'étaient pas humains. La chose la plus précieuse à offrir à notre Dieu, n'est-ce pas tout notre être comme le dit l'apôtre Paul en Romains 12.1 ? Dans le contexte de 2 Chroniques 1, les richesses de Salomon apparaissent comme une récompense de son désintéressement. Il n'a pas demandé à être riche, mais il est devenu riche. Dans le Nouveau Testament, pensons à la conclusion de l'enseignement de Jésus cité plus haut, de « chercher d'abord le règne de Dieu…, et tout cela vous sera donné par surcroît » (Mt 6.33, NBS).

Conclusion et questions de réflexion

Le culte est l'occasion d'adorer notre Dieu. C'est aussi le moment de le servir. Ce moment de communion avec Dieu occupe la première place, selon le Chroniste, dans les activités de Salomon devenu roi. Ce principe que nous offre l'attitude du roi Salomon est à imiter. Quelle que soit la parcelle de responsabilité que nous avons, lorsque nous plaçons la recherche de Dieu avant toute chose, nous devenons encore plus sages. La richesse et la gloire viennent de Dieu. Pour l'avoir su et compris, le roi Salomon a cherché le Seigneur et il est devenu riche. Sa richesse s'est manifestée de plusieurs manières. Quelle place accordons-nous au culte communautaire, familial, individuel ? Comment définissons-nous la sagesse ? Comment doit-elle s'exprimer dans nos vies ? Comment s'exprimait la sagesse de nos ancêtres en Afrique ? Que devons-nous faire pour aider les Africains élevés en dignité, à exercer leurs responsabilités avec sagesse ? En ce qui concerne la richesse, qui rend véritablement riche ? Que devons-nous faire pour être spirituellement riches ?

LA CONSTRUCTION DU TEMPLE

Dans la langue kongo du Congo-Brazzaville le mot « temple » se dit : *nzo Nzambi* que l'on traduit par « maison de Dieu ». Il ne s'agit donc pas de la maison d'une personne, d'une tribu, d'une ethnie, d'une race. Dans cette unité, il est question de la préparation et de la construction de la maison du Seigneur.

1.18–2.17 Une sage préparation

Le v. 18 du premier chapitre sert de charnière entre le premier chapitre et le deuxième. Le roi Salomon ordonne la construction du temple appelé la maison du Seigneur, et une maison royale pour lui-même. Là aussi dans l'ordre de présentation, le Chroniste place les intérêts du Seigneur avant ceux du roi. Ce v. 18 introduit le contenu du deuxième chapitre où le roi s'attèle à préparer la construction du temple. Les dispositions qu'il prend rendent compte, dans une certaine mesure, de la sagesse qu'il a reçue de Dieu. Car la précision du nombre de porteurs, de tailleurs de pierre, et de surveillants, est probablement liée au besoin réel de cette construction.

En 2 Chroniques 2.2, le roi manifeste aussi sa sagesse dans sa façon de négocier avec Houram, roi de la ville de Tyr. Par l'intermédiaire de son (ses) envoyé(s), il rappelle d'abord à Houram ses bienfaits envers David le père du roi Salomon, avant de formuler sa demande, en précisant le statut du temple à construire : un lieu de culte et non la demeure d'un Dieu que même le ciel ne pourrait contenir.

Le v. 3 montre que pour le Chroniste, le temple à construire est pour le nom du Seigneur. Il est le lieu où l'on consacre des offrandes au Seigneur, on fait fumer devant lui de l'encens aromatique, on expose constamment des pains, on y offre des holocaustes le matin et le soir... Bref, le temple est un lieu où l'on offre des sacrifices au Seigneur. Dans nos cultes, en Afrique et ailleurs, la liturgie prévoit un temps d'offrandes et de prières. Ce temps n'est pas pour corrompre notre Seigneur, mais pour exprimer notre reconnaissance pour ses bienfaits et permettre l'avancement de son œuvre au sein de l'Église.

Aux v. 4-5, le Chroniste, par la bouche du roi Salomon, affirme que la grandeur du temple à construire n'est pas liée au souci d'avoir un bâtiment qui peut contenir Dieu, mais au fait que le Dieu dont le culte y sera rendu est plus grand que n'importe quel dieu. L'abondance et la valeur des matériaux requis pour construire se justifient par la grandeur du Dieu pour lequel le temple va être construit.

2.6-9 La demande de Salomon à Houram

Aux v. 6-9, le Chroniste rapporte la demande du roi Salomon au roi Houram de Tyr. Si à David le roi Houram avait fourni du bois de cèdre, Salomon lui demande d'abord une ressource humaine (v. 6, 7b), avant de lui demander aussi de lui fournir du bois de cèdre, de pin et de santal en provenance du mont Liban (v. 7a). Notons que la coopération que Salomon propose avec sagesse revêt également une dimension d'échange de compétences entre les deux pays (v. 7-9). De nos jours, faisons-nous bon usage de la diversité de compétences dans nos différentes Églises ? Dans le contexte de ces versets, le roi Salomon transcende les frontières humaines, à l'instar de son père David, parce qu'il veille au succès de la construction de la maison du Seigneur. La grandeur de Salomon révèle celle du Seigneur qui le rend grand. Les relations de Salomon avec Houram sont au service de la révélation de la suprématie de son Dieu sur les autres dieux.

2.10-15 La réponse du roi Houram

La réponse du roi de Tyr est une sorte de louange au Dieu d'Israël. Elle prend au début l'allure d'une parole prophétique, car il dit : « C'est parce que le Seigneur aime son peuple qu'il t'a fait roi sur eux ! » (v. 10, NBS). Comment ce personnage sait-il que le choix de Salomon comme roi est l'expression de l'amour du Seigneur pour son peuple ? Le Chroniste montre implicitement que le Seigneur peut aussi se révéler à quiconque, quelle que soit sa nation. Point n'est donc besoin de mépriser les personnes qui ne sont pas de la même religion que nous. Nul ne peut apprivoiser ni domestiquer Dieu. Le Seigneur a certes donné son accord de construire une maison qui symbolise sa présence. En revanche ce symbole ne pourrait jamais réduire Dieu à quelque chose que le roi Salomon manipulerait à sa guise. L'apport des non-Israélites dans la construction de la maison du Seigneur interpelle. Les voies de Dieu ne sont-elles pas insondables ? N'est-ce pas ici, dans une certaine mesure, une espèce de dialogue interreligieux ? Houram n'hésite pas à apporter son soutien en envoyant un spécialiste conformément à la demande du roi Salomon. Son nom est Houram-Abi, appellation qui diffère de celle qui se trouve en 1 Rois 7 (Hiram). Le roi de Tyr apparaît comme jouant un rôle de subordination dans ses échanges avec le roi d'Israël. Au v. 14 c'est bien à David qu'il fait allusion en disant : « mon seigneur ». Notons que certains détails de 1 Rois 5 ont été omis par le Chroniste.

2.16-17 Des immigrés dans la construction de la maison du Seigneur

Ces deux versets ont comme parallèle 1 Rois 5.27-32. Selon le Chroniste, Salomon reprend le recensement des immigrés déjà fait par le roi David. Des cent cinquante-trois mille six cents recensés, Salomon a engagé les uns comme porteurs des fardeaux, les autres comme tailleurs de pierre et d'autres encore pour surveiller et faire travailler le peuple. Le principe à retenir ici est que le temple est une affaire qui transcende les frontières. C'est dire que dans l'Église qui est aussi le temple du Seigneur, le racisme, le tribalisme, etc., n'ont pas, en principe, de place.

3–4.1 Le début de la construction

Ici, Le Chroniste fait un résumé de ce que nous lisons en 1 Rois 6 et 7. Il décrit le début des travaux en identifiant le lieu de construction du temple avec le mont Moriya où Abraham était parti pour offrir son fils Isaac en sacrifice (Gn 22.2). C'est aussi le lieu où le Seigneur était apparu à David (1 Ch 21.26-28). Il y a ici deux analepses, c'est-à-dire deux évocations du passé : celle du sacrifice d'Abraham et celle de l'apparition du Seigneur à David. Notons que dans ces deux références, il est question de sacrifices. Le temple en construction sera donc un lieu de sacrifices. Nous pouvons donc comprendre pourquoi, lors de sa dédicace, le Seigneur choisit le temple comme lieu où l'on doit lui offrir des sacrifices (2 Ch 7.12). Il est important de noter que ce n'est pas aussitôt monté sur le trône que Salomon a commencé la construction du temple. C'est, selon le v. 2, « le deuxième jour du deuxième mois de la quatrième année de son règne » (NBS) qu'il commença à bâtir la maison du Seigneur. Cela signifie que malgré le temps pris par son père David pour préparer cette construction, Salomon a eu aussi besoin d'un peu de temps avant d'engager les travaux.

Les dimensions fixées par Salomon pour la construction du temple (v. 3-4) sont presque les mêmes que celles qu'indique le Livre des Rois (1 R 6), mais le Chroniste les présente en tenant probablement compte des mesures en vogue à son époque. Ces dimensions paraissent plus modestes que celles des autres temples du Proche Orient ancien (égyptiens, assyriens et babyloniens), et celles du temple d'Hérode le Grand. Mais il n'en demeure pas moins vrai que la description faite, aux v. 5 et 6, de sa décoration révèle bien sa valeur en tant que signe de la présence du Seigneur parmi son peuple. Cette décoration me fait penser à la Basilique de Yamoussoukro en Côte d'Ivoire qui impressionne tout visiteur qui s'y rend. Que ce soit pour le temple de Jérusalem au temps de Salomon, ou pour celui de Yamoussoukro, l'impressionnante décoration révèle la grande considération que les constructeurs ont eue pour Dieu. En revanche, cela ne signifie pas que ceux qui construisent des temples avec peu de moyens et les décorent modestement ne peuvent pas avoir une grande considération pour Dieu.

Du v. 8 à 4.1, on remarque une redondance du verbe 'āsāh qui signifie « faire ». Notons que ce verbe hébreu qui résonne ici comme un refrain, est très proche du verbe sa qui signifie aussi « faire » en langue kongo du Congo-Brazzaville. Le verbe 'āsāh est mentionné dans les versets 8, 10, 14, 15, 16 et en 4.1. Dans tous ces versets, Salomon est le seul sujet de ce verbe. On le voit, l'auteur démontre que Salomon est véritablement le constructeur de la maison du Seigneur. Les noms que portent les deux colonnes (v. 17) dressées devant le sanctuaire sont aussi une révélation de l'action de Dieu dans la vie de son peuple. Dieu n'est donc pas un être caché, ni une force cachée, qui ne s'intéresse pas à la vie de ses créatures. Dieu se révèle et agit dans nos vies.

Quant à l'autel que le Chroniste décrit (2 Ch 4.1), il est beaucoup plus grand que celui d'Exode 27.1-2. Il n'est pas mentionné en 1 Rois 7. Le Chroniste semble montrer la continuité et la discontinuité entre le tabernacle et le temple.

4.2-22 Le temple : un lieu de purification

Dans ce chapitre, le vocabulaire lié à la purification est abondant. Les mots traduits par cuve et bassin reviennent plusieurs fois dans le même chapitre. Les douze taureaux sur lesquels la cuve reposait représentent probablement les douze tribus. Le mot que l'on trouve aux v. 2-5, traduit par « mer » désigne probablement un grand bassin contenant de l'eau pour les ablutions des prêtres. Dans le Proche Orient ancien, la mer était vue comme un symbole du chaos primordial qui régnait avant que les dieux n'imposent l'ordre sur le monde[109]. Les mythes et les poèmes soulignaient l'autorité du dieu créateur sur les eaux du chaos. Un grand bassin d'eau fraîche placé dans le temple la symbolisait[110]. À Babylone, ce bassin s'appelait apsû ou « les eaux de l'Abysse »[111]. De même que les eaux du chaos sous la terre étaient considérées comme source de la fertilité de la terre, ces bassins vont plus tard symboliser le contrôle de la divinité sur la fertilité[112]. Un peu partout dans la Bible hébraïque, particulièrement dans les Psaumes (24 ; 46 par exemple), la victoire et la suprématie du Seigneur Dieu sur la mer sont proclamées.

Au v. 3, le mot traduit par « bœuf » n'est pas le même en 1 Rois 7.24 attestant un autre mot traduit par « coloquintes ». Le fait d'associer l'image du bœuf avec celle de la mer est un motif commun attesté dans le Proche Orient ancien. Le v. 6 dit que dans les dix bassins, on lavait les victimes offertes en sacrifices complets, tandis que « l'eau de la cuve était destinée aux purifications des prêtres » (BFC). Finalement, il est beaucoup question d'eau. Or l'eau est une notion dont le lien avec la purification est évident.

Comme au chapitre précédent et même un peu plus, le refrain avec le verbe *'āsāh* qui signifie « faire », est remarquable (v. 2, 6, 7, 8, 9, 11, 14, 16, 18 et 19). Dans certains versets, *'āsāh* est même employé deux fois. La seule différence est qu'ici Salomon n'en est pas le seul sujet, bien qu'il occupe le plus grand nombre d'occurrences. Le narrateur fait aussi mention de Houram (ou Hiram) qui œuvre (fait) avec Salomon.

À partir du v. 7, le Chroniste reprend, à sa manière, la liste d'objets qui se trouvent en 1 Rois 7.40-51. Le v. 16 fait mention de Houram-Abi, originaire de la ville de Tyr (d'après 2 Ch 2.12) et fabricant de tous les objets faits pour le temple du Seigneur. Le Chroniste rappelle à travers ce nom la participation des étrangers dans l'entreprise de construction du temple du Seigneur.

Ce texte contient aussi le nom de Tseréda (v. 17) qui est une localité inconnue placée à côté de Soukkoth qui est connue. L'intérêt ne porte pas ici sur ces localités, mais sur le poids du bronze utilisé qui révèle la valeur du temple dans ce récit. Car ce qui avait été coulé entre les deux localités l'aura été pour les besoins de la construction du temple.

En ce qui concerne les objets en or que Salomon fait aussi faire, le texte ne dit pas qui en est le fabricant. Cependant, il est clair que le bronze et l'or, ces choses de valeur, avaient été mis au service du Seigneur.

Tout ce qui est dit en 2 Chroniques 4 a pour fonction de préparer l'entrée du coffre de l'alliance dans le temple.

Conclusion et questions de réflexion

Aussi bien dans les préparatifs que dans la construction de la maison du Seigneur (YHWH), le roi Salomon se montre sage en associant les étrangers. Le prophète Ésaïe ne dit-il pas que le temple est la « maison de prière pour tous les peuples » (Es 56.7) ? De nos jours, la maison du Seigneur c'est aussi l'Église. Le racisme, le tribalisme, le régionalisme, etc., n'ont pas, en principe, de place dans l'église. Cette unité nous offre aussi le principe de la complémentarité dans le travail. Pourquoi le racisme et/ou le tribalisme persistent-ils dans nos églises ? Que pensons-nous du dialogue interreligieux ?

Le temple ou la maison du Seigneur est un lieu de sacrifices. C'est aussi un lieu de purification. Comment, de nos jours, pouvons-nous comprendre le mot hébreu traduit par « sacrifices » ? Quelle différence y a-t-il entre les religions traditionnelles africaines et la maison du Seigneur en matière de sacrifices et de purification ?

SALOMON ET LE TEMPLE

Un ami m'a dit un jour : « En ces temps où le tribalisme gagne de plus en plus nos paroisses, si cela ne dépendait que de moi, on aurait écrit à l'entrée de tous nos temples : ce lieu est la maison de prière pour tous les peuples. »

2 Chroniques 5 L'entrée du coffre de l'alliance dans le temple

Après avoir présenté le temple comme un lieu de purification, l'auteur de ce texte passe à l'entrée du coffre de l'alliance dans le temple. L'évènement est assez solennel. Il mobilise les hautes personnalités des tribus et des familles d'Israël. Il coïncide avec le rassemblement de tous les Israélites pour la fête du septième mois qui est appelée aussi fête de Soukkot. Elle rappelle l'errance des Israélites dans le désert pendant quarante ans (Lv 23.42-43), et est aussi une fête de remerciements pour les bienfaits dispensés par Dieu durant l'année écoulée (Dt 16.13). Au v. 4, l'auteur remplace le mot prêtre, que nous lisons en 1 Rois 8.3, par lévites, lorsqu'il parle des transporteurs du coffre de l'alliance. Mais au v. 5, il parle des prêtres et lévites qui transportent ce coffre et la tente de rencontre avec les objets sacrés qui s'y trouvaient. L'offre, par le roi Salomon et la communauté, de sacrifices d'un si grand nombre qu'on ne peut compter, renforce l'importance de ce grand rassemblement, mais montre aussi la grande considération que le roi et la communauté ont pour leur Dieu.

Si le transport du coffre a été effectué par les prêtres et lévites, l'introduction de ce coffre dans le lieu très saint n'est faite que par les prêtres. Les deux tablettes contenues dans ce coffre rappellent l'alliance du Seigneur avec son peuple au mont Horeb. L'entrée du coffre dans le temple c'est donc l'entrée du Seigneur dans sa maison. Nous pouvons alors comprendre la nécessité de la purification des prêtres, et la louange par les lévites et les prêtres qui, à l'aide des instruments de musique élèvent un chant pour acclamer et louer la bonté et l'amour infini du Seigneur dont la glorieuse présence fait apparaître un nuage qui remplit le temple. Cette glorieuse présence rappelle celle racontée en Exode 40.34 qui remplit la demeure sacrée de la tente de la rencontre. Et de même que Moïse ne put pénétrer dans la tente, à cause de cette présence, de même les prêtres ne peuvent pas reprendre leur service à cause de la glorieuse présence du Seigneur.

2 Chroniques 6 Discours et prière du roi Salomon

Deux parties composent ce chapitre qui à partir du v. 3 a pour parallèle 1 Rois 8. Les v. 1-11 rapportant le discours de Salomon, celui-ci démontre que la construction du temple est l'accomplissement d'une promesse du Seigneur. Dans les v. 12-42, le roi adresse une longue prière de dédicace du temple.

6.1-11 Le temple comme accomplissement de la promesse faite à David

La glorieuse présence du Seigneur qui remplissait le temple, que mentionnent les versets qui précèdent ceux-ci, a eu comme effet la réaction du roi Salomon que ce texte met en relief. Salomon s'adresse d'abord au Seigneur, puis se tourne vers l'assemblée israélite. Au Seigneur, le roi rappelle sa décision d'habiter dans un lieu obscur, alors que le roi lui a bâti un temple majestueux. Se tournant vers l'assemblée israélite qu'il salue, le roi Salomon remercie le Seigneur pour sa fidélité à sa promesse, puis rappelle l'histoire de la promesse faite à David et qui est accomplie. À ce niveau de son récit, l'auteur enseigne que Dieu est fidèle. Il accomplit ce qu'il promet.

6.12-42 Le temple : un lieu de prière sans frontière

La sagesse du roi Salomon se manifeste aussi quand il prie. Cette sagesse lui permet de s'humilier devant le Seigneur quand il prie. Il monte sur le socle, non pour avoir une attitude de domination puisque c'est lui le roi, mais pour s'agenouiller devant le Seigneur, en face de tous les Israélites assemblés. Cette attitude d'humilité du roi est une preuve de la sagesse de ce roi. C'est aussi grâce à cette sagesse que Salomon commence sa prière en exprimant l'incomparabilité et la fidélité du Seigneur. Toutefois, dans ce texte, la fidélité du Seigneur à son alliance avec ses serviteurs est conditionnelle : « ...quand ils se conduisent eux-mêmes devant toi avec une entière loyauté » (v. 14, BFC). Le roi passe ensuite aux requêtes et intercessions.

Il demande au Seigneur d'exaucer les prières qui seront faites individuellement et collectivement dans le temple ou lorsque ceux qui vont prier auront les yeux tournés vers ce temple, en temps de sécheresse, de famine, de peste, de guerre, d'exil, de désobéissance, etc.

Le roi demande au Seigneur d'exaucer même l'étranger qui priera dans ce temple. Cette version de la prière de Salomon ouvre le temple, donc le Seigneur aux non-Israélites. Le roi ne s'adresse évidemment pas à un dieu national, mais au Dieu de tout l'univers, au Dieu sans frontière, à qui nous pouvons encore nous adresser par Jésus-Christ.

Conclusion et questions de réflexion

L'entrée du coffre de l'alliance dans le temple, c'est l'entrée du Seigneur dans sa maison. Ce coffre contient les deux tablettes de l'alliance. On peut donc avoir un temple du Seigneur sans le Seigneur. À quoi peut servir une maison dite du Seigneur sans le Seigneur ? De nos jours, plusieurs bâtiments portent le nom de « temple ». Y prêche-t-on réellement la parole de Dieu et y administre-t-on convenablement les sacrements ? Qui sont les prêtres et les lévites à notre époque ? Font-ils convenablement le service du Seigneur ?

L'entrée du coffre de l'alliance coïncide avec la fête de Soukkot qui rappelle l'errance des Israélites et qui est aussi un moment de reconnaissance pour les bienfaits du Seigneur. Quelle est la place de la reconnaissance dans notre vie cultuelle ou au quotidien ? Le grand nombre de sacrifices offerts à Dieu révèle la grande considération que les gens avaient pour le Seigneur. Notre niveau de connaissance du Seigneur détermine la manière de nous offrir à lui et de lui offrir des sacrifices. Quel est notre niveau de connaissance du Seigneur ? Que lui avons-nous déjà offert ?

La longue prière du roi Salomon est aussi une intercession par exemple en faveur des étrangers. Quelle place accordons-nous à l'intercession dans notre communauté, dans notre famille et dans notre vie ?

DANS LE TEMPLE :
LA GLOIRE ET LA PRIÈRE

Le catéchisme enseigné dans l'Église Évangélique du Congo contient entre autres les paroles suivantes concernant la prière : « La prière est la communication de notre cœur avec Dieu notre Père qui est dans les cieux. »

Le chapitre 7 qui s'inscrit aussi dans le contexte de la dédicace du temple, peut être structuré en deux unités : 1-14 et 15-22. La première unité montre deux éléments de l'impact de la prière du roi Salomon : le feu qui descend du ciel pour manifester la gloire du Seigneur, et l'apparition du Seigneur à Salomon avec une première partie du discours du Seigneur dans le temple. Entre ces deux éléments, le Chroniste met en relief les sacrifices que le roi et le peuple offrent à l'occasion de la dédicace du temple.

7.1-3 Descente du feu et manifestation de la gloire du Seigneur

Cette introduction du chapitre est propre au Chroniste. Elle rapporte ce qui s'est passé dès que Salomon eut terminé sa prière. Le phénomène, similaire à celui d'Exode 40.34, se reproduit ici : la présence glorieuse du Seigneur remplit le temple au point d'empêcher les prêtres de pénétrer dans le sanctuaire. Alors qu'au chapitre 5 l'auteur parle de nuage qui manifeste la présence du Seigneur, dans ce chapitre, il est question d'un feu descendu du ciel et qui consume l'holocauste et les sacrifices. Le v. 1 ne précise pas encore le type de sacrifices que le roi offre. Le feu qui descend pour consumer les sacrifices fait écho à celui qui est descendu lorsque le roi David avait offert des sacrifices et invoqué le Seigneur (1 Ch 21.26). Par la descente du feu Dieu marque son approbation de ce que le roi fait. La présence glorieuse du Seigneur est encore plus manifeste. Le miracle qui se produit suscite crainte et louange (v. 3). Comme Salomon au chapitre 6, les

Israélites se mettent à genoux, expression de leur crainte du Seigneur. Comme au chapitre 5, les gens louent le Seigneur à cause de sa bonté et de son amour sans fin. À la fin du v. 3, nous trouvons l'écho d'un refrain présent dans certains Psaumes, particulièrement le Psaume 136.

7.4-10 L'offre musicalisée des sacrifices

Selon le v. 4, les sacrifices sont offerts par le roi et le peuple. Le roi montre le bon exemple, le peuple ne peut que le suivre. Les instruments de musique utilisés et joués par les lévites sont sacrés et remontent à David qui les avait fait fabriquer. Comme au chapitre 5, le roi et tout le peuple offrent plusieurs sacrifices au Seigneur. Ici, c'est pour inaugurer le temple de Dieu. Ces sacrifices sont tellement nombreux que l'autel de bronze dressé pour cet usage ne peut suffire. À maintes reprises, le Chroniste souligne l'abondance des sacrifices que le bon roi et le peuple offrent au Seigneur. La cour est utilisée pour brûler les sacrifices. Les Églises d'Afrique peuvent aussi promouvoir une bonne éducation susceptible de cultiver la joie de savoir donner pour le mieux-être de nos communautés. Comme au chapitre 5, une fête est célébrée au chapitre 7.

Nous avons ici une preuve que le temple dont il est question dans le Livre des Chroniques est bien une maison où l'on offre des sacrifices devant YHWH (2 Ch 7.4, 5, 7). Ces sacrifices sont offerts dans une atmosphère de joie (1 Ch 29.9 ; 2 Ch 30.23-26). Pour le Chroniste, la bénédiction et la réussite viennent par la foi. La perfection rituelle ne l'emporte pas sur la foi (2 Ch 7.8-10 ; 30.21-26).

Le Chroniste place la sincérité du cœur au-dessus de la pureté rituelle. À ce sujet, héritier aussi des traditions prophétiques, il fait écho au message des prophètes au sujet de l'attitude que doit avoir le peuple de Dieu quand il offre des sacrifices au temple.

Le temps que le roi passe avec son peuple est long et exprime l'importance des activités qui les rassemblent. Leur attitude d'humilité devant le Seigneur et l'abondance des sacrifices qu'ils offrent en son honneur expriment bien leur foi en Dieu. La manière dont nous nous tenons devant le Seigneur découle de la considération que nous avons de lui.

7.11-14 Première déclaration du Seigneur avec conditions pour la guérison du pays

Dieu est apparu pour la première fois à Salomon au lieu sacré de Gabaon (chap. 1), à la tente de la rencontre avec Dieu. Dans ce texte, le même Seigneur apparaît de nouveau à Salomon après sa prière de consécration du temple, après la manifestation de certains signes qui témoignent de sa glorieuse présence.

La scène ne se passe plus à Gabaon, mais au temple de Jérusalem. Comme à Gabaon, c'est de nuit que le Seigneur apparaît de nouveau à Salomon. Par rapport à 1 Rois 9.2 qui est le verset parallèle, le Chroniste apporte une modification. Il met *ballāyelah* (de nuit ou dans la nuit), au lieu de *šēnît ka'ašer nir'ah ēlāyw begibyôn* « une seconde fois, comme il lui était apparu à Gabaon » (NBS). Le Chroniste ne juge pas nécessaire de rappeler ici que le Seigneur était apparu à Salomon à Gabaon. Cette apparition revêt alors le caractère d'une action qui inaugure une nouvelle ère. Selon R. Laird Harris et al[113], des 242 fois où le mot traduit par nuit est employé, la nuit la plus mémorable est celle au cours de laquelle Dieu a délivré son peuple de l'esclavage (Ex 11.4 ; 12.29). La pâque de chaque année rappelle aux Israélites ce grand évènement.

Les lecteurs de la Bible n'ignorent pas qu'ailleurs dans l'Ancien Testament, la nuit apparaît aussi comme un temps d'épreuve, de pleur et de souffrance[114]. Cela ressemble au contexte égyptien où est attesté l'hymne dédié au soleil dans lequel la nuit est redoutée parce que le soleil (Aton) est rentré chez lui[115]. Le début de l'hymne national chanté au Congo-Brazzaville conçoit aussi la nuit comme un temps difficile. C'est ce que révèlent les paroles suivantes : « En ce jour, le soleil se lève... une longue nuit s'achève...[116] » On le voit, cet hymne congolais exprime l'idée du passage d'un temps d'épreuve, de pleurs, de souffrance à un temps de liberté, de guérison, de paix, de réconciliation[117].

En revanche, le Chroniste semble mettre un accent particulier sur *ballāyelah* (de nuit) comme moment de communion avec Dieu. Cela fait écho à un certain nombre de circonstances relatives à la révélation nocturne dans l'Ancien Testament (Gn 20.3 ; 31.24 ; 46.2 ; Nb 22.20 ; Jg 6.25 ; 7.9 ; 2 S 7.4 ; 1 Ch 17.3 ; 1 R 3.5 ; 2 Ch 1.7 ; Za 1.8).

Au v. 12b, le Chroniste se distingue ici aussi de la version du récit parallèle (1 R 9). Il ne garde que l'expression *šāma'tî et tephillateka* (j'ai entendu ta prière) et omet volontairement *tehinnateka* (ta supplication)[118]. Toutefois, dans la prière que le Chroniste rapporte au chapitre 6.4-42, Salomon supplie le Seigneur. Et le verbe *šāma'*[119] qui signifie entendre, écouter, exaucer, etc., qui revient de façon récurrente dans cette prière (v. 19, 20, 21, 23, 25, 27, 30, 35, 39) apparaît deux fois dans 2 Chroniques 7.12-14.

Le v. 12 n'est autre que l'illustration de Deutéronome 12.11 ; mais c'est aussi et surtout l'accomplissement du vœu de David, approuvé par le Seigneur, qui consiste à bâtir la maison dans laquelle ce dernier habitera (1 Ch 17.4). On y trouve le mot *māqôm* (lieu) et le verbe *bāḥar* (choisir) à l'inaccompli, puisqu'il s'agit là d'une promesse. Nous y trouvons aussi le mot *zebah* (sacrifice). Le temple est le *māqôm* (lieu) d'habitation de Dieu au milieu de son peuple. Ce palais n'est pas construit pour l'homme mais pour le Seigneur (1 Ch 29.1). Construire le temple et organiser son personnel sont au centre des règnes de David et de

Salomon (1 Ch 10–2 Ch 9). Des mesures royales sont prises au sujet du temple (2 Ch 24.4-14 ; 34.8-13). Celui-ci est le théâtre de réformes et de cérémonies d'alliances (2 Ch 14.3-4 ; 15.8-15 ; 34.3-7), de célébrations solennelles de la pâque (2 Ch 30 ; 35.1-9).

Au v. 12b le substantif *tephillāh* (prière) se termine par le suffixe de la deuxième personne au masculin singulier, c'est pourquoi on traduit : ta prière. Au v. 14, le verbe *pll* (prier) est à la troisième personne du pluriel (*hithpael*). Cela rassure sur le fait que Dieu est disposé à exaucer la prière aussi bien du roi (v. 12b) que de son peuple (v. 14). Le Chroniste emploie aussi beaucoup le verbe *bāhar* qui signifie choisir (1 Ch 28.4, 6, 10 ; 2 Ch 6.5, 6, 34, 38) attesté en 2 Chroniques 7.12 au parfait (*qal*). Suite à la prière du roi Salomon, le Seigneur l'exauce en choisissant pour lui le temple comme lieu où on lui offrira des sacrifices. L'approbation de l'activité de l'offre des sacrifices, rapportée dans les versets précédant ce texte, est confirmée dans ce chapitre.

Le Chroniste présente les formes du culte comme ayant été établies en deux phases : d'abord la Torah, avec ses préceptes et des détails du culte sacrificiel, ont été donnés par l'intermédiaire de Moïse comme institutions permanentes ; puis son ordre et son organisation ont été établis par David comme institutions permanentes puis réalisés par Salomon.

Parmi le personnel du temple, une attention particulière est accordée aux classes non sacerdotales. Comme déjà dit, le Chroniste écrit après l'exil. Les Chroniques sont donc l'une des plus importantes réflexions sur les changements ayant affecté la structure et les fonctions des ordres cléricaux à l'époque du second temple[120].

Le v. 13 fait écho à plusieurs circonstances de l'Ancien Testament. *Mātār* est en effet le mot le plus commun pour désigner la pluie en général, dans l'Ancien Testament. Celui-ci parle de trois périodes bien distinctes concernant la saison des pluies[121]. Il s'agit des premières pluies (*yôreh*), c'est-à-dire pluies d'automne, des pluies d'hiver (*gešem*) et des dernières pluies (*malqôš*).

La Palestine dépend beaucoup de la pluie. Celle-ci est considérée comme une bénédiction particulière. « Car, contrairement à l'Égypte et à la Mésopotamie qui dépendent de leurs fleuves et de leurs canaux d'irrigation, la Palestine, elle, relève directement du Ciel[122]. »

Comme *mātār*, *hāgāb* est aussi un terme commun. À la place de *'arbeh* (sauterelle) et de *tselatsal* (criquet) qui se trouvent respectivement dans Deutéronome 28.38 et v. 42 dont il semble s'inspirer, le Chroniste choisit d'employer *hāgāb* (sauterelle) dans 2 Chroniques 7.13, pour traduire la même idée qui s'inscrit dans le cadre du châtiment que Dieu se réserve le droit d'infliger à son peuple, en cas de désobéissance de celui-ci. Le Seigneur pourrait livrer son peuple à une nation venant de loin, qui dévorera son bétail et son pays, et qui assiégera ses villes (Dt 28.49-52). Notons qu'au lieu de « dévorer le pays », la Septante (LXX) atteste l'expression « dévorer l'arbre » ou « dévorer le bois ». L'expression de la LXX trouve une analogie dans la culture traditionnelle de la tribu *Kongo* du Congo-Brazzaville où l'arbre symbolise entre autres le village ou le pays. Les traducteurs de la LXX ont probablement voulu harmoniser l'usage du mot hébreu traduit par sauterelle avec l'objet sur lequel elle agit : l'arbre.

En effet, « la sécheresse et les sauterelles font partie des malédictions envisagées[123] » comme sanctions en cas de rupture de l'alliance conclue avec le Seigneur (Dt 28.15-68). L'attaque d'Israël par les Assyriens en 722-721 av. J.-C., avec pour conséquence l'exil, et celle de Juda par les Babyloniens en 609, 597 et 587 ayant aussi conduit à l'exil, ne sont autres que l'illustration des sauterelles dont le prophète Joël parle aussi (Jl 2.1-11).

La peste (*deber*) est l'une des maladies les plus redoutables dans l'ancien Orient. Plusieurs textes de l'Ancien Testament attestent le mot traduit par peste (Ex 9.3, 15 ; Jr 21.6 ; 27.13 ; Ez 33.27 ; 38.22; Am 4.10, etc.). Elle frappait souvent les villes assiégées. La peste attaquait aussi bien les hommes que les animaux domestiques.

Dans l'Ancien Testament, le mot hébreu traduit par « peste » désigne toujours un châtiment que Dieu inflige à cause de la désobéissance de son peuple d'Israël, des nations étrangères (Ex 9.15 ; Ez 28.23), des groupes (Jr 42.17, 22 ; 44.13), ou des individus (Ez 38.22). Le mot traduit par peste n'est jamais employé seul. Il fait toujours partie d'une liste, ou d'un parallélisme comme dans Nombres 14.12 et Habacuc 3.5. Tous les passages dans lesquels ce terme est utilisé font allusion à un jugement de Dieu sur ces créatures.

Les maux de 2 Chroniques 7.13 révèlent clairement les conséquences dues au péché. Ces conséquences touchent à la fois les hommes et leur environnement naturel. D'où la nécessité pour les hommes de s'humilier (*kn'*), de prier (*pll*), de rechercher la face de Dieu (*bqš*), de revenir de leurs mauvaises voies (*šûb*).

C'est ici l'occasion de dire que dans ce livre, mention est faite de ce que le Chroniste entend par peuple de Dieu. Son image du peuple de Dieu est très spéciale. Il s'agit de « tout Israël », sans exclusion. Le Chroniste ne se limite pas à la conception traditionnelle des douze tribus. Il va au-delà, incluant même les *gērîm* (étrangers), la population non israélite de son pays. La généalogie de 1 Chroniques 1-9 révèle que la vision du Chroniste est inclusive.

L'expression *niqrā šemî*[124] qui se trouve au v. 14, et que le prophète Jérémie emploie aussi (Jr 25-29 ; 32.34 ; 34.15) est une illustration de Deutéronome 12.5, 11 et est relative à la maison du Seigneur (YHWH) où le nom du Seigneur (*šemî*) est invoqué par son peuple (*'amî*). L'invocation susceptible d'entraîner la guérison du pays victime du péché de son peuple doit se faire avec une attitude de repentance sincère.

Le Chroniste emploie aussi des termes opposés à *drš* (chercher) lorsqu'il parle d'apostasie, il emploie *'zb* (abandonner). C'est le cas dans 2 Chroniques 21.10 ; 28.6, avec l'expression rendue en français par « parce qu'il (ils) avait (avaient) abandonné YHWH, le Dieu de ses (leurs) pères » (NBS).

Il fait aussi usage de *'zb* (abandonner) lorsqu'il précise le genre d'apostasie, comme le fait de ne pas observer la Torah (2 Ch 12.1, 5), ou en cas de négligence du temple de Jérusalem (2 Ch 13.4-12).

L'opposition entre *drš* (chercher Dieu) et *'zb* (abandonner) est très remarquable dans 1 Chroniques 28.9 et 2 Chroniques 15.2. L'autre terme qui est contraire à *drš* (chercher Dieu) donc à *bqš* (chercher) est le verbe *m'l* (être infidèle) qui est plus général dans les Chroniques que *'zb*. Les règnes de Ahaz (2 Ch 28.19) et de Manassé (2 Ch 33.19), ainsi que l'apostasie de Juda sont simplement résumés comme étant une infidélité. Le verbe *m'l* (être infidèle) est aussi considéré comme le contraire de *drš* dans 1 Chroniques 10.13s. C'est à cause de son infidélité que Saül mourut. Cette infidélité s'est caractérisée par la désobéissance à la parole du Seigneur, et par la consultation d'un médium.

Le terme *'asah hara'* (faire le mal) est le troisième terme opposé à *drš* (chercher ou rechercher Dieu). Leur opposition est évidente dans 2 Chroniques 12.14 : « Il fit du mal, parce qu'il n'appliqua pas son cœur à chercher le Seigneur » (NBS).

Au v. 14, l'expression *erpā' et 'artsām* (je guérirai leur pays) est un apax dans le corpus chroniste. En d'autres termes, elle n'est attestée qu'ici. Le mot *'erets* auquel est accolé le suffixe troisième personne masculin pluriel (*'artsām* = leur pays) a un champ sémantique vaste. Il désigne toute la terre, des pays particuliers comme le pays d'Israël, des circonscriptions locales, le sol, la surface d'une tente (Jo 7.21). En ce qui concerne la terre il peut s'agir de toute la terre créée par Dieu (Gn 1.1, 26 ; 11.8-9, etc.).

Le Seigneur rassure qu'il a entendu la prière de Salomon et qu'il a choisi le temple comme lieu où on lui offrira des sacrifices. La réponse du Seigneur contient certaines expressions qui se trouvent dans la prière de Salomon, comme *fermer le ciel* et la conséquence que cela entraîne ; *peste* ; *ouvrir les yeux* etc. Dans les versets 13 et 14 qui manquent dans le texte parallèle de 1 Rois 9.1-9, certains termes de 2 Chroniques 6.14-42 sont repris.

La réponse du Seigneur rassure qu'en cas de sécheresse causée par la fermeture du ciel, d'épidémie comme la peste, ou de destruction du pays par les sauterelles, si le peuple que Dieu appelle dans ce texte *mon peuple* s'humilie (comme Salomon) et prie, si les Israélites recherchent (*dāraš*) le Seigneur en renonçant à leur mauvaise conduite, Dieu, dans le ciel, sera attentif, il pardonnera leur péché et rétablira la prospérité de leur pays. Notons ici que le Seigneur situe sa résidence dans le ciel, malgré le fait que sa glorieuse présence a rempli le temple. C'est dire que sa présence manifeste dans le temple consacré ne met pas fin à son habitation dans le ciel. De toute manière, même le ciel, malgré son immensité, ne peut contenir Dieu (2 Ch 6.18).

Dans ce texte la promesse que le Seigneur fait est conditionnelle. Cela signifie que si son peuple n'obéit pas aux consignes données, la promesse ne s'accomplira pas. Même l'affermissement de l'autorité royale dépendra de l'obéissance du roi aux lois et aux règles que Dieu a données.

Le texte dit bien que si le roi et le peuple se détournent du Seigneur et négligent ses lois et ses commandements, il les arrachera de la terre qu'il leur a donnée. On le voit, l'avenir du peuple de Dieu dépendra de son obéissance ou de sa désobéissance.

Conclusion et questions de réflexion

Le Dieu qui a exaucé la prière du roi Salomon exauce aussi nos prières. Cette unité révèle également que le Seigneur peut infliger des plaies à un pays, pour cause des péchés du peuple qui invoque son nom. En revanche, l'unité rassure que la guérison de ce pays, est toujours possible. Les conditions qu'il pose peuvent se résumer par la recherche de Dieu dans l'humilité, la prière et la repentance sincère. Il y a dans ce texte un lien très étroit entre l'état spirituel du peuple de Dieu et la santé du pays. Cette réalité peut-elle s'appliquer à nos pays dits laïques ? Pourquoi ? À qui peut-on attribuer la cause des catastrophes naturelles et des épidémies ou pandémies comme le Coronavirus ?

DANS LE TEMPLE : SUITE DU DISCOURS DU SEIGNEUR

Notre père avait l'habitude de nous dire que le secret d'une vie heureuse c'est l'obéissance à Dieu et aux parents. Quiconque aime désobéir à Dieu et à ses parents prend le chemin de la ruine.

Cette unité qui constitue la suite du discours du Seigneur dans le temple se compose de la deuxième déclaration du Seigneur (v. 15-16) et d'une autre série de conditions (v. 17-22).

7.15-16 Deuxième déclaration du Seigneur

Aux v. 15 et 16, après avoir fait la promesse conditionnelle de guérison du pays, le Seigneur (YHWH) fait une deuxième déclaration introduite par *'attah* (maintenant)[125]. Le Seigneur rassure quant à sa présence à travers les expressions que l'on peut traduire par : *mes yeux sont ouverts et mes oreilles attentives à la prière (tephilah) faite en ce lieu (maqôm hazzeh)*. Les yeux de Dieu sont-ils parfois fermés, alors que le psalmiste dit que le Seigneur ne sommeille ni ne dort (Ps 121.4) ? À quel moment Dieu ferme-t-il ses yeux ? De telles questions peuvent être posées. Ce qui est sûr, car c'est écrit, Dieu promet d'avoir ses yeux ouverts et ses oreilles attentives à la prière. Et cela correspond à la prière du roi Salomon qui s'adresse au Seigneur en ces termes : « Maintenant, mon Dieu, je t'en prie, que tes yeux soient ouverts, et que tes oreilles soient attentives à la prière faite de ce lieu ! » (2 Ch 6.40, NBS). Il est clair que pour le roi Salomon, Dieu peut avoir des yeux fermés.

En tenant compte de ce contexte, il ne serait pas hérétique de dire que pour Salomon, les yeux de Dieu ne supportent pas le péché de l'homme. Le pardon que le Seigneur accorde à son peuple permet que les yeux de Dieu soient ouverts. Comme le dit Félicité Débat :

> Dieu ferme les yeux, comme s'il sommeillait de fatigue et de lassitude de nous voir patauger dans nos vaines façons d'agir et de penser sans lui. Dieu ferme les yeux sans doute parce que le spectacle de notre monde déchiré par des guerres, des haines…, lui est insupportable. Dieu ferme les yeux sur nos errances parce qu'il attend infatigablement notre retour[126].

La promesse des yeux ouverts et de l'oreille attentive en 2 Chroniques 7.15 s'inscrit dans la continuité de la légitimation du temple comme maison de prière. Le prophète Ésaïe parle aussi du temple comme lieu de prière pour toutes les nations (Es 56.7). Le verbe hébreu qui signifie choisir (*bāhar*) déjà attesté au v. 12 est encore présent au v. 16. Le Seigneur promet non seulement d'avoir les yeux ouverts et les oreilles attentives, mais il a aussi choisi et consacré le temple construit comme lieu où sera (invoqué) son nom tous les jours (*kol hayyāmîm*). C'est « jusqu'à toujours » (*'ad 'ôlām*) que le nom du Seigneur sera (invoqué) dans le temple. Ici est révélée la permanence du temple construit. Au moment où le Chroniste écrit, le temple dont il est question avait déjà été détruit par les Babyloniens sous le règne de Nabuchodonosor. Il est probable que la reconstruction du temple avait déjà commencé au moment de la rédaction de 2 Chroniques 7. Toutefois, quand bien même le temple aurait déjà été reconstruit, le temple où serait invoqué le nom du Seigneur tous les jours est un temple idéalisé, comme celui mentionné dans le livre d'Ézéchiel. C'est un temple présent et à venir. Ce temple ne semble pas être limité dans le temps.

7.17-22 Une autre série de conditions

Dans les v. 17-22, après avoir légitimé le temple construit comme lieu de prière, l'oracle s'adresse au roi. L'établissement du trône de sa royauté est conditionné par l'attitude que le roi Salomon devra avoir à l'égard de YHWH, notamment l'obéissance à ses prescriptions et à ses commandements. Notons qu'en 1 Chroniques 17.12, la promesse de l'établissement du trône sans fin d'un des fils de David est faite sans donner le nom de ce fils et sans poser de conditions. 1 Chroniques 29 révèle qu'il s'agit de Salomon. En 2 Chroniques 7.17ss, c'est à ce même Salomon que le Seigneur parle, en guise de réponse à sa prière.

L'adresse du Seigneur au roi est paradigmatique, elle ne se limite pas au roi Salomon, puisque de 2 Chroniques 10 jusqu'à la fin du livre, chaque roi du royaume de Juda est évalué en fonction de son attitude à l'égard des commandements du

Seigneur (YHWH). Certains rois sont décrits comme ayant fait ce qui plaît au Seigneur, tandis que d'autres comme ayant fait ce qui ne plaît pas au Seigneur. En 2 Chroniques 7.17-18, l'oracle divin répond à l'une des requêtes que l'on trouve dans la prière de Salomon. Cette requête concerne la succession dynastique des rois davidiques. Elle se trouve en 2 Chroniques 6.16 où il est écrit : « Quelqu'un des tiens ne manquera jamais de siéger devant moi sur le trône d'Israël, pourvu que tes fils veillent sur leur conduite, en marchant selon ma Loi » (TOB). Cette même parole est reprise en 2 Chroniques 7.18. Par rapport au texte parallèle de 1 Rois 9.5, le Chroniste préfère ce que l'on peut traduire littéralement par *dominant ou gouvernant en Israël (môšēl beyisraēl),* au lieu de : *sur le trône d'Israël ('al kisse' yisraēl).* L'expression que préfère l'auteur du Livre des Chroniques est attestée en Michée 5.1 où il s'agit de celui qui sortira de Bethlehem Éphrata et qui doit gouverner Israël. Or, le texte de Michée est un texte messianique. Ainsi, le texte de 2 Chroniques 7.18 est l'un des textes liés aux promesses messianiques. La promesse avec condition concernant la royauté sans fin est déjà présente en 1 Chroniques 28.7. Le Chroniste est convaincu que l'exil n'aura pas annulé la promesse d'une royauté sans fin.

En 2 Chroniques 7.19, l'emploi du pluriel révèle que le Seigneur s'adresse au roi et au peuple. Le verbe hébreu *šûb*[127] souvent utilisé quand il s'agit d'un appel à la repentance ne signifie pas, dans ce verset, revenir à Dieu. Il signifie ici « retourner », non vers le Seigneur (YHWH), mais vers d'autres dieux. Cette compréhension de ce verbe est renforcée par la présence du verbe *'azab* qui signifie *abandonner* et qui est souvent employé dans la Bible hébraïque pour parler de l'apostasie du peuple de Dieu de l'ancienne alliance. Ici, ce verbe a pour objet les prescriptions et les commandements de Dieu. Or abandonner les prescriptions et les commandements du Seigneur (YHWH), c'est abandonner le Seigneur Dieu lui-même. Abandonner le Seigneur pour se prosterner devant les autres dieux (*'elohim ahērîm*) a comme conséquences ce que le v. 20 énonce. Le Seigneur va les arracher (*nātash*) de son sol. Il dit bien *'admātî* (mon sol). Ici ce n'est pas *'erets* (pays, terre) qui est employé. Le Chroniste préfère utiliser le mot qui signifie *sol*, mais qui signifie aussi *terre*. Dieu révèle que le sol qu'il a donné aux Israélites lui appartient.

Si les Israélites abandonnent le Seigneur (YHWH), ils ne sont plus dignes d'habiter sur le sol du Seigneur qu'ils auront abandonné. Ici le Seigneur ne dit pas ce qu'il fera des Israélites après les avoir arrachés de son sol. Si le roi et le peuple abandonnent le Seigneur, le châtiment ne se limitera pas au fait de les arracher du sol de Dieu. Le Seigneur promet aussi de rejeter (*šlk*) même la maison consacrée en son nom. Ce même verbe employé ici pour parler du rejet du temple pourtant consacré en son nom, est aussi utilisé en Jérémie 7.15, dans un contexte où le

Seigneur reproche à son peuple le fait de placer sa confiance dans le temple en se comportant mal, au lieu de placer sa confiance dans le Seigneur et pratiquer la justice dans la fidélité. Dans le contexte de Jérémie 7, le Seigneur promet de rejeter son peuple. En 2 Chroniques 7.20, le Seigneur promet de rejeter la maison (le temple) consacrée pour son nom, pour la donner/livrer (*nātan*) comme sujet de satire (*māšāl*).

Le même Dieu qui a donné (*nātan*) le sol aux Israélites et qui promet de les arracher de ce sol en cas de désobéissance, est celui qui promet de donner (*nātan*) le temple comme sujet de satire. La théologie de la rétribution immédiate très présente dans le Livre des Chroniques est remarquable dans 2 Chroniques 7.11-22. Comme le Chroniste écrit après l'exil, il parle des événements qui ont déjà eu lieu, afin de permettre à ses contemporains de comprendre que ce qui s'est produit dans le passé peut encore se produire après l'exil. Le temple, même reconstruit, ne constitue pas une sécurité si le peuple de Dieu n'obéit pas à ce que Dieu veut. Toute la nation d'Israël est interpellée aux v. 20-22. Si aux v. 17-18 où l'oracle s'adresse au roi c'est l'obéissance à Dieu qui est conseillée, aux 20-22, l'accent est mis sur la désobéissance et ce qui est dit est non seulement négatif, mais est encore plus détaillé. Est-ce parce que le cœur humain est plus porté vers le mal ? Il y a ici l'écho inverse de 1 Chroniques 28.8 où il est écrit : « ...Observez et scrutez tous les commandements du Seigneur [YHWH], afin que vous preniez possession de ce bon pays et que vous le laissiez comme patrimoine à vos fils après vous, pour toujours » (TOB). En 2 Chroniques 7.20-22, c'est quasiment le contraire qui se produit. Au lieu de la possession, c'est la perte qui est envisagée comme conséquence de la désobéissance. Il est choquant de voir que même le temple peut être abandonné par le Seigneur. La question rhétorique et la réponse des v. 21-22 montrent que lorsque l'on tourne le dos à Dieu, on court le risque de devenir la risée des autres. Abandonner Dieu, s'éloigner de Dieu conduit à la ruine. L'abandon de Dieu par son peuple est envisagé ici comme renforcé par l'idolâtrie, le fait de se prosterner devant d'autres dieux et de les servir.

Conclusion et questions de réflexion

Le Seigneur promet d'avoir les yeux ouverts et les oreilles attentives à la prière qui sera faite dans le temple. Il est intéressant de voir que le Seigneur répond en tenant compte du contenu de la prière faite par le roi Salomon que nous trouvons en 2 Chroniques 6. Dieu peut-il donc fermer ses yeux ? Pourquoi cela peut-il arriver ?

Le Seigneur promet aussi de rejeter non seulement son peuple, mais aussi le temple, si le peuple qui invoque son nom dans le temple l'abandonne. Que pouvons-nous faire pour ne pas abandonner le Seigneur notre Dieu ?

L'abandon de Dieu est dans cette unité envisagé comme renforcé par l'idolâtrie. Comment se manifeste actuellement l'idolâtrie dans nos pays africains et dans nos églises ?

LA CÉLÉBRITÉ DE SALOMON ET L'APRÈS SALOMON

Dans un village africain, un vieillard prodiga le conseil suivant à son fils : « Ne sois pas célèbre dans les choses qui ne glorifient pas Dieu. Sois plutôt un moyen de Dieu pour la construction d'une nation qui demeure dans la dynamique d'un développement durable. »

2 Chroniques 8 Après le temple, le pays

Ce chapitre, qui a son parallèle en 1 Rois 9.10-28, débute par une mention qui montre l'intérêt que Salomon manifeste pour les choses de Dieu. Ce n'est, en effet, qu'après avoir fini de construire le temple du Seigneur et son propre palais pendant vingt ans, qu'il entreprend les autres activités qui font de lui un bâtisseur du pays aussi. L'auteur de 1 Rois parle de sept ans pour la construction du temple (1 R 6.38) et treize ans pour le palais royal (1 R 7.1). Même dans le cas où son palais royal a pris plus de temps que le temple du Seigneur, Salomon a donné la priorité à la construction du temple. Cette priorité semble lui apporter des bénédictions de la part du Seigneur, car dans ce chapitre qui vient après la consécration du temple et l'apparition du Seigneur, Salomon remporte des victoires militaires, et contribue à l'expansion géographique et l'essor économique.

Notons aussi la participation des étrangers dans l'œuvre de reconstruction entreprise par Salomon. Car au début (v. 2) et à la fin de ce chapitre (v. 18), l'auteur fait mention du roi Hiram de Tyr. Les peuples que les Israélites n'avaient pas chassés de la terre promise pendant leur conquête participent aussi, quoique par imposition, aux travaux de reconstruction entrepris par le roi Salomon.

Salomon continue à manifester son intérêt pour les questions religieuses en offrant des sacrifices complets au Seigneur. Même sa femme égyptienne doit quitter la Cité de David parce qu'en tant qu'étrangère, elle ne doit pas demeurer dans l'environnement où le coffre sacré a été déposé. Les directives de David concernant les prêtres et les lévites sont respectées à la lettre. En somme, tout le sérieux que Salomon a mis dans sa gestion des choses de Dieu lui a valu des bénédictions divines se traduisant par la prospérité.

2 Chroniques 9 La célébrité du roi Salomon

Ce chapitre qui a pour parallèle 1 Rois 10 peut être divisé en deux parties : 1-12 et 13-29. La première partie raconte la croissance de la réputation de Salomon. La deuxième partie parle de ce même roi qui surpasse les autres en sagesse et en richesse.

9.1-12 La croissance de la réputation de Salomon

Les bénédictions divines qui font suite à la construction du temple continuent de se manifester dans la vie de Salomon. La visite de la reine de Saba s'inscrit dans ce cadre, puisque Salomon réussit à répondre à toutes les questions difficiles qu'elle lui pose. Le roi béni réussit son épreuve. Cela force l'admiration de la reine de Saba qui lui discerne une mention à laquelle elle n'avait pas pensé avant d'être elle-même témoin de la pleine sagesse de Salomon. Parlant de cette sagesse, la reine de Saba déclare : « elle dépasse tout ce que j'avais entendu dire » (v. 6, BFC). Tout l'environnement de Salomon apparaît, aux yeux de la reine, comme revêtu d'une forme spéciale qui illustre la mesure des bénédictions divines reçues par le roi Salomon, pour avoir accompli l'œuvre du Seigneur, la construction de son temple. La reine admire le palais construit, la nourriture apportée sur les tables, la façon dont les gens de l'entourage du roi sont placés, le costume de ceux qui servent à manger et à boire, la procession de la montée du roi au temple du Seigneur. Notons que l'auteur ne mentionne pas le temple parmi les choses que la reine admire, peut-être parce que la reine a compris que c'est la construction du temple qui est à la base des bénédictions qui influencent tout ce qu'elle admire. Ce qui est sûr, c'est qu'elle a compris que le Seigneur est à l'origine des bénédictions du roi Salomon puisqu'elle affirme : « Il faut remercier le Seigneur ton Dieu, qui t'a choisi comme roi pour régner en son nom sur Israël ! » (v. 8, BFC). La suite immédiate de ces paroles de la reine de Saba ressemble aux paroles de Hiram, roi de Tyr (2 Ch 2.10, BFC) : « C'est parce que le Seigneur aime son peuple... »

L'échange d'objets qui se fait entre le roi Salomon et la reine entre dans le cadre des bénédictions divines que le Seigneur a accordées à Salomon. À travers la sagesse de Salomon et les autres signes de ses bénédictions, le nom du Seigneur est reconnu et glorifié au-delà des frontières du territoire de son peuple.

9.13-29 Le roi qui surpasse tous les autres en sagesse et en richesse

Le témoignage des bénédictions du roi Salomon se poursuit au fur et à mesure que le récit progresse, tout au moins jusqu'ici. C'est dans ce cadre que s'inscrit la croissance économique rapportée dans ce texte, ainsi que l'affluence des rois venant de partout pour consulter le sage roi en lui apportant en cadeaux des objets d'argent et d'or, des vêtements, des armes, des parfums, des chevaux ou des mulets. Le v. 22 dit bien que « le roi surpassait tous les autres rois de la terre par ses richesses et par sa sagesse » (BFC). La sagesse et les richesses de Salomon lui ont conféré la domination sur tous les rois dont les territoires s'étendaient depuis l'Euphrate, jusqu'au pays des Philistins et même jusqu'à la frontière de l'Égypte. Les bénédictions du roi Salomon ont entraîné la bénédiction de tout le pays. Car « grâce au roi, il y avait autant d'argent que de cailloux à Jérusalem, et les cèdres étaient aussi nombreux que les sycomores qui poussent dans le Bas-Pays » (v. 27, BFC). Ce principe demeure : les bénédictions d'une seule personne peuvent entraîner le bien de toute une communauté ou de tout un pays.

Selon l'auteur de 2 Chroniques, les quarante ans de règne de Salomon ont été une bénédiction pour lui-même, pour son pays et pour les autres peuples grâce à la sagesse qu'il avait reçue du Seigneur et pour avoir construit le temple du Seigneur. La mort de Salomon enseigne que même les plus grands de ce monde, quel que soit leur domaine, finissent par mourir, mais le Seigneur demeure éternellement.

2 Chroniques 10 Doit-on parler de la mort de la sagesse ?

Ce chapitre, qui a pour parallèle 1 Rois 12 peut être divisé en deux parties : 1-16 et 17-19. Dans la première partie, l'accent est mis sur la consultation entreprise par le roi Roboam et le schisme dû à la décision prise par le roi Roboam, suite à sa consultation. La deuxième partie qui est plus courte met en relief la révolte des fils d'Israël contre le règne de Roboam.

10.1-16 La consultation entreprise par Roboam et le schisme qui en découle

Le roi sage est mort. Selon le récit de l'auteur de 2 Chroniques, le roi Salomon est resté sage jusqu'à sa mort. Mais son fils Roboam, son successeur, qui commence bien par un acte de sagesse en consultant les anciens et les jeunes, termine cette consultation par une conclusion qui s'éloigne de la sagesse que l'auteur de 2 Chroniques reconnaît à son père qui n'est plus. Doit-on alors parler de la mort de la sagesse ? Le royaume qui était uni devient divisé, à cause de Roboam qui a préféré écouter la voix des jeunes qui ont grandi avec lui. Pourquoi Roboam choisit-il de faire souffrir les Israélites du Nord ? Ce choix est-il dirigé par le Seigneur afin que s'accomplissent les paroles du prophète Ahia rapportées en 1 Rois 11.29-39 que l'auteur de 2 Chroniques était censé connaître sans les reprendre dans son récit ? Certainement, car en 2 Chroniques 11.4 le Seigneur déclare par la bouche du prophète Chemaya : « ...c'est moi qui ai décidé tout ce qui s'est passé » (BFC). Cependant, il est clair que Roboam n'a pas fait preuve de sagesse. Notons qu'en 1 Chroniques 11.3, les anciens d'Israël sont venus trouver le roi à Hébron, une alliance est conclue par David en leur faveur et David est oint roi d'Israël. En revanche, dans ce chapitre, c'est Roboam qui va vers le lieu où le peuple se trouve rassemblé. Dans le cas du roi David, l'alliance est conclue devant le Seigneur. En revanche, dans le cas de Roboam à Sichem, il n'est pas fait mention de Dieu. Roboam a consulté les humains, sans consulter le Seigneur Dieu. Même en consultant les humains, il a négligé le conseil des anciens. En Afrique en général, et au Congo-Brazzaville en particulier, c'est souvent le conseil des anciens qui l'emporte sur celui des jeunes. La plupart des contes africains révèlent qu'un village où il n'y a que des jeunes ne peut pas prospérer.

10.17-19 La révolte des fils d'Israël contre le règne de Roboam

La lapidation de l'émissaire du roi Roboam par les fils d'Israël est l'une des preuves de leur mécontentement. La manière avec laquelle le Chroniste décrit les choses révèle sa désapprobation du schisme. Sa vision d'un seul peuple est un bon message pour les pays africains en proie à des divisions qui se font sur des bases ethniques ou tribales.

2 Chroniques 11 Quand le roi obéit à la parole de Dieu

Ce chapitre commence par montrer l'intention du roi Roboam de combattre les Israélites du Nord et de s'imposer à eux comme roi. Nous apprenons par la suite que Dieu a tout de même béni ce roi, dès que celui-ci a obéi à la parole du Seigneur en renonçant à marcher contre Jéroboam, roi des Israélites du Nord. Le Seigneur s'est interposé souverainement par l'intermédiaire du prophète Chemaya (v. 2-4). L'action de fortifier plusieurs villes du royaume de Juda (v. 5-12), qui peut être considérée comme un signe de bénédiction, suite à son obéissance de la parole de Dieu, dévoile aussi la crainte de Roboam d'être attaqué par les Philistins et les Égyptiens. L'invasion de Chichac (chap. 12) le confirme. Le ralliement à Roboam des prêtres et des lévites ainsi que des gens de toutes les tribus du Nord qui avaient à cœur d'adorer le Seigneur (v. 13-17) est aussi, chez l'auteur de 2 Chroniques, à considérer comme une manifestation des bénédictions divines qui découlent de l'obéissance à la parole du Seigneur. La puissance du royaume de Juda et l'affermissement du pouvoir de Roboam (v. 17) s'inscrivent dans ce cadre. L'auteur de 2 Chroniques dit que pendant trois ans, « on se conduisit comme sous les règnes de David et de Salomon » (v. 17). Or cet auteur offre une bonne image de ces deux règnes. Même la situation familiale du roi semble aussi s'inscrire dans ce contexte. Car pour l'auteur de 2 Chroniques, quand le roi obéit à la parole du Seigneur, il est béni dans toutes ses entreprises.

En tout temps, l'obéissance à la parole du Seigneur fait du bien dans la vie de son peuple. Même de nos jours, si les chefs de nos États africains obéissent à la parole de Dieu par exemple sur les questions de justice, de riches bénédictions se répandront dans nos pays.

Conclusion et questions de réflexion

Cette unité nous apprend que la bonne gestion des choses du Seigneur entraîne des bénédictions divines. La croissance de la réputation du sage roi Salomon, jusqu'au-delà des frontières d'Israël, s'inscrit dans le cadre de ses bénédictions divines. La bénédiction du roi se répand sur tout son environnement. Même de nos jours, l'obéissance à la volonté de Dieu entraîne des bénédictions. Et lorsque nous sommes bénis, notre environnement en est aussi bénéficiaire, d'une manière ou d'une autre. Sommes-nous en bénédiction ou en malédiction pour les autres ? Si nous sommes en bénédiction pour les autres, quels en sont les signes ?

Le nom du Dieu d'Israël qui a donné la sagesse au roi Salomon est reconnu et glorifié par des personnalités vivant au-delà des frontières. Sommes-nous ou non des moyens de Dieu pour la reconnaissance de la sagesse, l'amour et la puissance de Dieu ? Que révèle la situation actuelle de nos pays africains concernant les chefs de nos États ?

TEL ROI, TEL ROYAUME

L e chef d'un village au Congo-Brazzaville avait l'habitude de s'adresser aux jeunes de son village en ces termes : « Comme vous pouvez le constater, notre village est paisible, parce que je suis un homme de paix. Notre village a la réputation d'un village aux hommes intègres, parce que je suis moi-même intègre. Je veux que cela demeure une culture même après ma mort. Je sais compter sur vous. »

2 Chroniques 12 Quand le roi abandonne la loi du Seigneur

Ce chapitre peut être divisé en deux parties : v. 1-12 ; 13-16. Dans la première partie qui est plus longue, le Chroniste parle de l'attaque de Jérusalem par Shishaq, roi d'Égypte. Dans la deuxième, il signale la fin du règne de Roboam, puis il mentionne les documents qui contiennent l'histoire de Roboam, son début et sa fin. Cette partie parle aussi de la mort de Roboam et du nom de son successeur.

12.1-12 L'attaque de Jérusalem

Un adage congolais dit : *lukaya lu dia ngudi nkombo, mwana mpe ni luo ka dia*. Cela signifie littéralement : « La feuille que mange la chèvre est aussi celle que mange son enfant. » Le Chroniste, qui ne commence pas son récit de la même manière que 1 Rois 14.25-28 qui est le texte parallèle, affirme au v. 1 que l'abandon de la Torah (l'enseignement, la loi) du Seigneur par le roi Roboam est suivi par le peuple. Le comportement d'une personne ayant une parcelle d'autorité peut influencer celui des membres qu'elle dirige. Le v. 1 dit : « Lorsque la royauté de Roboam se fut consolidée et que lui-même fut devenu fort, il abandonna la loi du Seigneur » (NBS). Ce qui est dit du roi Roboam est un comportement souvent remarquable chez les humains. Lorsque tout semble bien marcher, l'humain est parfois tenté d'abandonner ou de négliger la Parole du Seigneur. Un missionnaire suédois, à la fin de l'un de ses séjours au Congo-Brazzaville m'avait dit un jour : « Pensez à nous dans vos prières, car le luxe s'est placé entre nous et Dieu. Au lieu de voir Dieu, nous voyons le luxe. »

Le v. 2 révèle la cause de l'attaque de la ville de Jérusalem : « ils avaient commis des sacrilèges envers le Seigneur » (NBS). Les v. 3 et 4 décrivent le grand équipement du roi Shishaq qui est déterminé à en découdre avec Juda. Les chiffres donnés révèlent la bonne organisation qui permet d'attaquer avec succès les villes de Juda. Pour cause des sacrilèges, le Seigneur a jugé bon de livrer son peuple aux Africains, car les Libyens, les Soukkites et les Koushites sont des Africains. Le texte précise que ce sont les villes fortes de Juda qui sont prises, avant d'arriver à Jérusalem. Nous sommes ici dans le contexte théologique de la rétribution immédiate qui est un thème fort prisé dans le Livre des Chroniques.

Dans ses récits, le Chroniste fait aussi souvent intervenir les prophètes. C'est pourquoi nous voyons le nom de Shemaya. Ce dernier se rend auprès du roi Roboam et des princes de Juda qui se sont repliés sur Jérusalem à l'approche de Shishaq, pour leur transmettre la volonté du Seigneur. Le message que transmet le prophète Shemaya est clair : le Seigneur les a abandonnés, parce qu'ils l'ont abandonné. Le verbe *'āzab* qui signifie « abandonner » qui est employé deux fois au v. 5 est aussi caractéristique de la théologie du Livre des Chroniques. La formule *kōh 'āmar Yhwh* fait partie des matériaux que le Chroniste doit au corpus prophétique. Cette formule révèle l'origine divine du message que le prophète transmet.

Il est intéressant de voir aux v. 6 et 7 qu'après la transmission du message divin par le prophète Shemaya, les *sārê Yisrael* (les princes d'Israël) et le roi s'humilient (*wayyikkāne'û*) et reconnaissent que le Seigneur est juste (*tsaddîq*). L'attitude des princes et du roi Roboam prouvent qu'ils reconnaissent avoir péché contre le Seigneur. Ils reconnaissent que ce qui leur est arrivé est dû à leur abandon du Seigneur. L'attaque des villes de Juda n'est donc que l'expression de la justice de Dieu. Le Chroniste enseigne que lorsque nous reconnaissons nos torts et que nous nous humilions devant le Seigneur, il nous pardonne. C'est ce que le v. 7 montre avec l'usage du double verbe hébreu *kn'* qui signifie s'humilier et qui fait partie des thèmes prisés du livre de la théologie du Livre des Chroniques. Ce verbe est présent dans le texte paradigmatique de 2 Chroniques 7.11-22. Ce chapitre 12 en fait écho. Puisque les princes et le roi se sont humiliés, le Seigneur dit par le truchement du prophète Shemaya qu'il ne les détruira plus, qu'il leur donnera d'échapper et que sa fureur ne se répandra plus sur Jérusalem par l'intermédiaire de Shishaq. Au v. 8, le message du Seigneur dit toutefois qu'ils seront ses esclaves, afin qu'ils sachent quelle différence il y a entre servir le Seigneur et servir les royaumes des autres pays.

Les v. 9-12 révèlent que l'attaque a bel et bien eu lieu, mais la destruction n'aura pas été totale. Ce qui atténue le jugement, c'est le fait que les princes et le roi se sont humiliés en reconnaissant la justice de Dieu. Le parallèle de ce texte dans le Livre des Rois (1 R 14.25-28) ne fait pas mention de la repentance des princes et du roi, ni du pardon que le Seigneur leur a accordé, ni de la réduction du jugement exercé sur Juda. Cela revient à dire que le Chroniste fait aussi usage des matériaux non retenus ou non sus par l'auteur de 1 Rois.

12.13-16 La fin du règne de Roboam

Le v. 13 revient sur une expression déjà présente au v. 1 : « devint fort », en parlant du roi Roboam. Si nous nous en tenons à l'ordre de présentation du récit dans ce chapitre, nous pouvons affirmer que le second « devint fort » (v. 13) se justifie par la repentance de ce roi après le châtiment de Dieu qui s'est manifesté par l'attaque et la prise des villes de Juda, qui n'aura pas manqué de l'affaiblir. Le Chroniste donne les mêmes informations que l'auteur de 1 Rois sur la durée du règne de Roboam. Comme l'auteur de 1 Rois, il fait aussi mention de l'élection par le Seigneur de la ville de Jérusalem, et du nom de la mère du roi Roboam. Notons que sa mère Naama est Ammonite, donc une étrangère. Le Chroniste termine son récit du règne de Roboam en affirmant qu'il fit du mal, parce qu'il n'appliqua pas son cœur à chercher le Seigneur. Ici nous retrouvons le verbe *dārash* (chercher) qui est aussi caractéristique de la théologie du Chroniste.

Aux v. 15 et 16, le Chroniste indique ici quelques-unes de ses sources. Cela montre que cet auteur a fait ses recherches en travaillant sur plusieurs sources. Celles qu'il cite dans ces derniers versets de ce chapitre ne sont pas accessibles de nos jours. Le principe à retenir ici est celui de la recherche. Les Africains ont besoin de mener des recherches sur la Bible et sur nos traditions. Mieux connaître le Seigneur passe par une recherche continuelle sur ce qui est écrit dans la Bible. Mieux connaître notre continent ou notre pays passe par une recherche sur nos traditions.

2 Chroniques 13 La guerre entre frères

Ce chapitre peut être divisé en quatre parties : v. 1-3 ; 4-12 ; 13-21 ; 22-23. La première partie peut être considérée comme l'exposition. La deuxième met en exergue le discours d'Abiya roi de Juda. La troisième partie est consacrée au combat proprement dit et la dernière partie,06 qui n'a que deux versets, indique quelques sources du Chroniste.

13.1-3 Introduction

Le Chroniste situe le récit dans le temps, indique le nom du roi, la durée du règne, le nom et l'origine de la mère du roi. Il expose ensuite l'objet du chapitre : la guerre entre Abiya de Juda et Jéroboam d'Israël. Il s'agit de deux frères qui se battent, car avant le schisme que le Chroniste n'évoque pas, Juda et Israël n'étaient qu'un seul royaume. Selon les effectifs des hommes d'élite cités dans le texte, Jéroboam (nord) a le double des effectifs de Roboam (sud), donc humainement, c'est Jéroboam qui a plus d'avantages que Roboam.

13.4-12 Le discours d'Abiya

Le v. 4 est entièrement au mode narratif, puisque c'est le narrateur qui introduit le discours d'Abiya. C'est depuis une montagne dans la région d'Éphraïm qu'Abiya prend la parole. Le contenu du discours est composé d'un appel : c'est à la maison de David qu'a été donnée pour toujours la royauté sur Israël ; Jéroboam est entré en rébellion contre son maître et a entraîné des gens qui se sont alliés à lui. Pour cause de sa jeunesse, Roboam n'a pas pu tenir tête ; les Israélites du Nord comptent sur les taurillons d'or, c'est-à-dire sur les dieux. En revanche, le peuple de Dieu de Juda compte sur le Seigneur. Au v. 9, il est fait mention du rejet des prêtres et des lévites par les gens du Nord. Pour le roi Abiya, ce rejet signifie implicitement rejet du Seigneur, puisqu'il dit de ces gens qu'ils ont abandonné le Seigneur (v. 11). Dans ce chapitre, nous retrouvons la mention du verbe *'āzab* (abandonner). Le Chroniste en fait usage aux v. 10 et 11. Au v. 10, le roi Abiya affirme : « Quant à nous, le Seigneur est notre Dieu, et nous ne l'avons pas abandonné » (NBS). Au v. 11, le roi Abiya dit des gens du Nord qu'ils ont abandonné le Seigneur. Au v. 10, il justifie le non-abandon des gens du Sud : les prêtres qui officient sont fils d'Aaron et les lévites sont à l'œuvre. Les holocaustes, l'encens aromatique, le pain sur la table pure, l'allumage chaque soir du porte-lampes d'or et ses lampes, sont des rites qui s'inscrivent ici dans la justification du non-abandon du Seigneur par les gens du Sud. Ils assurent le service de leur Dieu. Au v. 11, il revient sur la mention de l'abandon du Seigneur par les gens du Nord. La justification de cet abandon se trouve au v. 9. Au v. 12, le roi Abiya appelle les Israélites à ne pas faire la guerre au Seigneur, « le Dieu de vos pères ». Ici, deux choses valent la peine d'être soulignées : faire la guerre aux gens du Sud, c'est faire la guerre au Seigneur, parce qu'il est dit au début du v. 12 que Dieu et ses prêtres sont à la tête des gens du Sud ; il rappelle aux gens du Nord qu'ils ont des pères communs. Ils sont donc frères. Abiya n'encourage pas la guerre entre frères. En Afrique, lorsque les citoyens d'un même pays se font la guerre, n'est-ce pas entre frères que nous nous haïssons ?

13.13-21 La guerre entre frères

Malgré le discours d'Abiya appelant à ne pas faire la guerre, le roi Jéroboam, selon le v. 13, préfère la guerre, puisqu'il lance les hostilités. A-t-il trop fait confiance aux nombreux hommes d'élite à sa disposition ? Comptant sur le Seigneur, c'est à lui que les gens de Juda crient. Les prêtres sonnent des trompettes. Aux acclamations que lancent les hommes de Juda, Dieu intervient en battant Jéroboam et tout Israël devant Abiya et Juda. Notons que c'est au Seigneur que le Chroniste donne la victoire. C'est Dieu qui livre les Israélites à Juda. Malgré le plus grand nombre d'hommes d'élite, les Israélites ont été battus et cinq cent mille hommes d'élite sont tombés blessés à mort (v. 17). Le v. 18 dit que les Judéens ont été vainqueurs parce qu'ils se sont appuyés sur le Seigneur, le Dieu de leurs pères. Même dans nos familles, un père juste se met du côté de l'enfant qui a raison lorsque deux enfants entrent en conflit. Le Dieu de justice combat pour ceux qui s'appuient sur lui.

Les v. 19 et 20 décrivent d'une part la supériorité d'Abiya, et d'autre part le déclin et la mort du roi Jéroboam. Le v. 21 dit qu'Abiya devient fort. Les quatorze femmes et les vingt-deux fils s'inscrivent dans le cadre de cette force ou des bénédictions reçues du Seigneur. En effet, dans l'Ancien Testament, comme dans l'Afrique traditionnelle et dans le code congolais de la famille, la polygamie n'est pas un délit. Elle ne constitue pas un péché devant Dieu. Nous ne devons pas confondre, bien sûr, l'infidélité ou l'adultère avec la polygamie.

13.22-23 Les sources concernant l'histoire d'Abiya et sa mort

Ces deux versets indiquent des documents qui sont les sources du Chroniste en ce qui concerne l'histoire d'Abiya. C'est dans la ville de David qu'Abiya est inhumé. Il est remplacé par son fils Asa. Selon le Chroniste, le pays fut tranquille pendant dix ans sous le règne d'Asa. Quel bilan peut-on faire du règne de chaque chef d'État africain ? Quel bilan peut-on faire de chacun d'entre nous pour chaque parcelle de responsabilité occupée ?

Conclusion et questions de réflexion

Cette unité nous révèle le principe selon lequel lorsque nous abandonnons le Seigneur, nous courons le risque d'être abandonnés par lui. Nous y apprenons aussi que lorsque nous nous humilions devant le Seigneur en confessant que nous l'avons abandonné, il nous accorde son pardon et nous rend forts. Quelle est notre situation actuelle par rapport au Seigneur notre Dieu ? L'avons-nous abandonné ou sommes-nous en communion avec lui ? Qu'en est-il de notre communion fraternelle ? Ne sommes-nous pas en guerre les uns contre les autres comme l'ont été les gens du Nord contre les gens du Sud d'Israël ? Ne nous trompons-nous pas d'ennemis ou d'adversaires ?

N'oublions pas que le Dieu de justice combat pour ceux qui s'appuient sur lui. Dans nos combats de tout genre, comptons-nous sur Dieu ?

Le pays fut tranquille pendant les dix ans du règne d'Asa. Qu'en est-il des chefs de nos États africains ? Qu'en est-il des personnes à la tête de nos églises ? Y procurent-elles la paix ou les divisent-elles ?

LA JOIE DE PLAIRE AU SEIGNEUR

Une question m'avait été posée un jour par un ami : « Le Congo-Brazzaville pourra-t-il se développer ? » Je lui avais répondu en ces termes : « Avec les richesses naturelles dont regorge notre pays, lorsque nous aurons un président de la république qui cherchera continuellement à plaire à Dieu, le Congo se développera. »

Cette unité, constituée d'un seul chapitre, décrit le début du règne d'Asa qui est présenté comme le roi qui fit ce qui convenait au Seigneur.

Ce chapitre peut être divisé en deux parties : v. 1-6 et v. 7-14. Dans la première partie, le Chroniste décrit Asa comme un roi qui fait ce qui plaît au Seigneur. Littéralement, il est dit qu'il fit le bien (*hattôb*) et le droit (*wehayyāshār*). Le roi Asa fait donc partie des rois ayant reçu une mention honorable dans le Livre des Chroniques. Pour avoir fait le bien et le droit aux yeux du Seigneur, le règne d'Asa a été un règne de paix et de grandes constructions. Dans la deuxième partie, l'effet heureux de cette mention honorable, c'est la victoire sur les Nubiens.

14.1-6 Une ère de réforme et de paix

Notons d'abord qu'en lisant le v. 1 hébreu de ce chapitre, un lecteur du groupe linguistique Kongo du Congo-Brazzaville ne peut que s'émerveiller de voir une proximité aux plans sonore et lexical entre le verbe hébreu *'āsāh* lorsqu'il a le sens de « faire », et le verbe kongo *sa* qui signifie aussi « faire ». Le roi Asa fit ce qui est bien et droit aux yeux du Seigneur. La première partie de ce chapitre donne les détails de ce que signifie dans ce contexte faire le bien et le droit aux yeux du Seigneur. Du v. 2 au v. 5, nous voyons des mesures de réforme que le roi engage. Au v. 2 et au v. 4, il est fait mention du verbe hébreu *sûr*[128] ayant ici pour sens « enlever » ou « ôter », ou encore « écarter ». Les autels de l'étranger et les hauts lieux doivent être enlevés. Ce verbe est renforcé par deux autres verbes : *shibbar*

159

qui a pour sens « casser », « briser », « mettre en pièce », et *gidda'* qui signifie « abattre » ou « briser ». Il s'agit d'enlever ou d'écarter, en cassant ou en mettant en pièces. L'idée qui se dégage ici est celle de faire disparaître définitivement les autels de l'étranger, les hauts lieux, les pierres levées, les Ashéras. Le v. 3 rapporte l'invitation que le roi Asa adresse à Juda de rechercher le Seigneur, le Dieu de leurs pères et de mettre en pratique la Torah et les commandements. Il est intéressant de voir qu'au v. 3, le verbe *'āsāh* (faire) dont le roi est le sujet au v. 1, revient au v. 3 en lien avec la Torah et les commandements. Il est demandé aux Judéens de faire la Torah et les commandements, en d'autres termes, il leur est demandé de faire ce que recommande la Parole de Dieu. On le voit, le verbe *darāsh* (chercher ou rechercher) qui est cher à la théologie du Chroniste est placé entre les deux occurrences du verbe *sûr* qui signifie « enlever », « écarter », « ôter ». Quiconque cherche le Seigneur Dieu se débarrasse de ce qui déplaît à Dieu. Il n'y a donc pas de place pour le syncrétisme. Le roi Asa ôte de toutes les villes de Juda ce qui déplaît au Seigneur. Cette réforme a pour conséquence heureuse la tranquillité, le repos. Les autorités des États africains ont besoin d'encourager une implantation plus enracinée de la Parole de Dieu dans nos pays, afin de faire l'expérience d'un mieux-être. Jésus n'invite-t-il pas tous les fatigués et les chargés à aller vers lui pour qu'il leur donne le repos ? (Mt 11.28).

Le fait d'avoir placé le v. 5 immédiatement après la mention de la tranquillité dans le royaume ne manque pas de faire sens. En effet, c'est lorsqu'il y a tranquillité dans le pays que l'on peut entreprendre des projets de grande envergure. En temps de guerre, la construction cède la place à la destruction. Que d'acquis en Afrique et ailleurs détruits du fait de la guerre ! Le bon roi appelle à la recherche de Dieu. Le roi Asa put construire des villes de fortification (*metsûrāh*), parce qu'il avait compris que la recherche de Dieu est le préalable pour un pays qui aspire à la paix et la prospérité. Le v. 5 revient sur le verbe hébreu *shāqat* qui signifie être tranquille, déjà mentionné au v. 4. L'auteur y donne un petit commentaire de ce que signifie, dans ce contexte, « être tranquille » : Juda était tranquille, selon le Chroniste, parce qu'il n'y eut pas de guerre contre ce pays sous Asa. La raison de l'absence de guerre est aussi donnée : « parce que le Seigneur lui accorda le repos » (NBS). Notons qu'ici (v. 5b), le Chroniste emploie le verbe hébreu *nûḥ*[129] qui a pour sens « donner le repos ». Ce verbe vient renforcer l'idée de repos déjà présente dans le verbe *shāqat* qui se trouve déjà au v. 4 puis dans ce même v. 5. C'est Dieu qui donne le repos. Si nos pays africains sont remplis de personnes qui cherchent sincèrement Dieu, nous ferons l'expérience de la paix qui vient du Seigneur Dieu. En effet, presque tout ce qui nous empêche de jouir de la paix qui vient de Dieu, c'est ce qui déplaît à Dieu.

Au v. 5, le verbe *bānāh* qui signifie « construire », « bâtir », est au singulier et a pour sujet le roi Asa. Au v. 6 ce verbe est au pluriel, le même roi Asa parle au nom de tout le peuple qu'il engage à bâtir les villes en les entourant de murailles, de tours, de deux portes avec verrous. Pour le roi, le pays doit profiter du repos que le Seigneur leur a accordé pour construire tout ce qui peut le sécuriser. Toutefois, c'est en cherchant le Seigneur que le pays peut demeurer en sécurité. Les murailles, les tours, les verrous, sans la recherche du Seigneur, ne peuvent garantir la sécurité du pays. Le v. 6 dit qu'ils bâtirent et ils réussirent. Cette réussite, ils la doivent au Seigneur qu'ils ont cherché.

14.7-14 L'heure de la victoire

Le v. 7 prépare le lecteur à ce qui va être dit à partir du v. 8. Le vocabulaire du v. 7 justifie mon choix de commencer la deuxième partie par ce verset, car il est déjà question d'un vocabulaire militaire. Or du v. 8 au v. 14, il est fait mention d'une guerre entre Zérah, le Koushite, donc l'Africain et son armée, et le roi Asa et son armée. Tout lecteur de ce texte peut remarquer le déséquilibre entre les effectifs de l'armée du roi Asa (trois cent mille hommes de Juda portant le grand bouclier et la lance, et deux cent quatre-vingt mille de Benjamin), selon le v. 7, et ceux de l'armée de Zérah donnés au v. 8 (un million d'hommes et trois cents chars). Humainement, la victoire du camp du roi Asa semble difficile. Le camp de Zérah le Koushite a plus d'atouts pour remporter la guerre. Il y a au v. 7 le mot *tsinnah* qui signifie « grand bouclier » qui ne manque pas de proximité avec le mot kongo *tsina* qui signifie « le fait d'éviter » ou de « se protéger ». Nous savons qu'en temps de guerre, on porte le *tsinnah* (bouclier) pour se protéger. L'auteur renforce l'idée de bouclier au même verset en faisant usage d'un synonyme, le mot *magēn* qui a pour sens « bouclier ».

Le v. 8 nous décrit directement Zérah qui sort pour combattre contre l'armée d'Asa, sans nous donner la cause de cette guerre. Le Chroniste ne s'intéresse pas à la cause qui oppose les deux armées. Il est intéressant de voir que le Chroniste emploie le même verbe *wayyētsē'* (et il sortit) avec des sujets différents au début des v. 8 (Zérah) et 9 (Asa). Les deux sortent pour se mettre en guerre l'un contre l'autre.

Au v. 10 se trouve le secret de la victoire du roi Asa, malgré l'infériorité des effectifs de son armée. Ce secret c'est la conjugaison du verbe *qārā'* qui signifie « appeler, invoquer ». Le roi Asa appelle ou invoque le Seigneur. Ce roi est donc conscient de sa faiblesse et de l'incapacité de son armée de vaincre les Koushites (les Africains), sans le concours du Seigneur. Asa demande le secours du Seigneur, son Dieu. Le secours du Seigneur ne se fait pas attendre, puisqu'au v. 11, il est fait mention du Seigneur qui bat les Koushites devant Asa et devant Juda. C'est donc le Seigneur lui-même qui combat pour les Judéens. C'est en leur présence qu'il bat les Koushites qui finissent par s'enfuir. La manière dont le Chroniste décrit les faits donne l'impression que c'est après que le Seigneur a pu vaincre les Koushites que le roi Asa s'est mis à les poursuivre. La force d'Asa est dans le Seigneur. Le Chroniste montre que c'est grâce au Seigneur qu'Asa a pu être victorieux, malgré le nombre inférieur de ses combattants. Ce même Seigneur invoqué par le roi Asa est aussi le Dieu des Africains, puisque le Livre des Chroniques commence par la révélation selon laquelle tous les humains ont la même origine. Le Dieu invoqué par le roi Asa peut aussi être invoqué par les autorités politiques et religieuses africaines qui mènent un combat multiforme. Avec le Seigneur, la victoire est certaine. Dans le Livre des Chroniques, le Seigneur combat pour ceux qui obéissent à sa Parole.

Conclusion et questions de réflexion

Cette unité nous enseigne qu'avec Dieu nous sommes victorieux. Recherchons notre Dieu en nous attachant à lui et en nous débarrassant de tout ce qui ne lui plaît pas. Si malgré le tout petit nombre de ses combattants, le roi Asa a pu sortir victorieux de ses ennemis, c'est simplement parce que le Seigneur qu'il s'est appliqué à chercher aura combatu en sa faveur. Par Jésus-Christ, le même Dieu a fait de nous ses enfants. Quelle que soit la complexité de nos combats, si nous cherchons le Seigneur, et que nous nous appuyons sur lui, nous avons la victoire par Jésus-Christ. L'apôtre Paul nous rassure : nous sommes plus que vainqueurs si Dieu est pour nous (Rm 8.31-37). Cherchons-nous continuellement le Seigneur ? Que peuvent être les obstacles susceptibles de nous empêcher de plaire à Dieu et de faire l'expérience d'une vie de victoire ? À notre avis, que doit être le vrai combat de nos dirigeants politiques africains ?

LE RÈGNE DU ROI ASA

Un proverbe bamiléké du Cameroun dit : « Dieu seul est sage[130]. » Le thème de la recherche de Dieu, très présent dans le Livre des Chroniques, est bien attesté dans cette unité. Les chapitres 15 et 16 qui la constituent mettent en relief les réformes entreprises par le roi Asa et sa guerre contre le roi d'Israël nommé Basha. Le lecteur y remarquera aussi l'intervention remarquable des prophètes. Nous pouvons citer les prophètes Azaria au chapitre 15 et Hanani au chapitre 16.

2 Chroniques 15 Appel à la recherche du Seigneur et réformes religieuses

Ce chapitre qui s'inscrit dans le même contexte littéraire que le précédent peut être divisé en trois parties : v. 1-7 ; 8-15 ; 16-19. La première partie est consacrée à la prophétie (prédication) du prophète Azaria, fils d'Oded qui appelle à la recherche du Seigneur qui se laisse trouver. La deuxième partie décrit les réformes entreprises par le roi Asa. Les deux premières parties n'ont pas de parallèle dans le Livre des Rois. Elles font partie des matériaux propres au Chroniste. La troisième partie qui est le parallèle de 1 Rois 15.13-15, parle du comportement de la mère du roi Asa et de la suite des réformes entreprises par ce roi.

Au v. 1, l'expression *rûaḥ ʾĕlōhîm* (l'Esprit de Dieu) fait écho à Genèse 1.2. Le même souffle ou Esprit qui planait au-dessus des eaux selon le livre de la Genèse est celui qui est sur le prophète Azaria. Celui-ci s'adresse au roi Asa et à tout Juda et Benjamin. Nous avons ici l'un des exemples de la Bible où le prophète s'adresse au roi. Le message commence par un appel à écouter (*shāmaʿ*). L'appel à l'écoute du Seigneur a plusieurs occurrences dans la Bible hébraïque. Le sens du verbe *shāmaʿ* ne se limite pas à une simple audition de la volonté du Seigneur, mais signifie aussi l'obéissance à cette volonté. Le message central de cette partie, c'est l'appel à rechercher le Seigneur qui se laisse trouver. Aussi trouvons-nous un bon mariage entre, d'une part, deux verbes hébreux qui signifient « chercher » (*dārash* et *biqqēsh*), et d'autre part, un verbe hébreu qui signifie « trouver » (*mātsa*). Au v. 2, le Chroniste emploie le verbe *dārash* précédé de la condition *'im* (si). Au v. 4, il emploie le synonyme de *dārash* qui est le verbe *biqqēsh*.

Si le roi Asa et tout Juda, ainsi que Benjamin cherchent le Seigneur, ce dernier se laissera trouver par eux. Il n'est pas surprenant de voir un tel langage dans un discours prophétique, puisque le prophète Jérémie l'utilise aussi (Jr 29.13-14). Notons que dans la référence citée de Jérémie, nous trouvons les mêmes verbes *dārash, biqqēsh* qui ont pour sens « chercher » ou « rechercher » et *mātsa* qui signifie « trouver ». Au v. 3, le Chroniste révèle aussi la logique inverse. Si Asa et le peuple de Juda et de Benjamin abandonnent le Seigneur, ce dernier les abandonnera aussi. Les v. 3-6 évoquent un passé sombre d'Israël, des temps d'apostasie, car il n'y a eu ni Dieu véritable, ni prêtre qui enseigne, ni loi.

La panique de cette époque que rappelle le Chroniste s'est illustrée par des confits ou combats entre nations, entre villes, et par toutes sortes de détresses. Cette panique et ce manque de paix est l'expression d'un châtiment du Seigneur. Comment imaginer un Israël, sans Dieu véritable, sans prêtre, sans enseignement ? Heureusement, le Chroniste dit que les gens du peuple de Dieu qui ont connu ce sombre tableau sont revenus au Seigneur. Le verbe *shûb* qui signifie « revenir » à Dieu est aussi caractéristique de la théologie du Livre des Chroniques qui prêche entre autres la rétribution et la repentance. Le Chroniste souligne à plusieurs endroits que tout est encore jouable pour quiconque se repent de ses péchés en revenant au Seigneur. Le rôle joué par Azaria dans ce texte n'est-il pas le même rôle prophétique que doivent jouer les Églises en Afrique ? Il n'est certes pas facile de jouer un tel rôle dans les pays où règne la dictature. En revanche, puisque plusieurs hommes politiques même dans ces pays vont à l'Église, les messages des prédications peuvent tenir compte aussi de la situation qui prévaut dans ces pays.

15.8-15 Réformes religieuses entreprises par le roi Asa

Ce que décrit cette partie du chapitre, c'est l'effet produit par le message prophétique d'Azaria, fils d'Oded. Le v. 8 dit que ce message a rendu le roi Asa fort. L'usage du verbe hébreu *ḥāzaq* employé au hiphil, est très remarquable. Les réformes qui s'ensuivent montrent jusqu'à quel point le message prophétique est venu comme pour donner plus de force et de courage au roi Asa pour réformer. En faisant disparaître les horreurs de tout le pays de Juda et de Benjamin, ainsi que des villes qu'il aura prises dans la région montagneuse d'Éphraïm, le roi Asa poursuit ce qu'il a déjà entrepris comme le chapitre 14 le rapporte. Les chapitres 14 et 15 trouvent un écho dans les autres réformes politiques et religieuses rapportées dans le Livre des Chroniques. Le roi Asa rénove (*ḥaddēsh*) l'autel du Seigneur.

Les v. 9-10 parlent d'un grand rassemblement des habitants du sud et ceux du nord. Le Chroniste cite les habitants qu'il cite aussi lorsqu'il décrit la réforme de Josias. Il s'agit de ceux de Juda, de Benjamin, d'Éphraïm, de Manassé et de Siméon. La raison du ralliement, c'est que les habitants du Nord avaient vu que le Seigneur était avec le roi Asa. Nous trouvons ici l'expression de l'une des thématiques chères au Chroniste : le tout Israël. Ici le schisme est ignoré. Le nombre de sacrifices offerts au Seigneur montre la solennité de la fête et l'engagement des croyants rassemblés à rechercher le Seigneur leur Dieu. Le v. 12 où il est question de la conclusion d'une alliance engageant les participants à chercher le Seigneur, le Dieu de leurs pères, ajoute une précision à la recherche de Dieu selon le Chroniste : « de tout leur cœur et de toute leur âme (ou être) » (*bekol lebābām ûbekol naphshām*). Chercher le Seigneur de tout cœur est aussi mentionné dans Jérémie 29.13-14. Le texte fait mention de l'éventualité de mettre à mort quiconque ne chercherait pas le Seigneur. Une telle éventualité montre la détermination du peuple à rechercher le Seigneur. Cette détermination est accompagnée du serment qu'ils font au Seigneur « d'une voix forte, avec des acclamations, au son des trompettes et des trompes ». Notons la joie avec laquelle le peuple fait le serment. Cela exclut l'idée d'une contrainte. La recherche de Dieu chez le Chroniste se fait de tout cœur et avec joie. Tout ce qui vient d'être décrit n'a pas laissé le Seigneur indifférent. Le v. 15 dit qu'il s'est laissé trouver. Nous avons ici comme ailleurs dans le Livre des Chroniques l'illustration du principe selon lequel qui cherche Dieu (de tout cœur) le trouve. Le Dieu qui se laisse trouver accorde, à son peuple, dans ce texte, le repos de tous côtés.

15.16-19 Le mauvais comportement de la mère d'Asa et la suite des réformes

C'est ici que le Chroniste a trouvé bon de faire mention de la mère du roi Asa. Maaka est son nom. L'idolâtrie de cette dernière lui a fait perdre sa dignité de grande dame. L'Ashéra qu'elle adore fait partie des idoles que le roi Asa aura écartées selon 2 Chroniques 14.2. Le v. 16 trouve un écho dans 2 Chroniques 34.4. Le v. 17 donne une information importante qui va se justifier dans la suite de 2 Chroniques : « les hauts lieux ne disparurent pas d'Israël » (NBS). Le v. 18 évoque la contribution du roi Asa dans la maison du Seigneur, à l'image de son père. Le v. 19 dit que jusqu'à la trente-cinquième année, le règne d'Asa a été un règne pacifique. La raison, selon le contexte de ce texte, est qu'il chercha le Seigneur, son Dieu. Les autorités politiques et religieuses, en Afrique et ailleurs, qui cherchent le Seigneur de tout cœur travaillent pour la paix dans leur environnement politique ou religieux.

2 Chroniques 16 Le déclin du roi Asa

En Afrique, on dit souvent que bien commencer une chose c'est bien. Mais bien la terminer c'est mieux. Le même Asa décrit en amont comme cherchant le Seigneur et entreprenant des réformes, est celui qui dans ce chapitre présente une sombre image. Ce chapitre qui a pour parallèle 1 Rois 15.16-22, peut être divisé en trois parties : v. 1-6 ; 7-10 et 11-14. Dans la première partie, le roi Asa est décrit comme faisant usage de la corruption pour évincer Basha, le roi d'Israël. Dans la deuxième partie, le Seigneur se sert du voyant Hanani pour faire des reproches à Asa suite à ce mauvais comportement, mais le roi emprisonne Hanani. La troisième partie est consacrée à la fin de la vie et à la mort du roi Asa.

16.1-6 Asa use de corruption

Le Chroniste trouve mieux de commencer ce chapitre par l'information concernant le nombre d'années écoulées depuis le début du règne d'Asa. Nous sommes à la trente-sixième année de ce règne. C'est à ce moment que Basha, le roi d'Israël trouve mieux d'attaquer Juda. Le texte ne dit pas pourquoi une telle attaque. La construction entreprise par le roi Basha, signalée au v. 1, ne s'inscrit pas dans le cadre d'un projet de développement, mais elle traduit la volonté du roi Basha d'étendre son autorité jusqu'au sud. Il veut mettre le roi Asa en difficulté, car la présence du roi Basha à quelques kilomètres de Jérusalem qui est la capitale de Juda, constitue une véritable menace pour le roi Asa.

En 1 Rois 15.19, qui est le parallèle du v. 2 de notre texte, il y a le mot hébreu *shōḥad* qui signifie « pot-de-vin » ou « présent ». Cependant, le Chroniste ne l'a pas retenu, alors que ce mot est plus péjoratif et traduit mieux l'intention du roi Asa. Malgré cette omission du Chroniste, l'idée de corruption n'est pas élidée. Doit-on considérer la corruption qu'engage le roi Asa, au v. 2, comme une réaction à ce que le roi Basha a fait ? C'est difficile de répondre exactement à cette question, puisque le texte ne donne aucune précision. Le roi Asa semble éviter une rencontre militaire directe avec sa partie adverse et même avec celui à qui il rappelle l'alliance. Sortir de l'argent et de l'or des trésors de la maison du Seigneur dans le but de corrompre, c'est une preuve que ce roi ne cherche plus le Seigneur son Dieu qui lui a déjà montré sa puissance. La demande que le roi

Asa a faite à Ben-Hadad de rompre avec Israël entraînera le changement en ce qui concerne les rapports de force. Le rappel de l'alliance au v. 4 est au service de la volonté d'Asa de contrecarrer l'action du roi d'Israël. Mais ce rappel n'est-il pas une astuce diplomatique que le roi Asa emploie ? La corruption qu'exerce le roi Asa a pour objectif d'obliger le roi d'Aram à rompre son alliance avec le roi Basha. L'offensive lancée par Ben-Hadad contre les principales villes du nord (Dan et Nephtali), donc d'Israël, contraint le roi Basha à cesser de construire Rama. D'après le v. 6, le roi Asa profite bien de la nouvelle situation. Il est décrit comme ayant pris le dessus sur le roi Basha.

16.7-10 Le voyant Hanani désapprouve le comportement du roi Asa

Au v. 7, le Chroniste fait mention de Hanani sans dire à quelle famille il appartient. À l'instar d'autres prophètes qui se rendent auprès d'un roi, le voyant Hanani se rend auprès du roi Asa. Nous pouvons citer l'exemple du prophète Ésaïe qui se rend auprès du roi Achaz pour l'avertir de ne pas placer sa confiance dans l'Assyrie (Es 7). Il est reproché à Asa de s'être appuyé sur le roi d'Aram, au lieu de s'appuyer sur le Seigneur. Au v. 8, le voyant Hanani rappelle au roi Asa ce que nous avons lu au chapitre 14 où, malgré leur armée en grand nombre, les Koushites et les Lybiens ont été battus par le roi Asa et son armée inférieure en effectifs. Pourquoi le même Asa n'a-t-il pas placé sa confiance dans le Seigneur qui l'a déjà secouru ? L'Africain croyant peut dire que c'est grâce au Seigneur que l'Afrique a survécu à la traite négrière, à la colonisation et, de nos jours, aux fléaux comme le SIDA. Plutôt que de dépenser d'énormes sommes d'argent dans l'achat des armes les plus sophistiquées, les dirigeants des États africains ne feraient-ils pas mieux d'investir suffisamment dans la formation des citoyens à la crainte de Dieu ? Avec ces nombreuses armes que les autorités des pays africains achètent, contre qui chacun de nos pays ira-t-il en guerre ? Les plus souvent ces armes ne servent qu'à détruire des citoyens d'un même pays. Au v. 9 se trouve un principe intéressant : « le Seigneur parcourt du regard toute la terre, pour prêter main-forte à ceux dont le cœur est tout entier à lui » (NBS). Que l'on soit d'Afrique, d'Europe, des États-Unis, ou d'ailleurs, le Seigneur peut nous prêter main-forte en cas de réelle adversité. La condition à remplir est : avoir un cœur qui est tout entier à lui.

La description que le v. 10 fait du roi Asa ne fait que l'éloigner de Dieu, le même Dieu qui aura été son appui selon les deux chapitres précédents. En effet, comme il se met en colère contre un messager du Seigneur, c'est contre le Seigneur qu'il se met en colère. Envoyer un messager du Seigneur en prison, c'est oser s'opposer à sa parole. La fin du v. 10 dit même que le roi Asa écrasa d'autres personnes parmi le peuple. Comme la raison de cet écrasement n'est pas donnée, nous pouvons nous permettre de conjecturer que, suite au reproche que le voyant Hanani lui aura fait, la colère du roi s'est étendue sur d'autres personnes. Comme Hanani, les Églises d'Afrique feraient mieux de jouer leur rôle prophétique auprès des hommes politiques, quelle que soit la manière dont ces derniers peuvent réagir.

16.11-14 La maladie et la mort du roi Asa

Avec le v. 11, le lecteur retrouve 1 Rois 15.23-24. Ce verset parle d'un document auquel nous n'avons pas accès de nos jours. Il s'agit du livre des actes de Juda et de Jérusalem. Dans cette dernière partie du chapitre, l'image du roi Asa ne fait que s'assombrir. Même la maladie, qui peut être considérée comme un châtiment de Dieu, ne parvient pas à le pousser à rechercher le Seigneur (v. 12). Pour n'avoir pas cherché le Seigneur, le Dieu qui avait conclu une alliance avec Israël, et pour avoir prôné être en alliance avec Aram contre le royaume du Nord, Asa a fait preuve d'infidélité. Il n'a pas placé sa confiance dans le Seigneur, mais dans une alliance humaine. La description que le Chroniste fait de la fin du règne d'Asa ne donne pas à ce dernier une occasion de repentance.

Conclusion et questions de réflexion

L'appel à rechercher le Seigneur est mis en exergue dans cette unité comme à plusieurs autres endroits du Livre des Chroniques. Il est intéressant de constater que le Dieu dont il s'agit se laisse trouver. Il y a tout de même une précision importante ici : il s'agit de le chercher de tout cœur et avec joie. La bonne recherche du Seigneur notre Dieu se traduit aussi par des réformes comme la destruction des autels pour les idoles. Cherchons-nous Dieu de tout notre cœur ? Quels sont les autels qui valent la peine d'être détruits dans nos pays africains ? Dans cette unité, nous voyons que le prophète ose s'adresser au roi. Nos églises jouent-elles véritablement le rôle prophétique auprès des dirigeants politiques de nos pays ?

Nous apprenons aussi que nous pouvons bien commencer par la recherche de Dieu, puis tomber dans la corruption ou dans l'idolâtrie, au point même de devenir hostiles aux messages venant de Dieu. Quelle discipline pourrions-nous observer pour demeurer fidèles et obéissants à notre Dieu jusqu'au bout ? Les églises d'Afrique peuvent-elles faire de la politique un champ missionnaire ? Si oui, comment ? Si non, pourquoi ?

LE RÈGNE DE JOSAPHAT

En politique africaine particulièrement, on entend parler d'alliance contre nature. Dans cette unité composée des chapitres 17 à 19 mettant en exergue le règne de Josaphat, il est aussi question, entre autres, d'alliance contre nature, puisque le roi Josaphat, présenté pourtant, au début, comme un roi qui ne cherche pas les Baals, mais qui cherche Dieu (17.3-4), s'allie au roi Achab (2 Ch 18) qui, par son mariage, ne manque pas de lien avec les Baals.

2 Chroniques 17 Josaphat fait le bon roi

Ce chapitre est le premier des quatre que le Chroniste consacre au roi Josaphat. C'est une introduction générale au règne de ce roi à qui le Chroniste décerne une mention honorable dans sa manière de décrire ce règne. Ce chapitre peut être divisé en trois parties : v. 1-6 ; 7-11 ; 12-19. Dans la première partie, le Chroniste parle de la fidélité du roi envers le Seigneur. Dans la deuxième partie, il est question de l'envoi des émissaires pour enseigner la Torah du Seigneur. La troisième partie qui parle des présents que les royaumes voisins apportent au roi Josaphat met aussi l'accent sur la puissance militaire du roi Josaphat.

17.1-6 Josaphat, un bon élève de David

Dès le v. 1, Josaphat est présenté comme fils et successeur du roi Asa. L'organisation décrite au v. 2 montre l'ardeur avec laquelle ce roi travaille. Nous trouvons ici l'un des thèmes majeurs du Livre des Chroniques, à savoir : « le tout Israël », car l'action militaire de renforcement de la sécurité que le roi Josaphat entreprend ne se limite pas au sud. Il va jusqu'au nord, notamment dans les villes d'Éphraïm que le roi Asa avait conquises. Le v. 3 affirme à la fois que « le Seigneur fut avec Josaphat », et pourquoi le Seigneur fut avec lui : sa fidélité au

Dieu de l'alliance. Cette fidélité se traduit aussi dans ce chapitre par le fait que le roi Josaphat ne cherche pas les Baals. Josaphat n'est pas un roi idolâtre. Le v. 4 affirme qu'il « chercha le Dieu de son père ». Nous retrouvons ici le verbe hébreu *dārash* qui a pour sens « chercher ». Son zèle pour les commandements du Seigneur surpasse celui de ses prédécesseurs. Le v. 5 dit que « tout Juda apportait des présents à Josaphat ». Cela entraîna richesse et gloire en abondance. L'élan de générosité de ce peuple qui apporte des offrandes volontaires au roi ne manque pas de lien avec le verbe *kûn* qui signifie ici entre autres « affirmer » ou « diriger » et qui a ici pour sujet le Seigneur. C'est le Seigneur qui dirige la royauté entre les mains de Josaphat. C'est le Seigneur qui dirige les cœurs des hommes et femmes de Juda, afin qu'ils apportent des offrandes volontaires au roi Josaphat. Le Seigneur est avec Josaphat, parce que Josaphat est avec lui. Ce que le peuple de Juda fait, il le fait parce qu'il est dirigé par le Seigneur. Un dirigeant politique qui a la crainte de Dieu est béni et le peuple qu'il dirige est aussi béni. Les Églises africaines devraient beaucoup prier pour ceux qui sont élevés en dignité dans nos pays, afin qu'ils cherchent le Dieu créateur qui est la véritable source de bénédiction de ses créatures. Le v. 6 rapporte le combat du roi Josaphat contre l'idolâtrie. Selon la théologie du Chroniste, tout roi qui cherche Dieu se met en guerre contre toutes les formes d'idolâtrie. P. Veng déplore le fait que des représentants des pouvoirs des ténèbres parcourent encore nos pays africains et abordent l'élite, lui demandant de s'agenouiller et de les adorer afin d'accéder aux postes politiques les plus élevés. Il déclare aussi que « les sectes politico-religieuses sont d'une vitalité et d'une efficacité troublantes[131] ».

17.7-11 L'envoi des princes pour enseigner la Torah

L'envoi des princes ou chefs (*sārê*), des lévites et des prêtres, par le roi Josaphat, pour enseigner la Torah dans Juda est un exemple intéressant. La composition des émissaires fait réfléchir. Laïcs, lévites et prêtres ont la même mission. Le Chroniste prêche-t-il déjà le sacerdoce universel ? Le fait que dans cette commission ou équipe envoyée, les lévites sont plus nombreux s'inscrit bien dans son contexte littéraire où les lévites occupent une bonne place. En Néhémie 8.7 et même dans Esdras 7.25, il est aussi question de laïcs et de lévites qui ont la charge d'enseigner la volonté du Seigneur au peuple. Cette pratique semble appartenir à la période postexilique à laquelle appartiennent le Livre des Chroniques et ceux d'Esdras-Néhémie. L'important ici c'est la volonté du roi d'avoir un peuple enseigné des voies du Seigneur. Laïcs et serviteurs de Dieu à plein temps sont tous engagés à propager la Parole de Dieu dans tous les départements de nos pays, afin que règne la paix, surtout dans les pays souvent en proie à des vagues de violence.

Le v. 10, placé immédiatement après les versets qui parlent de l'envoi des émissaires pour enseigner la Torah du Seigneur, révèle son lien avec ce qui le précède. Pour le Chroniste, l'envoi de la commission chargée d'instruire le peuple de Dieu fait partie des actes de piété du roi Josaphat. Dans le cadre de la théologie de la rétribution, les actes de piété engendrent des bénédictions divines s'exprimant d'une manière ou d'une autre. Les excellentes relations avec les royaumes voisins gagnés par la frayeur du Seigneur sont une manifestation des bénédictions du Seigneur. Ce qui est dit au v. 11 est à comprendre de la même manière. La même piété de Josaphat ayant eu pour conséquences les offrandes volontaires mentionnées au v. 5, justifie les offrandes venant des pays voisins que le v. 11 mentionne. Le fait que les pays voisins ne font pas la guerre à Josaphat (v. 10) et que ces pays lui apportent des présents est une manifestation de la bénédiction divine due à la piété de Josaphat. Nous avons là l'expression de la théologie de la rétribution.

17.12-19 La puissance militaire de Josaphat

La phrase : « Josaphat continuait à s'élever très haut » au v. 12 (NBS) fait écho à 1 Samuel 2.26 parlant du jeune Samuel qui continuait à grandir. Ce v. 12 fait aussi mention des œuvres de construction comme il en a été question dans le récit de Roboam (2 Ch 11.5-12), dans celui d'Asa (2 Ch 14.5), et dans des récits concernant d'autres rois. Les v. 13-19 donnent quelques détails de la puissance militaire du roi Josaphat. Toute la puissance militaire de Josaphat est au service de la bonne image que le Chroniste en donne. C'est dire que le Seigneur rend puissant, d'une manière ou d'une autre, quiconque s'attache à lui, s'appuie sur lui, vit sous sa dépendance. Toute cette puissance décrite ici n'est que vanité sans le Seigneur.

2 Chroniques 18 L'amitié entre le roi Josaphat et Achab roi d'Israël

Ce chapitre qui a son parallèle en 1 Rois 22 peut être divisé en quatre parties : v. 1-3 ; 4-11 ; 12-27 ; 28-34. La première partie parle de l'accueil de Josaphat par Achab. La deuxième parie décrit la fausse prédiction d'une victoire par les prophètes d'Achab. La troisième partie révèle la prédiction de la défaite par le prophète Michée. La quatrième partie met en exergue la mort du roi Achab au combat.

18.1-3 L'accueil de Josaphat par Achab

Les v. 1-3 ont pour parallèle 1 Rois 22.1-4. Le Chroniste ne commence pas son récit de la même manière que l'auteur de 1 Rois. Il présente le roi Josaphat comme un roi riche et glorieux. C'est après l'avoir présenté de cette manière que le Chroniste parle de son alliance par mariage avec le roi Achab. Le lecteur peut, à juste titre, se demander pourquoi le Chroniste place ces informations l'une après l'autre. Josaphat se rend chez Achab sans y avoir été invité, mais la marque d'accueil qui lui est réservée laisse l'impression qu'il y a eu invitation. Celle-ci n'intervient que lorsque Achab l'invite à faire la guerre avec lui contre Ramoth de Galaad. Josaphat ne s'y oppose pas.

18.4-11 La fausse prédiction

Cette partie a son parallèle en 1 Rois 22.5-12. Le bon réflexe du roi Josaphat consiste à proposer au roi Achab de consulter (*dārash*) d'abord la parole du Seigneur avant de s'engager dans la guerre. La réaction du roi Josaphat après avoir écouté la prophétie des prophètes du roi Achab, étonne. Pourquoi n'y croit-il pas ? Le texte ne donne aucune réponse à cette question. A-t-il su que les prophètes d'Achab n'ont pas dit la vérité ? Le seul prophète n'ayant pas pris part à la fausse prophétie, c'est Michée, que le roi Achab déteste. Le phénomène qui consiste à consulter la volonté de Dieu à travers un prophète ou une prophétesse, avant de s'engager dans une activité, est encore en vogue au Congo-Brazzaville. Avant un voyage, à l'orée d'un examen ou d'un mariage, d'une élection, ou d'une autre activité, plusieurs chrétiens congolais vont consulter un ou une « *mbikudi* », c'est-à-dire « prophète » ou « prophétesse ». Comme au temps de l'Ancien Testament, certains prophètes ou certaines prophétesses font de fausses prédictions. Mais on trouve aussi des prophètes comme Michée qui disent ou prédisent la vérité.

18.12-27 La prédiction de la défaite par Michée

Cette partie a pour parallèle 1 Rois 22.13-28. Les v. 12 et 13 mettent en dialogue le messager, envoyé pour appeler Michée, et Michée. Le messager essaie déjà d'induire Michée en erreur lui demandant de prédire la même chose que les autres prophètes, en d'autres termes, le messager demande à Michée de prédire ce que le roi Achab aimerait entendre (*tôb 'el hammelek* = bon envers le roi). La réponse du prophète Michée est intéressante : « Je dirai ce que mon Dieu dira. » Ce dernier veut plaire à son Dieu et non au roi.

Cependant, la réponse de Michée à la question du roi au v. 14 semble aller dans le sens de plaire au roi. Michée est-il ironique en répondant comme les autres prophètes à la question de savoir s'ils doivent ou non aller faire la guerre à Ramoth de Galaad ? C'est au v. 15, lorsque le roi demande à Michée de parler selon la vérité, que le prophète Michée se met à dire la vérité. Il se met à prédire la défaite du roi Achab et son peuple (v. 16). La prophétie de Michée déplaît à Achab (v. 17). Les v. 18-22 révèlent la suite de la prophétie de Michée qui dit entre autres que le Seigneur a mis l'esprit de mensonge dans la bouche des prophètes d'Achab. Dans les Églises où liberté est donnée aux prophètes et prophétesses de transmettre leurs prophéties pendant et en dehors des cultes, le discernement s'impose, car l'esprit de mensonge peut bien se manifester. Les v. 23-27 rapportent les effets de la prophétie de Michée sur sa vie. Il subit des actes de violence pour avoir prédit la vérité. Le Chroniste ironise aussi ici lorsqu'il fait dire au roi Achab que Michée doit être mis dans la maison de détention, qu'il doit rester au pain sec et à l'eau jusqu'à ce qu'il (Achab) revienne victorieux. C'est de l'ironie, puisque ce qui se produit par la suite confirme la prophétie de Michée et défie l'intention et la certitude du roi Achab de revenir victorieux de la guerre.

18.28-34 Le roi Achab mort au combat

Cette partie a pour parallèle 1 Rois 22.29-35. Contre la prophétie de Michée, les deux rois partent à l'attaque de Ramoth de Galaad. Le déguisement du roi d'Israël rapporté au v. 29 et l'ordre donné par le roi d'Aram au v. 30 ne manquent pas d'éveiller la curiosité du lecteur. C'est comme si le roi Achab savait qu'il serait la seule cible du camp adverse (v. 30) en prenant la précaution de se déguiser (v. 29). Le v. 31 fait mention du verbe hébreu z'q qui signifie « crier » ou « appeler » au secours. Lorsqu'il se sent sur le point d'être attaqué par l'armée du roi d'Aram qui le confond avec le roi d'Israël, le roi Josaphat crie au secours. Selon 1 Rois 22, c'est ce cri qui permet aux adversaires de reconnaître que ce n'est pas le roi d'Israël et de s'éloigner de lui. En revanche, le Chroniste ajoute la mention : « et le Seigneur le secourut », parce que pour lui ce cri est une prière que le roi Josaphat adresse au Seigneur et celui-ci intervient pour épargner sa vie. Selon le v. 33, c'est au hasard qu'un homme tire et atteint le roi déguisé. Le v. 34 décrit la violence du combat maintenant le roi d'Israël debout sur son char, malgré sa blessure. Il en succombe et ne peut tenir sa parole de rentrer victorieux. Dans le Livre des Chroniques, quiconque s'oppose à la volonté de Dieu en subit les conséquences.

2 Chroniques 19 Le roi Josaphat et les réformes

Ce chapitre sans parallèle dans le Livre des Rois peut être divisé en trois parties : v. 1-3 ; v. 4-7 ; v. 8-11. Dans la première partie, il est question du retour de Josaphat chez lui et de sa rencontre avec Jéhu. La deuxième partie parle de la tournée de Josaphat parmi le peuple. La troisième partie est consacrée à l'installation par Josaphat des organes pour l'exercice du droit dans Juda.

19.1-3 Retour du roi Josaphat chez lui

Le v. 1 contient dès le début le verbe *shûb*[132] qui a pour sens « revenir », « retourner » et qui est souvent utilisé dans l'Ancien Testament pour désigner un retour au Seigneur, après une période d'apostasie ou d'infidélité à l'alliance. Le retour du roi Josaphat chez lui est aussi un retour au Seigneur, puisqu'avec Achab, roi d'Israël, ils ont fait ce qui déplaît au Seigneur. Ils n'ont pas écouté ce que le Seigneur leur aura dit à travers la bouche de son prophète Michée. Josaphat revient certes en *shālôm*, c'est-à-dire en paix chez lui. Ici, le mot *shālôm* signifie « être en vie ». Ce sens le rapproche du mot *kongo* du Congo-Brazzaville : *laamu*, qui signifie « vie » ou « longue vie ». Nous avons vu dans le chapitre précédent que pour avoir appelé au secours le Seigneur, Josaphat a été épargné par ce dernier. C'est pourquoi il rentre vivant chez lui. Le v. 2 commence par le verbe *yātsa* (sortir) qui est très fréquent dans la Bible hébraïque, et qui a ici pour sujet Jéhu, fils de Hanani le voyant (*haḥōzeh*). Jéhu reproche au roi Josaphat d'avoir mené une action militaire commune avec le roi Achab, roi d'Israël. C'est à cause de cela que la colère du Seigneur est sur lui. Le mot hébreu pour dire la colère est ici *qetseph*. Ce mot semble avoir une proximité avec le mot kongo *nqesi* ou *nkesi* qui signifie aussi « colère ». *Fwa nkesi* c'est tomber en colère.

Au v. 3, sans montrer la manifestation de cette colère du Seigneur, le Chroniste finit par déclarer que le roi Josaphat bénéficie de circonstances atténuantes, du fait de ses *deḇārîm tôḇîm* (actes bons). Les actes bons dont il s'agit ici sont cités en 2 Chroniques 17.6. Pour le Chroniste, chercher (*dārash*) Dieu fait partie des actes bons d'un humain. Le v. 3 rappelle ce qui est déjà dit au début de la description du règne de Josaphat.

19.4-7 Tournée de Josaphat parmi le peuple

La tournée qu'organise le roi Josaphat couvre aussi bien le sud que le nord d'Israël, c'est pourquoi, il y a au v. 4 la mention d'Éphraïm. En effet, lorsque le Chroniste parle de peuple de Dieu, il fait allusion à ceux du sud et ceux du nord d'Israël. Il inclut même les *gērîm* (étrangers). Ramener le peuple au Seigneur, le Dieu de ses pères, est la mission que le roi Josaphat s'est assignée. Le fait de ramener au Seigneur suppose une apostasie, un abandon du Seigneur. Le contenu des v. 5-7 ressemble à celui de Deutéronome 16.18-20, où il est aussi question de la nomination des juges dans toutes les villes. Dans les deux textes, il y a un appel à l'exercice de la justice selon le cœur de Dieu. Une justice qui se fait dans la crainte de Dieu. Une justice sans favoritisme. Avoir dans tous nos pays africains des juges qui ont la crainte de Dieu serait une bénédiction pour notre continent gagné par la pratique des *madeso ya bana* (littéralement : les haricots des enfants), c'est-à-dire la corruption.

19.8-11 Installation à Jérusalem par le roi Josaphat des organes pour exercer le droit

Les réformes entreprises par le roi Josaphat concernent aussi Jérusalem, capitale de Juda. Selon le v. 8, lévites, prêtres et chefs de famille, ont la charge d'exercer le droit du Seigneur et de trancher les litiges.

Aux v. 9 et 10, le roi Josaphat donne de précieux conseils aux lévites, prêtres et chefs de familles, afin qu'ils exercent le droit dans la crainte du Seigneur, avec probité, d'un cœur entier. Il leur confie la mission d'avertir les habitants du pays, afin qu'ils ne se mettent pas en tort devant le Seigneur. La prise en compte de la nature de l'affaire à juger est aussi évoquée dans ces versets. Les juges selon ce texte ont le devoir d'aider les habitants à éviter que la colère de Dieu s'abatte sur eux.

Le v. 11 révèle que dans cette organisation, un prêtre en chef nommé Amaria est au-dessus des magistrats pour toutes les affaires du Seigneur. Notons aussi que Zebadia, fils d'Ismaël, est chef de la maison de Juda, et il est au-dessus des magistrats pour toutes les affaires du roi. Des lévites sont désignés comme secrétaires. Agir bien dans ce contexte, c'est mettre en pratique les conseils que le roi Josaphat donne et qui s'inscrivent dans le cadre de la recherche du Seigneur qui est l'enseignement par excellence du Chroniste.

Conclusion et questions de réflexion

Le Seigneur était avec le roi Josaphat, parce qu'il était fidèle au Dieu de l'alliance. Lorsque nous demeurons fidèles au Seigneur, il est avec nous. Le Seigneur Jésus a demandé à ses disciples de demeurer en lui, comme lui aussi demeure en eux (cf. Jn 15.4). Sommes-nous fidèles à notre alliance avec le Seigneur Dieu par Jésus-Christ ? Combattons-nous l'idolâtrie ? Comment le faisons-nous ?

Dans cette unité, laïcs, lévites, prêtres ont la mission d'enseigner la Torah du Seigneur. S'agit-il, par anticipation, du sacerdoce universel ? Comment laïcs et serviteurs à plein temps travaillent-ils dans nos Églises ?

Il est également question de mauvaise compagnie et de faux prophètes dans cette unité. Josaphat a failli perdre sa vie à cause d'une mauvaise compagnie avec le roi Achab. Avec qui marchons-nous ? Avons-nous, de nos jours, des faux prophètes ?

La nécessité d'enseigner partout la pratique du droit du Seigneur est l'un des principes que nous offre cette unité. Comment se pratique le droit dans nos pays africains et dans nos Églises ? Peut-on parler de corruption dans nos Églises ? Comment se manifeste-t-elle dans nos tribunaux et dans nos Églises ?

DEUX MODÈLES DE ROI :
JOSAPHAT ET JORAM

Un enseignant d'histoire dans un collège du Congo-Brazzaville donna comme devoir à ses élèves de choisir, parmi les présidents ayant été à la tête du Congo, deux modèles différents et d'en faire une analyse comparative. Un élève se mit debout pour dire : « Faisons simple pour dire que les uns ont été bons parce qu'ils connaissaient le Seigneur et les autres ont été mauvais parce qu'ils ont méprisé le Seigneur. »

Cette unité composée de deux chapitres met en exergue deux modèles de rois : l'un cherche Dieu et l'autre l'abandonne.

2 Chroniques 20–21.1 Quand le Seigneur combat pour son peuple

Ce chapitre constitue le sommet du règne de Josaphat. Il peut être divisé en trois parties : v. 1-12 ; 13-30 ; 31–21.1. La première partie annonce l'attaque de Juda par ses ennemis et la prière du roi Josaphat. Dans la deuxième partie, le Chroniste met en exergue la réponse du Seigneur à la prière de Josaphat. La troisième partie décrit la fin du règne de Josaphat.

20.1-12 L'attaque de Juda par ses ennemis

Cette première partie du chapitre 20 n'a pas de parallèle dans le Livre des Rois. L'expression hébraïque traduite par « après cela », placée au début de ce chapitre, établit le lien entre ce chapitre et ce qui le précède. L'annonce de l'approche des ennemis du peuple de Dieu de l'ancienne alliance crée une panique dans le camp de Josaphat. Les ennemis de ce peuple sont présentés comme étant des *benê*, c'est-à-dire des « fils de... ». Cette manière de désigner les enfants ressemble à celle des kongo du Congo-Brazzaville qui disent *bana* qui signifie « enfants ».

Au v. 3, il est bien dit *wayyira'*, c'est-à-dire « il craignit ». Les Moabites, les Ammonites et l'autre peuple dont l'identité n'est pas claire, sont une sérieuse menace pour Josaphat. Il faut donc prendre des dispositions sérieuses et appropriées pour y faire face. Le bon réflexe de Josaphat que tout leader devrait imiter est d'abord de consulter (*dārash*) le Seigneur. Josaphat juge mieux de consulter (ou chercher) le Seigneur en jeûnant. Le mot hébreu *tsôm* qui signifie « jeûne » se dit en kongo du Congo-Brazzaville *mina ntsoki*. Dans les deux termes, il y a la présence de la syllabe « *tso* » et de la lettre « *m* ». Le roi Josaphat appelle et rassemble tout le peuple de Juda. L'objet du rassemblement est la recherche du Seigneur. Concernant le verbe chercher, si au v. 3, le Chroniste emploie le verbe *dārash*, au v. 4, il utilise deux fois son synonyme qui est *biqqesh* (chercher).

La prière de Josaphat (v. 6-12) contient des mots qui traduisent son humilité devant le Dieu grand et redoutable. Au v. 12, il affirme entre autres : « Car nous sommes sans force devant cette grande multitude qui s'avance contre nous » (NBS). Le Chroniste révèle que les rois ne réussissent que lorsqu'ils s'humilient devant Dieu. Ce principe est déjà présent dans la réponse à la longue prière faite par le roi Salomon, à l'occasion de la dédicace du temple (2 Ch 7.14). La prière de Josaphat montre sa conviction selon laquelle le Seigneur Dieu est au-dessus de tout et peut résoudre la situation même la plus difficile. Les paroles traduites par : « nos yeux sont fixés sur toi » (NBS), sont des paroles exprimant la pleine confiance que Josaphat place dans le Seigneur.

20.13-30 La victoire du Seigneur sur les ennemis de son peuple

Cette partie montre combien il est avantageux de tourner les yeux vers le Seigneur, quelle que soit la situation. Le Chroniste, qui aime bien faire intervenir les prophètes dans ses récits, met en scène un personnage sur lequel se manifeste l'Esprit du Seigneur. On remarque dans cette partie la présence d'une formule prophétique classique : *kō 'amar YHWH* « ainsi parle le Seigneur » que Yahaziel le lévite prononce. Le prophète rassure le peuple en lui demandant de ne pas avoir peur et en leur disant que le combat dont il est question n'est pas leur combat, mais celui du Seigneur. Ce qu'il dit fait écho à Exode 14.14. L'exhortation à ne pas avoir peur se trouve au début et la fin de son oracle (v. 15 et 17). Il s'agit donc d'une inclusion. Le v. 17 ajoute : « Le Seigneur sera avec vous » (NBS). Juda ne doit pas avoir peur, parce qu'à sa place, c'est le Seigneur qui combattra. À d'autres endroits, le Seigneur se manifeste au travers de l'armée qui combat. Dans ce texte, c'est le Seigneur lui-même qui se met sur le terrain du combat.

Le v. 18 revient sur la description de l'attitude d'humilité. Il s'ensuit un moment de louange au v. 19. Selon l'exhortation que le roi Josaphat donne au v. 20, pour tenir bon il faut mettre sa foi dans le Seigneur, et pour vaincre, il faut mettre sa foi dans les prophètes. L'exhortation de Josaphat fait, dans une certaine mesure, écho à Ésaïe 7.9. Le Chroniste n'appelle pas à un culte de la personnalité lorsqu'il demande de mettre sa foi dans les prophètes. Il appelle à la prise au sérieux des paroles du Seigneur que les prophètes transmettent.

Le v. 21 contient des paroles de louange que nous trouvons entre autres dans le Psaume 136.1. Déjà au v. 19, le Chroniste nous parle des lévites d'entre les Qehatites et d'entre les Coréites qui se lèvent pour louer le Seigneur d'une voix forte. Ici, au v. 21, il est fait mention de la nomination des chantres pour le Seigneur, sans donner la précision sur leur identité ethnique comme au v. 19. Jusqu'ici, les personnages ne savent pas quelle sera l'issue du combat, mais ils louent déjà le Seigneur. Le v. 22 dit que les chantres élèvent des cris de joie et de louanges. Ils ont donc mis leur foi dans les paroles prophétiques rassurantes selon lesquelles ils ont la victoire. Le v. 22 décrit le Seigneur comme plaçant des embuscades contre les Ammonites et les Moabites et les gens de la région montagneuse de Séir. C'est la preuve que pour le Chroniste, c'est lui-même le Seigneur qui est sur le terrain pour combattre en faveur de son peuple. Le v. 23 décrit la confusion qui se passe dans le camp des ennemis de Juda qui finalement se mettent à s'entretuer. Selon le v. 24, Juda constate que le camp de ses ennemis n'est composé que de cadavres. Au Congo-Brazzaville on aurait crié : *yi wiri*, c'est-à-dire, « c'est terminé ». Quand deux équipes s'affrontent, lorsque l'arbitre siffle la fin du match, les supporters de l'équipe qui gagne se mettent à crier : *yi wiri*. Seul le Seigneur a combattu contre les ennemis de son peuple. C'est lui le vainqueur et le peuple le bénéficiaire de la victoire miraculeuse. Et ce peuple peut dire : *yi wiri*. Comme le Chroniste enseigne par ces écrits la rétribution, il considère l'issue de cette guerre comme l'expression de la bénédiction de Dieu en faveur du roi réformateur. Dans la théologie du Livre des Chroniques, réformer s'inscrit dans le cadre de l'obéissance à la volonté du Dieu que le réformateur cherche.

Les v. 26-28 décrivent le rassemblement du peuple de Juda dans la vallée de la bénédiction. Ce joyeux rassemblement est suivi d'un retour au bercail par procession avec le roi Josaphat à la tête. Le peuple de Juda célèbre la victoire d'un combat où il n'a été que spectateur des exploits du Seigneur. Au v. 29, le Chroniste parle de l'effet produit par le miracle du Seigneur sur les autres royaumes. La manifestation de la puissance de Dieu suscite frayeur ou crainte chez ceux qui en sont témoins et ceux qui en entendent parler. Après la guerre vient la paix, le royaume de Josaphat en a fait l'expérience.

20.31–21.1 Fin du règne de Josaphat

Le récit que le Chroniste présente de la fin du règne de Josaphat a pour parallèle 1 Rois 22.41-51. Comme dans le Livre des Rois, la piété de Josaphat est comparée à celle de son père Asa. Comme dans le Livre des Rois, il est dit ici que les hauts lieux n'ont pas disparu. La raison qui est donnée pour expliquer cela, c'est que le cœur du peuple n'est pas encore fermement attaché au Dieu de ses pères. Le Chroniste cite la source qui lui a permis d'avoir des informations sur l'histoire de Jéhu. L'association de Josaphat avec Achazia, roi d'Israël, a pour conséquence la destruction par le Seigneur des bateaux que les deux rois ont construits. Comme souvent dans le Livre des Chroniques, c'est par l'intermédiaire d'un prophète que le Seigneur transmet la sanction qu'il inflige au roi. Là aussi s'exprime la théologie de la rétribution immédiate très présente dans les Chroniques. Josaphat est enterré avec ses pères dans la ville de David. Joram son fils devient roi.

2 Chroniques 21 Quand l'égo rend criminel

Ce chapitre consacré au règne de Joram peut être divisé en quatre parties, le v. 1 étant considéré comme clôturant le contenu du chapitre 20. Voici les quatre parties : v. 2-4 ; 5-10 ; 11-13 ; 14-20. Dans la première partie, le Chroniste introduit ce règne. Cette introduction est sans parallèle dans le Livre des Rois. Dans la deuxième partie ayant pour parallèle 2 Rois 8.17-24, le Chroniste établit une ressemblance entre le règne de Joram et celui d'Achab, puis il met en exergue des révoltes contre Juda. Dans la troisième partie le Chroniste souligne l'infidélité de Joram. Dans la quatrième partie, il fait mention des conséquences de l'infidélité de Joram. Notons que concernant le règne de Joram, le Chroniste en donne plus d'informations (20 versets) que l'auteur du Livre des Rois (9 versets).

21.2-4 Le massacre commis par le roi Joram

Le v. 2 nous révèle que Joram avait des frères. Le v. 3 parle des richesses que Josaphat avait données à ses enfants dont Joram était l'aîné. Le v. 4 montre ce que fait Joram lorsque, grâce à sa posture d'aîné, il lui est donné de prendre possession du royaume et qu'il devient fort. Le Chroniste fait beaucoup usage du verbe *ḥāzaq* dans le sens de « devenir fort », quand il décrit les rois. Dans ce chapitre, l'affirmation selon laquelle Joram est devenu fort précède immédiatement son entreprise macabre, à savoir l'extermination de ses frères. Le Chroniste veut mettre en relief l'égocentrisme du roi qui s'illustre par l'assassinat de ses frères.

En Afrique, les richesses laissées un père ou une mère divisent et sont parfois à l'origine de certains décès. Joram aura jugé mieux de se débarrasser de ses frères pour jouir seul de l'héritage laissé par le père. En agissant ainsi, il pense peut-être sécuriser son pouvoir, mais ce n'est qu'illusion. La vie et la sécurité d'un pouvoir ne se conservent pas par un fonctionnement qui méprise les principes moraux soutenant le respect de la vie humaine. Le fonctionnement du roi Joram est aussi présent ou observable en Afrique où certains dirigeants politiques pensent conquérir ou conserver le pouvoir en assassinant leurs frères ou compatriotes ayant des compétences pour diriger le pays.

21.5-10 Joram sur les traces d'Achab

La présence du nom d'Achab fait écho à son égocentrisme et sa méchanceté mentionnés dans le Livre des Rois lorsqu'il confisque le terrain de Nabot. Le roi Joram est présenté comme suivant les voies, c'est-à-dire la conduite, du roi Achab. Le parallèle des versets 5-10 de 2 Chroniques 21 se trouve en 2 Rois 8.17-22. L'auteur y donne des informations sur la durée du règne de Joram. La version du Chroniste n'est pas très différente de celle du Livre des Rois. Selon le Livre des Rois, le Seigneur ne voulut pas détruire Juda, à cause de David son serviteur et de la promesse qu'il lui a faite. En revanche, le Chroniste affirme que le Seigneur ne voulut pas détruire la maison de David, à cause de l'alliance faite avec David et de sa promesse de donner à David une lampe (v. 7). Le sens du mot traduit par lampe n'est pas donné. Au lieu de « Juda » en 2 Rois 8.19, le Chroniste mentionne « la maison de David » au v. 7. Au lieu de « à cause de David son serviteur », le Chroniste préfère dire : « à cause de l'alliance qu'il avait conclue pour David... ». Ces changements jouent probablement le rôle de renforcer la dimension inconditionnelle de la promesse faite à la dynastie de David. Pour le Chroniste, la promesse avait été faite, elle s'accomplira certainement. C'est à David et à ses fils, ajoute le Chroniste, qu'une lampe sera donnée et ce, tous les jours. Nous pouvons affirmer que ce qui sauve la dynastie davidique pendant le règne de Joram, c'est, selon le Chroniste, l'alliance que le Seigneur avait conclue avec David. Cependant, le Chroniste met tout de même en relief la dégradation du pouvoir de Joram, malgré ses précautions macabres. En effet, c'est en ses jours qu'Édom se soulève contre l'autorité de Juda et se donne un roi dont le nom n'est pas mentionné. Il y a de l'ironie dans ce chapitre. Au v. 10, le Chroniste explique pourquoi les Édomites et Libna se sont révoltés contre la domination de Juda sous le règne de Joram : c'est parce qu'il avait abandonné le Seigneur. Ce principe qui s'inscrit dans le cadre de sa théologie de la rétribution immédiate est observable dans l'ensemble du Livre des Chroniques, par exemple en 2 Chroniques 12.1 et 15.2.

21.11-13 L'infidélité de Joram

Pour bien mettre en relief l'infidélité de Joram, le Chroniste cite quelques fautes : le roi Joram n'a pas suivi les voies de son père Josaphat et ceux d'Asa roi de Juda ; en revanche, il a suivi la voie des rois d'Israël ; il a livré à la prostitution Juda et les habitants de Jérusalem, à l'instar de la maison d'Achab ; il a tué ses frères, ceux de la maison même de son père, qui étaient meilleurs que lui. Tels sont les chefs d'accusation qui pèsent sur le roi Joram et qui justifient les conséquences néfastes qui vont suivre.

Notons que ces chefs d'accusation sont présentés comme révélés par prophétie. On voit bien la place que le Chroniste accorde aux prophètes dans son œuvre. Comme le roi Joram est comparé au roi Achab, le Chroniste juge mieux de mentionner le nom du prophète Élie, parce que c'est lui qui est reconnu comme le farouche adversaire du roi Achab. Même si au plan historique, la chronologie peut révéler un souci, car le prophète Élie a exercé son ministère dans le royaume du Nord et non en Juda, au plan théologique, le Chroniste fait le choix du nom du prophète Élie pour faire passer son message. S'agit-il d'un autre prophète portant le même nom ? Le texte n'en dit pas plus.

Nous entendons parfois dire : « Tel père, tel fils. » Dans le cas de Joram, cet adage ne convient pas, car ce roi n'a pas suivi les voies de son père Josaphat. Au Congo-Brazzaville, j'entends dire : « On met au monde l'enfant, mais jamais le cœur de l'enfant. » C'est dire qu'on peut mettre au monde un enfant dont le comportement est très différent de celui de ses parents. Le comportement du roi Joram est le contre-exemple de celui de son père.

Notons aussi que l'infidélité d'un roi ou d'une personne ayant une parcelle d'autorité peut faire le malheur d'un pays, d'un groupe, d'une communauté, etc. Pour avoir livré à la prostitution Juda et les habitants de Jérusalem, Joram est responsable du malheur qui va s'abattre sur ce peuple.

Notons enfin que le Chroniste révèle que les frères que Joram a tués étaient meilleurs que lui. Les mots qui, au v. 13, expriment la supériorité de ses frères : *hattôbîm mimmekā*, peuvent être littéralement traduits par « les bons plus que toi ». Notre égocentrisme peut nous conduire au crime. L'infidélité de Joram est soulignée pour notre instruction.

21.14-20 Les conséquences de l'infidélité du roi Joram

Le châtiment que le Seigneur inflige au roi Joram touche le peuple qu'il dirige, ses fils, ses femmes et tous ses biens. Le roi lui-même sera atteint de nombreuses maladies, d'un mal qui va ronger ses intestins au point où ils sortiront régulièrement. De plus, le Seigneur éveilla contre Joram l'esprit des Philistins et des arabes. Ces deux peuples sont déjà mentionnés en 17.11 lorsqu'ils apportent au roi Josaphat, père de Joram, des présents, un tribut en argent, sans oublier le petit bétail, sept mille sept cents boucs. Dans ce chapitre 21, les mêmes peuples sont au service du Seigneur pour châtier son peuple et le roi. Nous les retrouvons encore en 26.6-7. Notons la reprise du v. 5 au v. 20 qui ajoute des informations sur la mort de Joram. Selon ce verset, ce roi ne fut pas regretté. Nous y apprenons aussi que, quoiqu'enterré dans la ville de David, le roi Joram ne fut pas inhumé dans les tombeaux des rois. Ces informations en défaveur du roi Joram révèlent l'exercice de la théologie de la rétribution immédiate si chère au Chroniste. Joram fait partie de la liste des rois qui n'ont pas obtenu une bonne mention de la part du Seigneur.

Conclusion et questions de réflexion

Comme le roi Salomon, le roi Josaphat se montre humble dans sa prière. Comment nous présentons-nous devant notre Dieu lorsque nous prions ?

Dans cette unité, les chantres célèbrent la victoire contre leurs ennemis, avant la victoire. Cela montre qu'ils placent leur confiance dans le Seigneur qui combat pour son peuple. Contre qui ou quoi devons-nous combattre ? Ne nous arrive-t-il pas de nous tromper d'ennemis ? Avec quelles armes combattons-nous ?

Lorsque l'on est égocentrique comme le roi Joram, l'une des tentations c'est de se débarasser de ceux qui pourraient être contre nous ou se mettre en travers de notre chemin. Que peuvent être les causes des nombreux assassinats des hommes politiques en Afrique ?

La raison de la révolte contre le roi Joram est le fait d'avoir abandonné le Seigneur YHWH. C'est l'expression de la théologie de rétribution immédiate fort prisée dans le Livre des Chroniques. Peut-on parler d'abandon du Seigneur dans nos pays africains et dans nos Églises ? Si oui, comment cet abandon se manifeste-t-il ?

Avec le cas de Joram, nous ne pouvons pas appliquer l'adage qui dit : « Tel père, tel fils. » Quelles peuvent être, de nos jours, les raisons de l'échec ou de la réussite en matière de l'éducation des enfants ? Le mauvais comportement de certains enfants a-t-il toujours pour cause une mauvaise éducation de la part des parents ?

JOAS, LE RÉFORMATEUR

Selon un proverbe bamiléké du Cameroun : « Même dans l'eau, la banane qui devait mûrir mûrira. » Cela signifie que rien n'empêche le destin de s'accomplir. Malgré les dispositions prises par la reine Athalie, l'un des fils ou descendants de David est sacré roi de Juda. Il s'appelle Joas. Il commence bien grâce au coaching du prêtre Joïada, mais termine malheureusement dans l'infidélité, après la mort de Joïada.

2 Chroniques 22 Un règne particulier

Les neuf premiers versets de ce chapitre ont pour parallèle 2 Rois 8.25-29. Comme nous pouvons le constater, le texte du Chroniste est plus long. Cela sous-entend que le Chroniste a dû utiliser une source autre que celle de l'auteur du Livre des Rois. Nous pouvons diviser ce chapitre en deux parties : v. 1-9 ; 10-12. Dans la première partie, l'auteur parle de la manière dont Achazia a accédé au pouvoir et ce qui lui est arrivé. La deuxième partie souligne la manière dont Athalie, mère d'Achazia, s'empare du pouvoir.

22.1-9 Accession d'Achazia au trône

En lisant ce chapitre, la première chose qui attire l'attention c'est la manière dont Achazia accède au trône. Il est investi par les habitants de Jérusalem. Une telle procédure qui, de nos jours, serait applaudie, sort de l'ordinaire de l'époque. Dans la plupart des cas en Afrique, ce ne sont pas les habitants du pays ou de la ville, ou encore de la circonscription, qui investissent le président de la république, le maire de la ville, le député. Le parti au pouvoir impose les siens en faisant parfois usage des armes ou en organisant des élections gagnées d'avance.

La deuxième chose qui frappe le regard du lecteur c'est la durée de son règne : une année. L'âge de quarante-deux ans, donné à Achazia semble être un lapsus calami, d'autant plus que selon 2 Chroniques 21.5 et 20, son père Joram n'avait que trente-deux ans lorsqu'il devint roi et régna huit ans à Jérusalem. Comment le fils qui le remplace immédiatement pouvait-il avoir quarante-deux ans ?

Notons que la mère du roi Achazia est décrite comme prodiguant de mauvais conseils à son fils. Cette mère était fille d'Omri. La posture d'Achazia par rapport au Seigneur n'est pas bonne, puisqu'il est décrit comme celui qui « fit ce qui déplaisait au Seigneur, comme la maison d'Achab » (v. 4, NBS). En dehors des mauvais conseils de sa mère, Achazia fut aussi influencé par les gens de la maison d'Achab. C'est ici le lieu de se demander quels conseils les parents et amis des dirigeants politiques en Afrique leur prodiguent-ils ? Dans les v. 5-9, le Chroniste raconte brièvement la fin tragique du roi Achazia, alors que les chapitres 9 et 10 de 2 Rois en disent long sur l'expédition de Jéhu, ayant reçu l'onction sur l'ordre du prophète Élisée pour massacrer la maison d'Achab, comme châtiment pour toutes ses infidélités. Le Chroniste ne décrit pas ici les choses de la même manière que l'auteur du Livre des Rois. Il souligne que ce qui est arrivé au roi Achazia et à ses proches émane de la volonté du Seigneur. Il illustre sa doctrine de rétribution immédiate. Dans cette doctrine, les rois qui font ce qui plaît au Seigneur sont bénis, alors que ceux qui font ce qui est mauvais aux yeux du Seigneur sont punis.

22.10-12 Deux femmes sur scène : l'une usurpatrice et l'autre « sauveuse »

Cette partie composée de trois versets met en scène deux femmes. La première décrite au v. 10 est nommée Athalie. Elle est mère du roi Achazias, tué par Jéhu qui avait reçu du Seigneur l'onction royale pour abattre la maison d'Achab dont Athalie est fille. L'assassinat du roi Achazias entraîne une crise de succession en Juda, puisque le v. 9 dit que personne dans la maison d'Achazias n'était en état de régner. Athalie est mère d'Achazias et femme du roi Joram. Elle profite de cette situation de crise pour vouloir faire périr toute la descendance royale de la maison de Juda. Il s'agit d'une vengeance mêlée d'un désir de régner, car selon 2 Rois 11.3, Athalie régna pendant six ans sur Juda. Pour Athalie, exterminer tous les mâles susceptibles de régner sur la maison de Juda permet de consolider son pouvoir. Ce n'est qu'illusion, puisqu'à son insu, Dieu, qui agit discrètement dans cet épisode, met à l'abri le prochain roi.

La deuxième femme dont l'action est décrite au v. 11 s'appelle Yehoshabéath, fille du roi Joram, femme du prêtre Joïada. C'est elle que le Seigneur utilise implicitement pour mettre l'enfant Joas hors de danger. Grâce à Yehoshabéath, l'épée engagée par Athalie n'a pas pu atteindre l'enfant Joas. Dans cet épisode, Yehoshabéath joue le rôle de « sauveuse ». Elle sauve Joas, fils du roi Achazias, en le cachant dans un endroit où les assassins de la reine Athalie ne pouvaient avoir accès.

Les deux femmes de cet épisode sont courageuses. La première a le courage de faire le mal. La deuxième a le courage de sauver du mal. En Afrique comme ailleurs, les deux types de femmes existent. Les femmes dont l'Afrique a besoin sont celles qui sauvent du mal.

2 Chroniques 23 Complot contre la reine Athalie et installation de Joas comme roi

Ce chapitre est la suite logique du précédent. Y est mis en exergue le complot contre le pouvoir usurpé de la reine Athalie. Pour le Chroniste, il s'agit d'une action qui engage tous les prêtres et tous les lévites, bref, il s'agit d'une action populaire, alors que dans le Livre des Rois, c'est l'affaire des gardes royaux, ou de l'armée composée de laïcs et de mercenaires étrangers (cf. 2 R 11.4, 11, 13, 15, 19). Ce chapitre peut être divisé en quatre parties : v. 1-7 ; 8-11 ; 12-15 et 16-21. Dans la première partie, le prêtre Joïada qui devient fort organise le complot. La deuxième partie présente l'exécution des consignes du prêtre par les lévites et tout Juda. La troisième partie est consacrée à la réaction de la reine Athalie et à sa mort. La quatrième partie parle de la réforme entreprise par le prêtre Joïada.

23.1-7 Organisation du complot

En rapportant l'activité du prêtre Joïada, le Chroniste emploie un verbe qu'il a l'habitude d'utiliser lorsqu'il décrit les règnes des rois. C'est le verbe *ḥāzaq* qui est rendu dans ce contexte par « devint fort ». Devenu fort, la première chose que le prêtre Joïada fait c'est de passer une alliance avec les cinq chefs de cent et de les envoyer dans tout Juda pour rassembler les lévites de toutes les villes de Juda et les chefs de famille d'Israël.

Les v. 2 et 3 révèlent que lorsque les cinq chefs de cent arrivent à Jérusalem, « toute l'assemblée conclut une alliance avec le roi [Joas] dans la maison de Dieu » (NBS).

Les v. 4-7 contiennent des dispositions pour assurer la sécurité pendant cet événement. Cette conclusion d'alliance constitue un engagement à ce qui va se faire : reconnaître et investir Joas comme roi. Cela fait écho à l'épisode que le Chroniste rapporte de l'accession de David au trône royal (1 Ch 11.1ss). En Afrique, une autorité qui fait l'unanimité, en politique ou dans l'Église, réussit.

Joas doit régner, non d'après une volonté humaine, mais d'après ce que le Seigneur a dit concernant les fils de David (2 Ch 23.3). Il y a ici un blanc de texte puisque le contenu de ce que le Seigneur avait dit n'est pas révélé. Nous pouvons le trouver dans 1 Chroniques 17.10b-14. Dans le Livre des Chroniques, le roi est un lieutenant de Dieu. C'est le Seigneur qui choisit le roi, puisque le peuple sur lequel le roi siège appartient à Dieu. Joas appartient à la lignée davidique choisie par le Seigneur. Comme nous pouvons le constater ici, c'est dans la maison de Dieu que le roi conclut l'alliance avec le peuple. Au v. 6, il est question de n'admettre l'accès dans la maison du Seigneur qu'aux consacrés. Tout le peuple reste dans les parvis du temple. Le Chroniste souligne donc la sainteté du temple, car c'est la maison du Seigneur. Notons que dans les parvis du temple c'est tout le peuple, donc même les étrangers, qui y ont accès. L'unité du roi avec le peuple, que le Chroniste décrit, se fait sous l'autorité du Seigneur Dieu. Les v. 3 et 16 soulignent cette unité. Comme le roi David (1 Ch 11-12), le roi Joas, malgré son jeune âge, bénéficie du soutien de tout le peuple. L'accession de Joas au trône relance l'accomplissement de la promesse de Dieu en faveur de la dynastie davidique perpétuelle. Ici, comme partout dans le Livre des Chroniques, l'auteur accorde une bonne place aux lévites. La sécurité du roi est bien assurée. L'emploi de la racine hébraïque *sbb*[133] qui signifie « entourer » ou être « autour de » au v. 7 et 10, avec le verbe *nqf*[134] qui a pour sens « faire le tour de » ou « entourer » (v. 7), le prouve à suffisance. Chacun les armes à la main, les lévites ont le devoir d'assurer la sécurité du roi.

23.8-11 Onction de Joas comme roi

La bonne organisation décrite dans les versets précédents est exécutée dans cette deuxième partie. Les consignes du prêtre Joïada sont fidèlement suivies. Notons qu'ici le Chroniste préfère employer les mots « lévites » et « tout Juda », au lieu de : « les chefs de cent » que nous lisons en 2 Rois 11.9. La préférence du Chroniste pour les lévites est omniprésente dans toute son œuvre. Il est intéressant de voir ici que le prêtre Joïada n'a pas trouvé utile de licencier les classes déjà en fonction. Souvent, en politique africaine et même parfois dans d'autres continents, les personnes qui accèdent au pouvoir arrivent avec leurs équipes et relèvent celles qu'elles trouvent. Le prêtre Joïada qui est le cerveau penseur du coup d'État contre la reine Athalie ne fait pas ce choix. Toutes les armes citées au v. 9 que le prêtre Joïada remet aux chefs de cent sont au service de la sécurité du roi. Le mot traduit par « lances » est au singulier dans certains manuscrits et fait écho à la lance que David avait utilisée pour évincer Goliath. Le v. 10 montre que c'est tout le peuple qui est impliqué dans la sécurité du roi. Toutes les dispositions sont prises pour empêcher une réaction de la part de la reine Athalie, susceptible de faire échouer le coup bien organisé. Le v. 11 qui rapporte l'acte même de l'onction du roi Joas révèle aussi l'implication des enfants du prêtre Joïada. Ils ont la tâche de donner l'onction au roi et ils crient : « Vive le roi ! »

23.12-15 Réaction et mort de la reine Athalie

Un adage dit qu'« un bien mal acquis ne profite jamais ». Si nous mettons ensemble l'usurpation du trône par Athalie selon le récit de 2 Chroniques 22, avec le projet d'exterminer la descendance royale pour mettre fin à la dynastie davidique, et le renversement de la situation par Joïada que rapporte 2 Chronique 23, nous pouvons affirmer que le Chroniste met bien en lumière l'ironie de la situation. La reine Athalie est surprise de la joyeuse fête qui célèbre l'investiture du roi Joas. L'auteur décrit les choses de manière à montrer que lorsque la reine s'aperçoit de ce qui se passe, lorsqu'elle regarde, « le roi se tenait debout sur son estrade à l'entrée » (v. 13, NBS). Tout est consommé. L'heure est à la fête du côté de ses opposants. Chanteurs et trompettistes sont déjà à l'œuvre pour célébrer avec faste l'accession de Joas au trône royal et la fin du règne d'Athalie. Notons la participation de tout le peuple à la joie que suscite cet événement. Cela fait penser à la joie que suscite la chute de certains régimes dictatoriaux africains. À l'image du prêtre Joïada, les Églises africaines devraient-elle prendre part, au travers d'enseignements et d'actions non-violentes, à la lutte contre les régimes dictatoriaux ?

23.16-21 Réforme entreprise par Joïada

L'alliance pour entreprendre le coup d'installer Joas au trône (v. 3) est harmonieusement suivie de l'alliance de consécration du peuple à Dieu comme son Seigneur exclusif (v. 16). Or, lorsqu'on s'engage de ne se consacrer qu'à Dieu, tout ce qui ne plaît pas au Seigneur est à démolir ou à rejeter. C'est à une réforme de ce genre que le prêtre Joïada engage tout le peuple (v. 17). Non seulement les autels du Baal sont démolis, mais encore Mattân, prêtre du Baal, est tué. Baal n'est d'abord qu'un titre ayant le sens de « maître », « seigneur », mais qui avec le temps est devenu l'appellation du dieu de l'orage. Les textes ougaritiques lui confèrent plusieurs épithètes. Le Seigneur n'aime jamais partager sa gloire avec quelqu'un d'autre. Joïada procède ensuite à la restauration de l'autorité des prêtres et des lévites en ce qui concerne la surveillance de la maison du Seigneur (v. 18). Ces derniers que David avait répartis selon la loi de Moïse et selon ses directives, peuvent de nouveau y offrir des holocaustes. La Torah et le temple sont de nouveau honorés. Le Chroniste souligne que ces offrandes se font dans la joie et dans les chants, selon les directives de David[135]. Cette ambiance est remarquable même de nos jours dans la plupart des Églises africaines au moment liturgique consacré aux offrandes. Le v. 19 parle des dispositions qui avaient été prises, afin que rien d'impur n'entre dans la maison du Seigneur. C'est l'une des preuves de l'importance que le Chroniste accorde au temple. C'est intéressant de voir que c'est du temple qu'on fait descendre le roi pour l'installer dans la maison du roi. C'est donc avec les bénédictions de Dieu que le roi Joas est établi dans la maison royale. L'adoration davidique au temple et la représentation davidique au trône marquent l'accomplissement des idéaux chers au cœur du Chroniste[136]. Le v. 21 revient sur la thématique de la joie. L'installation du roi Joas sur le trône est une occasion de joie pour toute la population. Notons aussi le calme dans la ville que signale le v. 21. Comme la fin du v. 15, celle du v. 21 mentionne la mort d'Athalie. C'est la mort momentanée de la dynastie davidique.

2 Chroniques 24 Le règne de Joas

Ce chapitre qui a pour parallèle 2 Rois 12 peut être divisé en quatre parties : v. 1-3 ; 4-14 ; 15-22 ; 23-27. La première partie peut être considérée comme l'exposition. La deuxième partie parle de la réforme de Joas consistant à restaurer la maison du Seigneur. La troisième partie révèle l'infidélité du roi Joas. La quatrième partie présente les conséquences de cette infidélité. Le règne de Joas ressemble à celui d'Asa du fait de l'ambivalence qui caractérise les deux : une première partie marquée par la fidélité du roi et une deuxième partie marquée par son infidélité.

24.1-3 Le roi Joas

À sept ans, Joas devient roi. Cet âge explique bien les raisons du parrainage dont il bénéficie de la part du prêtre Joïada. Tant que ce dernier est vivant, la description du règne de Joas est positive. D'où l'importance d'avoir des aînés assurant l'accompagnement des plus jeunes dans n'importe quel domaine.

24.4-14 Restauration de la maison du Seigneur

Il est probable que c'est d'abord le prêtre Joïada qui a dirigé le pays au nom de Joas puisque ce dernier n'a que sept ans au moment de son installation. Il y a une sorte d'ellipse dans la narration du Chroniste puisque le lecteur ne sait pas ce qui s'est passé de l'installation de Joas comme roi jusqu'au temps où le prêtre Joïada prend deux femmes pour le roi qui engendrent des fils et des filles. Selon le v. 4ss, le premier acte que pose Joas comme roi est sa décision de restaurer ou rénover le temple. Celui-ci aura été souillé, détérioré par la reine Athalie et ses fils, en utilisant pour Baal tous les objets sacrés de la maison du Seigneur. Joas s'appuie sur la Torah pour trouver la recette permettant la rénovation de la maison du Seigneur. Selon Exode 30.12-16 et 38.25-26, chaque membre du peuple doit payer sa contribution au Seigneur. Cette taxe n'a apparemment pas été recueillie entretemps et Joas ordonne qu'elle le soit afin de restaurer le temple. Le v. 6 révèle que c'est le roi qui convoque le prêtre Joïada et lui reproche de ne pas avoir insisté auprès des lévites pour apporter de Juda et de Jérusalem l'impôt prescrit par la loi de Moïse. Le Chroniste donne une version différente de celle de 2 Rois 12, en mettant l'accent sur les lévites. Il souligne le manque de zèle de la part des lévites en ce qui concerne la collecte des contributions du peuple (v. 5-6).

La solution que Joas trouve consiste à demander au peuple d'apporter leur contribution directement au temple, au lieu qu'elle passe par l'intermédiaire des lévites. Il ordonne de placer un tronc (ou coffre selon les versions bibliques) à l'extérieur, à la porte du temple et de publier dans tout Juda et dans Jérusalem que le peuple doit apporter l'impôt établi par Moïse dans le désert. La joie que cette annonce suscite et la mobilisation qu'elle entraîne révèlent l'engagement du peuple à obéir à la volonté du roi Joas représentant le Dieu de ce peuple, le Dieu dont la maison est à restaurer[137]. Cette pratique de mettre l'argent dans le « tronc » qui est celle de l'époque du second temple est aussi attestée au temps de Jésus (Mc 12.41-44/Lc 21.1-4, TOB). La joie avec laquelle le peuple accueille l'annonce a pour résultat la liberté avec laquelle il donne abondamment pour la maison du Seigneur. Cette joie de donner pour que l'œuvre de Dieu aille de l'avant est remarquable dans certaines Églises d'Afrique. En revanche, elle est absente dans d'autres qui peinent à payer les salaires de leurs ministres, malgré la masse des fidèles qui les composent. Notons aussi la bonne collaboration entre le prêtre Joïada et le roi pour le mieux-être de la maison du Seigneur. Nous voyons cette collaboration au travers de la bonne ambiance entre le secrétaire du roi et l'intendant du grand prêtre (v. 11). En Afrique, une telle collaboration pour les causes nobles entre les ministres de Dieu et les pouvoirs publics, même si nos États prônent la laïcité, contribuerait au mieux-être de nos pays. Le Chroniste décrit aussi le sérieux des travailleurs, puisque le travail progresse entre leurs mains et ils remettent en bon état la maison du Seigneur (v. 12). Ces travailleurs sont aussi décrits comme honnêtes, parce qu'ils ne cachent pas le reste de l'argent, mais l'apportent devant le roi et devant le prêtre Joïada qui en font un bon usage pour la maison du Seigneur (v. 14). Les Églises africaines ont beaucoup à gagner en encourageant les fidèles à donner avec joie pour l'œuvre du Seigneur et en enseignant l'amour du travail bien fait dans l'honnêteté. La fin du v. 14 donne une précision importante : « Pendant tous les jours de Joïada, on offrit constamment des holocaustes dans la maison du Seigneur » (NBS). Le narrateur le dit déjà pour préparer le lecteur à l'apostasie qui va être décrite dans la suite.

24.15-22 L'infidélité de Joas

Les Bakongo du Congo-Brazzaville ont l'expression *mabaluka ntangu* qui signifie « celui qui est versatile ». Cette partie du chapitre 24 met en relief une autre face du personnage de Joas. La disparition du beau tableau des versets précédents est introduite par l'information de la vieillesse et de la mort du prêtre Joïada. Notons que le Chroniste juge utile de préciser que le prêtre Joïada meurt rassasié de jours, à l'âge de cent trente ans. Cela s'inscrit dans le cadre de sa théologie de rétribution immédiate. Il veut montrer que ce prêtre a vécu longtemps parce qu'il a fait ce qui convenait au Seigneur. Même l'ensevelissement dans la cité de David, avec les rois, s'inscrit dans le cadre de cette théologie. C'est pourquoi au v. 16, il est écrit : « On l'ensevelit dans la Ville de David avec les rois, parce qu'il avait fait du bien en Israël, ainsi qu'à l'égard de Dieu et de sa maison » (NBS).

Le narrateur révèle le manque d'enracinement de la foi du roi Joas. Seule la présence du prêtre Joïada le maintenait en communion avec le Seigneur. Mon ami Cyprien Balaya aime une expression pour désigner ce genre de foi. Il parle de « la foi encadrée[138] ». Il utilise cette expression pour parler d'une foi qui ne repose que sur des personnes et sur un environnement donné et qui tombe en crise lorsque ces personnes ne vivent plus dans le même environnement ou disparaissent complètement. L'infidélité de Joas est mise en relief par l'usage d'un verbe très caractéristique de la théologie du Chroniste : le verbe *'azab* qui a pour sens « abandonner » mentionné aux v. 18 et 20. L'idolâtrie des chefs de Juda et du roi Joas ont entraîné la colère de Dieu qui frappe Juda et Jérusalem (v. 18). Dans la théologie du Chroniste, celui qui pèche subit les conséquences de son péché. En revanche, la personne qui se repent après avoir péché reçoit le pardon de Dieu. L'envoi des prophètes que rapporte le v. 19 a pour fonction de ramener le peuple et ses leaders au Seigneur. Malheureusement, Juda et Jérusalem ne se sont pas repentis. Même l'intervention de Zacharie, fils de Joïada, qui agit en prophète pour appeler à la repentance est sans succès. Au contraire, il est tué sur l'ordre du roi, dans le parvis de la maison du Seigneur. Le même roi qui a accédé au pouvoir, parce qu'il avait été caché par Yehoshabéath, puis parce que le prêtre Joïada a entrepris un coup pour renverser la reine Athalie, et l'a installé au trône, c'est le fils de ce même prêtre que le roi Joas ordonne de tuer. Le roi Joas se révèle ingrat à l'égard de Joïada. Comme a-t-il pu tomber si bas ? Même si le v. 17 décrit les chefs de Juda comme ceux qui semblent avoir induit le roi Joas en erreur, n'était-il pas mature après tant d'années de formation reçue du prêtre Joïada ? Le roi Joas rend le bien que Joïada lui a fait par le mal qu'il fait en ordonnant l'assassinat du fils de son mentor.

Dans les paroles que le fils du prêtre Joïada prononce avant de mourir (v. 22), se révèle la théologie de rétribution très présente dans le Livre des Chroniques. La suite de ce chapitre met en exergue la manifestation de cette rétribution.

24.23-27 Les conséquences de l'infidélité du roi Joas

La vengeance de Dieu se manifeste par le truchement de l'invasion de l'armée d'Aram. Le même Dieu qui avait donné la victoire à Abijah et Asa malgré leur petit nombre devant une grande armée, mais parce qu'ils avaient placé leur confiance en Dieu, est aussi celui qui livre aux mains de l'armée araméenne, inférieure en nombre, la grande armée de Joas et les chefs de Juda, parce qu'ils ont abandonné le Seigneur, le Dieu de leurs pères. La confiance dans le Seigneur et l'obéissance à sa volonté conduisent à la victoire. En revanche, l'abandon de Dieu entraîne la ruine. Joas, sérieusement blessé pendant la bataille, est tué sur son lit par ses propres serviteurs. C'est toujours la manifestation de la théologie de la rétribution. Le Chroniste justifie cette mort du roi Joas en ces termes : « à cause du sang des fils de Joïada » (v. 25, NBS). Le Chroniste juge bon au v. 26 de mentionner l'origine maternelle des deux conspirateurs. Ils sont tous les deux issus d'une union avec une femme étrangère. Le v. 27 révèle l'une des sources du Chroniste.

Conclusion et questions de réflexion

Cette unité nous révèle également deux types de femmes : une qui prend plaisir à faire le mal (Athalie) et une autre qui préfère sauver du mal (Yehoshabéath). Quels types de femmes avons-nous en politique et dans nos Églises en Afrique ?

Cette unité révèle aussi un principe bien connu : un bien mal acquis ne profite jamais. La reine Athalie ne va pas plus loin dans son usurpation de pouvoir. Ne nous arrive-t-il pas d'usurper la place des autres ? Une bonne organisation a permis de renverser le pouvoir mal acquis d'Athalie. Peut-on parler de biens mal acquis en politique et dans nos Églises en Afrique de nos jours ? Dans cette unité, c'est un prêtre qui organise le coup qui fait tomber la reine Athalie. L'Afrique est en proie à des régimes dictatoriaux. L'Église peut-elle aider à mettre fin aux régimes dictatoriaux en Afrique ? Peut-on aussi parler de dictature dans nos Églises africaines ? Il est aussi question d'offrandes offertes avec joie. Comment contribuons-nous à l'avancement de l'œuvre de Dieu dans nos pays ?

Un mauvais exemple : un roi qui a bien commencé et qui termine mal en abandonnant le Seigneur. L'Afrique est fortement christianisée. Peut-on, aujourd'hui, parler de regain du paganisme en Afrique ?

LES RÈGNES D'AMATSIA À ACHAZ

Cette unité composée des chapitres 25–28 concerne quatre règnes : ceux d'Amatsia, d'Ozias, de Jotam et d'Achaz. Amatsia et Jotam sont présentés comme ayant fait ce qui convenait au Seigneur, Ozias et Achaz comme n'ayant pas fait ce qui convenait au Seigneur. Jotam et Achaz ont régné la même durée au trône : seize ans (27.8 et 28.1).

2 Chroniques 25 Le règne d'Amatsia

Ce chapitre qui est le parallèle de 2 Rois 14 peut être divisé en deux parties : 1-13 et 14-28. Selon le récit du Chroniste, à l'instar de son père Joas, le roi Amatsia est d'abord décrit comme fidèle, c'est pourquoi il remporte la victoire sur les Édomites. Il est ensuite décrit comme infidèle, aussi est-il battu et il meurt victime d'une conspiration.

25.1-13 Fidélité et victoire du roi

Dans les versets 1-4, après avoir donné l'âge de l'accession d'Amatsia au trône, le Chroniste révèle le nom de la mère du roi, puis il dit comment le roi s'est comporté à l'égard du Seigneur. Il exprime aussi le refus de la thélogie de rétribution différée. Le Chroniste prêche la théologie de la rétribution immédiate aussi attestée entre autres dans le livre d'Ézéchiel où il est écrit : « L'âme qui pèche, c'est elle qui mourra » (Ez 18.20, TOB).

Dans les versets 5 et 6, le Chroniste décrit l'organisation ou les dispositions militaires prises pour un bon départ en campagne. Cependant, la réaction de Dieu ne se fait pas attendre lorsque le roi Amatsia procède au recrutement de vaillants guerriers en Israël, pour cent talents d'argent. Cette réaction rapportée aux v. 7 et 8 se fait au mode scénique par le truchement d'un personnage appelé homme de Dieu. Il se dégage de cet épisode que le roi Amatsia n'a pas au préalable consulté Dieu avant de s'engager dans les préparatifs de sa campagne militaire. Mais au v. 9, Dieu rassure, malgré les dépenses déjà faites par le roi en recrutant des guerriers en Israël. Le v. 10 montre l'obéissance du roi Amatsia après l'intervention de l'envoyé de Dieu. Le Chroniste place l'information sur la puissance d'Amatsia immédiatement après le v. 10 qui décrit son obéissance. La victoire ne peut que s'ensuivre, puisque dans l'enseignement que véhicule toute l'œuvre du Chroniste, l'obéissance au Seigneur conduit au succès. Le v. 12 rapporte ce succès. En revanche, le v. 13 rapporte l'expression de la colère de ceux que le roi Amatsia aura empêchés d'aller en campagne avec lui[139]. Cela diminue la victoire d'Amatsia, puisque selon le v. 13, les mécontents Éphraïmites « tuèrent trois mille hommes et firent un grand pillage » (NBS).

25.14-28 L'infidélité du roi Amatsia et les conséquences qui en découlent

La victoire que remporte Amatsia sur les Édomites porte en elle les germes de la ruine de ce roi[140]. Le v. 14 décrit l'idolâtrie qui illustre l'infidélité du roi Amatsia. Non seulement il ramène les dieux des fils de Séïr, mais il les prend aussi pour ses dieux et se prosterne devant eux en leur offrant de l'encens. Là est une preuve de la superficialité de la foi d'Amatsia. N'est-il pas conscient que c'est le Seigneur qui lui a donné sa victoire ? Que s'est-il passé pour que le roi soit si attiré par les dieux édomites ? La raison de cette apostasie n'est autre que ce que le Chroniste révèle au v. 2 : « non pas toutefois d'un cœur entier » (NBS). Le roi n'a pas assimilé la parole prophétique que l'homme de Dieu lui a transmise à savoir : « C'est Dieu qui a la force de secourir et de faire trébucher » (v. 8, TOB).

Certes, dans le monde antique, les idoles d'un peuple battu étaient toujours emmenées en captivité par les vainqueurs, comme symbole de la défaite des dieux du peuple vaincu. C'est ce qui s'est passé lorsque les Philistins avaient capturé l'arche (1 S 4.1–7.2). C'est probablement pour éviter la tentation d'adorer les dieux capturés que nous avons la prescription suivante en Deutéronome 7.5 : « Mais voici ce que vous ferez à ces nations : leurs autels, vous les démolirez ; leurs stèles, vous les briserez ; leurs poteaux sacrés, vous les casserez ; leurs idoles, vous les brûlerez » (TOB, voir aussi 12.3).

Contrairement au premier tableau, lorsque Dieu envoie un prophète à Amatsia, afin qu'il évite le désastre, ce dernier n'écoute pas. Au v. 16, nous avons l'expression *lo' šama'ta*[141] au mode scénique : « tu n'as pas écouté ». Au v. 20, il est écrit : *lo' šama*[142] au mode narratif : « il n'écouta pas ». À plusieurs endroits de la Bible hébraïque, Dieu reproche à son peuple de ne pas l'écouter. Le peuple de Dieu transgresse souvent le célèbre impératif *šema' Yisrael* de Deutéronome 6.4ss. Or, lorsque le peuple n'écoute pas, le Seigneur se met en colère et frappe. C'est ce qui arrive au roi Amatsia, décrit dans les v. 18-24. La pointe de la parabole donnée ici est claire et c'est ce que nous lisons dans Proverbes 16.18 : « Avant la ruine, il y a l'orgueil ; avant le faux pas, l'arrogance » (TOB). L'orgueil du roi Amatsia précède sa chute. Notons que le v. 20 décrit la désobéissance d'Amatsia comme venant de Dieu, car il a voulu le livrer au roi d'Israël. La cause de ce comportement de Dieu est révélée au v. 20 : « parce qu'ils avaient vénéré les dieux d'Édom » (TOB). Le Chroniste justifie toujours le malheur qu'il raconte. À cause de l'infidélité d'Amatsia, il devient prisonnier de Joas roi d'Israël, homonyme de son père, la muraille prend un coup, l'or, l'argent, tous les objets du temple, les trésors de la maison du roi, les otages, sont pris. C'est la ruine. Le v. 24 fait mention d'Obed-Édom, un nom qui fait écho à 1 Chroniques 13.13-14 et 26.4-8, 15.

Les v. 25-27 indiquent des sources utilisées par le Chroniste, mais auxquelles nous ne pouvons pas accéder de nos jours. Une partie du v. 27 et le v. 28 racontent la fin tragique du roi Amatsia. Comme son père, il meurt par conspiration. Le Chroniste ne précise pas la ville de Juda dans laquelle Amatsia est inhumé. Dans ce chapitre comme dans les autres se révèle la théologie de la rétribution immédiate. Notons aussi une constance dans la politique africaine, les chefs d'États qui recherchent leur sécurité et qui pensent affirmer leur pouvoir par des voies idolâtriques connaissent une fin tragique.

2 Chroniques 26 Le règne d'Ozias

Ce chapitre a pour parallèle 2 Rois 15. Il peut être divisé en deux parties : v. 1-15 et 16-23. Dans la première partie, le Chroniste décrit le roi Ozias comme celui qui recherche Dieu et qui devient puissant. Dans la deuxième partie, il s'agit du même roi qui devient orgueilleux et qui ose accomplir une tâche réservée aux prêtres, fils d'Aaron (v. 18). Comme les règnes de son père et de son grand-père, celui d'Ozias commence bien, mais se termine mal.

26.1-15 Le roi qui cherche Dieu

Le v. 1 indique déjà que l'accession du roi Ozias au trône a fait l'unanimité de tout le peuple. Il est encore adolescent lorsqu'il monte sur le trône. Il approche tout de même la majorité, d'après la conception de nos jours. Même si le narrateur ne donne aucune chance au lecteur de savoir comment s'est passée son installation, le texte dit qu'Ozias remplace son père. Le premier acte de ce roi est un acte de construction et de rétrocession. Le v. 3 revient sur l'âge du roi Ozias au moment de son accession au trône, pourtant cette information est déjà donnée au v. 1. Mais le v. 3 ajoute la durée du règne. Comme pour ses prédécesseurs, le nom de sa mère est donné. Le roi est présenté comme celui qui fait ce qui est droit aux yeux du Seigneur. Selon le v. 4 il est une copie de son père du point de vue comportemental.

L'information que donne le Chroniste sur la rétrocession d'Eiloth est probablement liée au déclin de l'hégémonie assyrienne. En effet, la première moitié du VIIIe siècle av. J.-C. est marquée par une sorte de vacance de pouvoir dans le Proche-Orient ancien. L'Assyrie, qui est la grande puissance de l'époque, est préoccupée par les affaires internes ou par des invasions des ennemis loin de la Palestine[143]. Cela donne aux royaumes d'Israël et de Juda une aubaine pour croître et prospérer. Même si le Chroniste ne dit rien sur la prospérité du royaume du Nord au temps de Jéroboam II, contemporain d'Ozias, ses succès constituent la raison principale des succès d'Ozias dans le royaume du Sud. Ozias peut ainsi étendre ses frontières aussi loin au sud jusqu'à atteindre le port d'Eiloth aussi appelé Eilath[144], sur le golfe d'Aqaba. Il peut alors réactiver le commerce avec l'Afrique, activité qui avait enrichi le roi Salomon.

Le Chroniste décrit Ozias comme un roi qui va de victoire en victoire. Il va en guerre contre les Philistins et remporte des victoires (v. 6). La raison de ces victoires se trouve d'abord au v. 5 où il est dit que le roi Ozias rechercha (dāraš) Dieu. Le Chroniste cite un personnage nommé Zacharie qui instruit le roi dans la crainte de Dieu. Aussi longtemps qu'Ozias reste fidèle au Seigneur, il fait l'expérience de la prospérité. Le texte dit bien que c'est Dieu qui le fait prospérer. Le v. 7 dit aussi que Dieu lui vient en aide contre les Philistins, contre les Arabes habitant à Gour-Baal et les Maonites. Ozias réussit à construire des tours, à creuser des citernes, à entreprendre des activités agricoles. Ozias est décrit comme un roi qui aime la terre, un roi qui fait l'expérience du succès dans toutes ses entreprises. Le mot Méounites dans la TOB au v. 8 désigne-t-il les Ammonites, comme le lit la Septante et à la lumière de 2 Chroniques 27.5 ? En Esdras 2.50 et Néhémie 7.52, ce mot se trouve parmi les serviteurs du temple, dans la liste des exilés de retour chez eux. Les v. 11-14 montrent les compétences du roi Ozias en matière d'organisation militaire, avec des machines spécialement inventées pour être placées sur les tours et les angles, pour lancer des flèches et des grosses pierres (v. 15). Bref, le roi Ozias est devenu un puissant guerrier.

26.16-23 Infidélité d'Ozias caractérisée par l'orgueil et l'excès de zèle

Malheureusement, comme Roboam (2 Ch 12.1-2), la force ou la puissance et la prospérité d'Ozias le conduisent à l'orgueil et à la ruine (16-21). Il usurpe l'autorité des prêtres et entre dans le temple pour offrir de l'encens sur l'autel des

parfums. Pour cette raison, il est frappé de lèpre et se trouve contraint de vivre
« en quarantaine », dans une maison autre que le palais. Il est tenu à l'écart de la
maison du Seigneur (v. 21). C'est son fils Jotam qui règne sous forme de régence
jusqu'à la mort d'Ozias. Sa sanction le poursuit même après sa mort, puisqu'il
est « ensevelit avec ses pères dans le champ de la sépulture des rois » (NBS). Le
Chroniste ne parle pas de la cité de David.

La source du Chroniste dont il parle au v. 22, avec pour auteur le prophète
Ésaïe, ne nous est pas parvenue. Par contre, en Ésaïe 1.1, le roi Ozias est cité parmi
les rois sous les règnes desquels le prophète a exercé son ministère. En Ésaïe 6.1,
le nom du roi Ozias est encore cité, précisément l'année de sa mort, pour situer
historiquement le contexte de la vocation du prophète Ésaïe.

Ozias n'est pourtant pas le seul roi qui offre des sacrifices dans la Bible
hébraïque, puisque les textes comme 2 Samuel 6.17 ; 1 Rois 8.62-64 ; 1 Rois 13.1 ;
2 Rois 16.12-13, décrivent un tel acte. En revanche, dans la liste des tâches du
roi en Deutéronome 17.14-20, aucune tâche liée à la prêtrise n'est donnée au
roi. Comme nous pouvons le constater, dans le Livre des Chroniques, offrir des
sacrifices est partout une tâche réservée aux prêtres descendants d'Aaron.

2 Chroniques 27 Le règne de Jotam

Ce chapitre a pour parallèle 2 Rois 15.32-38. Il peut être divisé en deux
parties : v. 1-6 et 7-9. La première partie raconte les exploits du roi Jotam. La
deuxième partie indique la source qui contient plus de renseignements sur
l'histoire de Jotam, puis situe le lieu de l'inhumation du roi Jotam.

27.1-6 Les exploits du roi Jotam

Depuis le récit d'Abijah, Jotam est le premier roi dont le récit dans le Livre
des Chroniques est uniformément positif. Le Chroniste présente un récit de ce
roi semblable à celui du Livre des Rois. Jotam monte sur le trône à l'âge de vingt-
cinq ans et règne seize ans à Jérusalem. Il est curieux qu'un roi dont le récit est
positif jouisse d'un règne dont la durée est courte. Il est dit de ce roi qu'il fait ce
qui est droit aux yeux du Seigneur comme son père. Le Chroniste prend soin de
préciser que le roi Jotam n'est pas, à l'instar de son père, entré dans le temple
pour offrir de l'encens. Le paradoxe dans ce chapitre, c'est celui que mentionne
la fin du v. 2 : « Mais le peuple était encore perverti » (NBS). La corruption des
rois précédents fait encore ses effets sur le peuple de Dieu.

Le récit des réalisations du roi Jotam est unique dans la mesure où les rois
qui sont décrits comme pieux, dans le Livre des Chroniques, entreprennent des

réparations dans le temple et des réformes, alors que le roi Jotam se contente de construire la porte haute du temple et il construit beaucoup sur la muraille de l'Ophel. Bref, les exploits du roi Jotam s'inscrivent dans le cadre de la construction et au plan militaire, puisqu'il remporte des victoires sur les Ammonites. Il devient fort parce qu'il affermit ses voies devant le Seigneur, son Dieu. Notons que jusqu'à la fin de son récit, rien de négatif n'est dit du roi Jotam, contrairement aux rois précédents qui ont bien commencé, mais qui n'ont pas tenu bon et qui ont mal terminé. Jotam est discipliné et résolument déterminé à continuer de placer continuellement ses décisions et ses actions devant le Seigneur, son Dieu. En effet, commencer est une bonne chose, continuer c'est mieux, achever ce qu'on a commencé c'est encore mieux.

27.7-9 La source utilisée par le Chroniste concernant l'histoire de Jotam et le lieu de son inhumation

Le v. 7 sous-entend que le Chroniste ne dit pas tout sur l'histoire de Jotam. Il nous renvoie à une source où l'on trouverait le reste de l'histoire de Jotam. Malheureusement, cette source est probablement autre que le Livre des Rois, une source à laquelle nous n'avons pas accès de nos jours. Le début du v. 8 forme une inclusion avec le v. 1 parce qu'on y trouve la même information sur l'âge du roi Jotam, lorsqu'il est monté sur le trône et la durée de son règne.

La bonne mention obtenue par le roi Jotam justifie pourquoi il est enterré dans la ville de David. La doctrine de la rétribution est aussi présente dans ce chapitre.

2 Chroniques 28 Le règne d'Achaz

Ce chapitre qui a pour parallèle 2 Rois 16 peut être divisé en trois parties : 1-8 ; 9-15 et 16-27. La première partie souligne l'impiété du roi Achaz et ses conséquences. La deuxième partie décrit une plaidoirie en faveur des capturés de Juda. La troisième partie raconte la suite de l'impiété du roi Achaz et la fin de sa vie. Le règne que ce chapitre décrit est à l'antipode du règne précédent.

28.1-8 L'impiété du roi Achaz et ses conséquences

D'après le v. 1, à l'âge de vingt ans, Achaz devient roi. La durée de son règne est la même que celle de son père : seize ans. En revanche, avec les deux règnes, l'adage qui dit : « tel père, tel fils » ne peut pas s'appliquer. Le comportement du roi Achaz est l'opposé de celui de son père Jotam. Alors que pour le roi Jotam, le

Chroniste dit qu'il fit ce qui est droit aux yeux du Seigneur, comme son père Ozias, pour le roi Achaz, le Chroniste préfère dire qu'« il ne fit pas ce qui convenait au Seigneur, comme l'avait fait David, son père » (NBS). Le mot *'āb*[145] qui est utilisé dans les deux cas signifie « père » ou « ancêtre ». Le roi David est l'ancêtre du roi Achaz. En disant que le roi Achaz suit les chemins des rois d'Israël, le Chroniste, comme l'auteur de 2 Rois, fait une peinture négative des rois d'Israël. Au v. 2, le Chroniste emploie le mot *be'ālîm* (les Baals) qui ne se trouve pas dans le verset parallèle (2 R 16.3). L'usage de Baals (au pluriel) peut chez le Chroniste désigner toutes les divinités auxquelles le roi Achaz offre des sacrifices. Les v. 3 et 4 donnent les détails sur l'idolâtrie d'Achaz. La « vallée du Fils de Hinnom » (NBS) désigne probablement un lieu où se tiennent les cultes idolâtriques.

Les v. 5-8 donnent les détails des conséquences de l'impiété du roi Achaz. Le Seigneur son Dieu le livre aux mains des Araméens et des Israélites désignés dans ce chapitre comme frères des habitants de Juda. De nombreux prisonniers sont capturés et emmenés à Damas. De nombreux hommes de Juda, qualifiés tous au v. 6, de « vaillants », sont tués par les Israélites sous la conduite du roi Péqah, fils de Remalia. En effet, dans le Livre des Chroniques, toute vaillance sans le secours du Seigneur Dieu est nulle. Le v. 6 souligne la cause de tout ce désastre : « parce qu'ils avaient abandonné le Seigneur, le Dieu de leurs pères » (NBS). Le verbe *'āzab*[146] est l'un des termes caractéristiques de la théologie de la rétribution, bien attestée dans le Livre des Chroniques. Notre abandon de Dieu nous expose à des dangers permanents. Si Dieu est contre nous, qui sera pour nous, qui peut nous délivrer de sa main ?

28.9-15 Plaidoirie en faveur des capturés de Juda

Comme à d'autres endroits du Livre des Chroniques, le v. 9 mentionne l'intervention d'un prophète. Cela confirme l'importante place que le Chroniste accorde aux prophètes. Ceux-ci jouent le rôle de ramener le roi et le peuple de Dieu vers Dieu. Le prophète qui arrive au-devant de l'armée israélite qui vient de la guerre à Samarie, rappelle que c'est le Seigneur Dieu qui a livré Juda entre les mains des guerriers israélites. En revanche, il utilise un langage au v. 9 qui ressemble à un reproche : « vous les avez massacrés avec une rage qui atteignait jusqu'au ciel » (NBS). Cela sous-entend que les guerriers israélites ont agi avec exagération. Le prophète les avertit qu'il n'est pas question pour eux d'assujettir les prisonniers de Juda qu'ils ont capturés et emmenés à Samarie. Ils doivent les renvoyer, car ils sont leurs frères, afin qu'ils ne soient eux aussi objet de la colère de Dieu.

À la réaction du prophète s'ajoute celle des chefs des fils d'Éphraïm. Le v. 12 en donne une liste. Ces chefs aussi disent aux combattants venus de l'expédition, de libérer les prisonniers qu'ils ont capturés, pour éviter l'ardeur de la colère de Dieu sur Israël. Il est intéressant de voir aux v. 14-15 que les combattants obéissent aux conseils qui leur sont prodigués et, par le truchement des hommes désignés, agissent comme des agents d'une action humanitaire en faveur des prisonniers et les ramènent en Juda.

28.16-27 Suite de l'impiété du roi Achaz et fin de sa vie

Le roi Achaz persiste dans son impiété en demandant secours auprès des rois d'Assyrie. Le Seigneur le punit en livrant Juda entre les mains des Édomites et des Philistins. Le v. 19 révèle que c'est le Seigneur qui humilie Juda. La raison de cette humiliation est aussi donnée : Achaz[147] incite le peuple au relâchement et propage l'impiété contre le Seigneur.

Au v. 20, le narrateur décrit une ironie de situation, puisque l'Assyrie que le roi Achaz a appelée pour lui apporter renfort, vient l'assiéger, donc agit contre lui. Le v. 21 peut être considéré comme la raison de cette ironie. La version du Chroniste est, à ce niveau, différente de celle du texte de 2 Rois 16 où il n'y a pas cette ironie. Selon le Livre des Rois, lorsque le roi Achaz demande le secours au roi d'Assyrie, il envoie à ce dernier l'or et l'argent de la maison du Seigneur et des trésors de la maison du roi. Selon 2 Rois 16.8, le roi Achaz le fait en guise de cadeau. Contrairement à ce que le Chroniste en dit, le roi Achaz reçoit une réponse positive de la part du roi de l'Assyrie. De nos jours, nous dirions que le roi Achaz mouille la barbe de Tiglath-Piléser. De nos jours aussi la corruption est un moyen utilisé, surtout en Afrique, pour obtenir les choses désirées. En revanche, le cas ironique présenté par le Chroniste est aussi parfois observable en Afrique. Un corrupteur peut recevoir le contraire de ce qu'il désire et pour lequel il corrompt.

Les v. 22-25 racontent l'augmentation de l'impiété du roi Achaz. Il n'y a pas de place pour la repentance dans la vie de ce personnage.

Le v. 26 reprend l'habituel renvoi aux sources. Le v. 27, quant à lui, raconte brièvement la mort du roi Achaz, avec la mention qu'il est enterré dans la ville de Jérusalem, mais pas dans les tombes des rois. Son fils Ézéchias règne à sa place.

Conclusion et questions de réflexion

Foi superficielle, idolâtrie, orgueil, manque d'écoute, etc., ces maux caractérisent le roi Amatsia. Ce dernier n'est donc pas un bon exemple à suivre, et pourtant il a connu quelques succès à ses débuts. Pour cause d'orgueil, le roi

Amatsia connaît une chute. Le bon état de notre communion avec le Seigneur est une chose qui demande à être entretenue. Comment peut s'exprimer l'orgueil d'un peuple, d'un homme de Dieu, ou d'une personnalité politique en Afrique de nos jours ?

Le peuple ou le roi n'écoute pas Dieu et va jusqu'à vouloir tuer les prophètes que le Seigneur lui envoie, ce reproche concerne-t-il aussi de nos jours les Africains ? Comment justifions-nous notre réponse à cette question ?

Le roi Ozias est puissant, devenu orgueilleux, et brille par un excès de zèle. Comment se manifeste l'excès de zèle dans nos Églises aujourd'hui ? Parmi les bonnes choses à retenir de ce roi, c'est qu'il aimait la terre. Dans certains pays africains comme le Congo-Brazzaville, pendant plusieurs années, les Congolais entendaient la devise selon laquelle « l'agriculture c'est la priorité des priorités ». Quel bilan pouvons-nous en faire aujourd'hui ? Nos Églises accordent-elles une importance à l'agriculture ou continuons-nous à attendre des subventions des Églises américaines ou européennes ?

La courte durée du règne de Jotam, pourtant présenté comme un roi ayant fait ce qui est bon aux yeux du Seigneur, révèle que pour lui la théologie de la rétribution immédiate ne s'est pas exprimée par la longueur de son règne, mais par les victoires militaires. Quel enseignement pouvons-nous retenir d'un tel règne ?

Nous nous rendons compte également que la corruption des rois précédents a encore des effets sur le peuple de Dieu, malgré le bon comportement du roi Jotam. Quelles hypothèses pouvons-nous émettre pour expliquer le manque d'influence du comportement du roi Jotam sur le peuple qui demeure perverti ? De nos jours, comment un leader intègre peut-il influencer positivement les membres de son groupe ou du peuple qu'il dirige ?

Avec le roi idolâtre Achaz, le schéma habituel que nous remarquons dans le Livre des Chroniques se répète : lorsque le roi et le peuple abandonnent le Seigneur, le désastre arrive. Comment se traduit l'idolâtrie ou toute autre forme d'apostasie de nos jours dans nos pays et dans nos Églises en Afrique ?

LE RÈGNE D'ÉZÉCHIAS

Un proverbe bamiléké (Cameroun) dit : « Qui succède à quelqu'un assume ses responsabilités. » Cette unité rend compte du règne d'Ézéchias qui succède à son père Achaz qui ne fit pas ce qui convenait au Seigneur. La vigoureuse action de réformes qu'il entreprend fait de lui un roi qui sait assumer ses responsabilités. Après ses merveilleux actes de réformes, le roi Ézéchias fait l'expérience du langage des épines. En effet, les Assyriens conduits par le roi Sennachérib envahissent le royaume de Juda et menacent Jérusalem. Sennachérib va jusqu'à insulter le Seigneur. Il est cependant vaincu par le même Seigneur qui délivre son peuple. Le roi Ézéchias tombe malheureusement dans l'orgueil, et la colère de Dieu sur lui et sur son peuple ne se fait pas attendre. Heureusement, il s'humilie devant le Seigneur et réussit à éviter la catastrophe. Après sa mort, le roi Manassé, son fils, devient roi de Juda.

2 Chroniques 29 Le début du règne d'Ézéchias

Dans ce chapitre, seuls les deux premiers versets ont pour parallèle 2 Rois 18.1-3. Les v. 3-36 n'ont pas de parallèle dans le Livre des Rois. 2 Chroniques 29 peut être divisé de la manière suivante : 1-19 et 20-36. La première partie met en exergue la purification du temple. La deuxième partie montre comment le roi Ézéchias rétablit le culte.

29.1-19 Devenu roi, Ézéchias ordonne la purification du temple

Quand Ézéchias devient roi, il a vingt-cinq ans et son règne dure vingt-neuf ans (v. 1). Le Chroniste et l'auteur de 2 Rois lui attribuent une bonne mention, car son comportement est conforme à la volonté du Seigneur. Il est intéressant de voir que d'un père impie peut naître un enfant pieux. Ézéchias est décrit comme imitateur du roi David. Rappelons que ce dernier est celui qui avait préparé la construction du temple. Celui-ci est au centre des activités du règne d'Ézéchias. Nous pouvons dire que tout le chapitre 29 est consacré à la thématique du temple.

Le premier acte que pose Ézéchias en tant que roi, c'est d'ordonner la purification du temple. Pour lui, le temple ou la maison du Seigneur d'abord. Qui lui a livré ce secret, lui, fils d'un père impie ? Le roi Joas a eu le prêtre Joïada comme encadreur (2 Ch 24) ; le roi Ozias a bénéficié de l'encadrement de Zacharie, son instructeur dans la crainte de Dieu (2 Ch 26.5). Le Chroniste ne nous révèle personne comme encadreur du roi Ézéchias. Puisqu'il a déjà vingt-cinq ans lorsqu'il devient roi, il a donc été témoin des infidélités de son père. Il en a pris conscience et peut donc entreprendre une action vigoureuse de repentance. Aussi appelle-t-il prêtres et lévites à la sanctification. Il demande que soit ôtée du temple toute souillure (v. 4-5). Les v. 6-7 ressemblent à une confession, puisqu'il fait mention des péchés commis par leurs pères. Il ne se limite pas aux péchés commis par son père. Il s'agit de tous les péchés commis au cours des règnes précédents. Parlant des pères, de la bouche d'Ézéchias sortent entre autres la racine verbale *m'l*[148] qui signifie « être infidèle », « agir avec fausseté » ; le mot *hāra*' que l'on peut traduire par « le mal » ; le verbe *'āzab* qui a pour sens « abandonner » et qui est souvent employé pour décrire l'apostasie. Les pères ont été infidèles. Ils ont fait le mal. Ils ont abandonné le Seigneur. Ils lui ont tourné le dos. La situation est donc grave, puisqu'il dit au v. 8 que cela a provoqué la colère du Seigneur contre Juda et Jérusalem. Le v. 9 fait mention de la manifestation de cette colère du Seigneur. D'où l'intention du roi Ézéchias de conclure une alliance avec le Seigneur, afin que la colère du Seigneur se détourne de Juda et Jérusalem.

Le mot *bānay* que l'on traduit par « mes fils » au v. 11 désigne sans doute les prêtres et les lévites (cf. v. 4-5). Mais ceux qui se présentent d'après les v. 12-15 ne sont que des lévites. Cela est dû au penchant du Chroniste pour les lévites. Le mot « prêtres » réapparaît au v. 16. Selon le v. 15, l'ordre que prêtres et lévites reçoivent de purifier le temple vient du roi et selon les paroles du Seigneur. Il y a ici un blanc dans le texte, puisque le Chroniste ne donne pas le contenu de ces paroles du Seigneur.

Les prêtres entrent dans le temple pour le purifier et le ramassage de tous les objets impurs trouvés dans le temple est fait par les lévites qui les jettent dehors dans l'oued Cédron. D'après le v. 17, la purification du temple aura pris huit jours. Après avoir accompli leur mission de purifier le temple, prêtres et lévites se rendent chez le roi Ézéchias (v. 18). Notons que dans leur compte-rendu, les prêtres et les lévites mentionnent le nom d'Achaz (père d'Ézéchias) ayant mis au rebut les objets du temple. D'après le compte-rendu fait au roi, les choses sont rentrées dans l'ordre, autrement dit, le temple est purifié. Le culte peut alors être rétabli.

29.20-36 Le temple purifié, le roi Ézéchias rétablit le culte

Les v. 20-24 décrivent une partie du culte consacrée aux sacrifices et à l'intercession. Notons ici la redondance du chiffre sept dans ce qui est offert en sacrifice : taureaux, béliers, agneaux et boucs. Le type de sacrifice mis en exergue ici, c'est le sacrifice pour le péché. Les bénéficiaires sont : la maison royale, le sanctuaire et Juda (v. 21). Les acteurs qui ont la charge d'offrir ces sacrifices sur l'autel du Seigneur sont les prêtres, fils d'Aaron (v. 22). Concernant les boucs pour le sacrifice pour le péché, le roi et l'assemblée étendent les mains sur les boucs. Là aussi les prêtres immolent et versent le sang sur l'autel. Notons que c'est pour tout Israël que le roi aura ordonné l'holocauste et le sacrifice pour le péché (v. 24).

Dans un deuxième temps, le culte est animé par la musique jouée par les lévites placés par le roi dans la maison du Seigneur, avec des cymbales, des luths et des lyres. Selon le v. 25, le roi Ézéchias ne fait qu'exécuter un ordre du Seigneur transmis par le roi David, le visionnaire Gad et le prophète Nathan. Les instruments pris par les lévites ont été faits par David. Les prêtres sont décrits aussi comme des trompettistes. Finalement, c'est sous la louange musicale que commence et se déroule l'offrande de l'holocauste jusqu'à la fin (v. 27). Selon le v. 28, toute l'assemblée reste prosternée pendant que la musique se prolonge. À la fin de l'holocauste, le roi et les assistants s'inclinent et se prosternent. Par un tel geste, le roi reconnaît l'autorité du Seigneur, le Dieu d'Israël.

D'après le v. 30, le roi et les chefs demandent aux lévites de poursuivre la louange avec les paroles de David et d'Asaph présenté ici comme le visionnaire. Notons que les lévites louent à cœur joie. Le thème de la joie dans le cadre de l'adoration est très présent dans le Livre des Chroniques. Le geste de s'agenouiller et de se prosterner se poursuit. Les v. 31-36 décrivent le mot d'ordre que donne le roi Ézéchias demandant à l'assemblée d'apporter sacrifices et offrandes de louange à la maison du Seigneur, et l'enthousiasme avec lequel l'assemblée répond à l'ordre du roi. Le v. 32 fait écho au v. 21, puisqu'on retrouve les mots comme bœufs, béliers, agneaux tous offerts en holocauste. Notons aussi la bonne collaboration entre les prêtres et les lévites. Ces derniers aident leurs frères, les prêtres, dans le dépouillement des holocaustes du fait de l'abondance des holocaustes. Le Chroniste trouve ici l'occasion de montrer encore son penchant pour les lévites, en disant que ces derniers montrent plus d'empressement que les prêtres (v. 34). Le v. 36 révèle que c'est tout le peuple qui se réjouit de tout ce que le Seigneur a fait. L'adhésion de tout le peuple dans les activités que le roi Ézéchias entreprend fait écho au règne du roi David et de tous les rois qui sont décrits positivement.

2 Chroniques 30 La célébration de la Pâque

Ce chapitre qui raconte la suite du règne d'Ézéchiel, est sans parallèle dans le Livre des Rois. Il peut être divisé en deux parties : 1-12 et 13-27. La première partie raconte la préparation de la Pâque. La deuxième met en relief la célébration de la Pâque.

30.1-12 Le roi Ézéchias entreprend une grande mobilisation pour la Pâque

L'invitation mentionnée au v. 1 concerne aussi bien le nord (Israël) et le sud (Juda). Ici s'exprime déjà la thématique du « tout Israël » bien attestée dans la théologie du Livre des Chroniques. Les noms Éphraïm et Manassé renforcent l'idée selon laquelle la convocation concerne aussi le nord du pays. Venir à Jérusalem pour célébrer la Pâque constitue l'objet de la convocation. L'expression « Dieu d'Israël » s'inscrit dans le cadre de la théologie du « tout Israël ». La Pâque est convoquée pour le second mois, parce que la loi de Moïse prescrit que lorsqu'on ne peut pas célébrer la Pâque le premier mois, la célébration peut être reportée au deuxième mois (Nb 9.6-12). Pour ce contexte littéraire, deux raisons sont évoquées pour justifier le report de la célébration de la Pâque : les prêtres ne s'étaient pas sanctifiés en nombre suffisant, et le peuple ne s'était pas réuni à Jérusalem.

Les paroles du v. 6 font écho aux appels lancés par les prophètes. Il est probable qu'elles viennent d'une source prophétique. Au v. 9, le Chroniste fait s'exprimer sa théologie de la repentance et de la miséricorde de Dieu. Ce dernier use de bonté et de miséricorde envers quiconque revient à lui de tout cœur. Le v. 10 dit que les émissaires envoyés pour passer de ville en ville sont l'objet de raillerie et de moquerie de la part des habitants des pays d'Éphraïm, de Manassé. En revanche, quelques gens d'Aser, de Manassé et de Zabulon sont gagnés par l'information et viennent à Jérusalem. Le v. 12 révèle que lorsque le roi donne l'ordre d'organiser la Pâque, il le fait selon la parole du Seigneur.

30.13-27 Le roi Ézéchias célèbre la Pâque

La mobilisation pour la célébration de la Pâque a réussi. Une assemblée « immense » s'est rassemblée à Jérusalem. Une opération de destruction des autels de sacrifices et des autels à encens est déclenchée. C'est le quatorzième jour du second mois que la Pâque est célébrée. Prêtres et lévites collaborent dans l'immolation des victimes. Une solution est trouvée, surtout pour ceux du nord qui ont mangé la Pâque sans s'être purifiés : le roi Ézéchias intercède pour que le Seigneur leur pardonne. Il y a tout de même une précision dans sa prière. Il intercède pour « tous ceux qui ont appliqué leur cœur à rechercher Dieu, le Seigneur, le Dieu de leurs pères » (v. 19, NBS). Ceux qui l'ont fait, même sans la pureté requise pour les choses saintes, sont concernés par l'intercession du roi Ézéchias. Notons ici aussi la présence de l'expression « le Dieu de leurs pères » qui est fort prisée dans le Livre des Chroniques. Le v. 20 assure que le Seigneur exauce la prière du roi. Dieu n'afflige pas le peuple. Ce cas révèle que le Chroniste fait la promotion de la religion du cœur et non celle du rite.

Au v. 21, on retrouve le thème de la joie. Celle-ci est même qualifiée de grande. C'est avec grande joie (beçimḥāh gedôlāh) que la fête des pains sans levain est célébrée par les fils d'Israël. Notons ici aussi l'emploi du chiffre sept pour parler de la durée de la célébration de cette fête. Avec des instruments qualifiés de puissants (biklê 'oz), lévites et prêtres louent le Seigneur chaque jour, en l'honneur du Seigneur. La Pâque est une fête que l'on célèbre avec joie, puisqu'elle rappelle la libération du peuple du joug égyptien.

La prolongation de sept autres jours montre bien que cette fête a fait la joie de tous ceux qui y ont pris part. Les v. 21-26 soulignent la joie qui accompagne la célébration de la Pâques. Le mot traduit par joie est employé aux v. 21, 23, 25 (sous une forme verbale) et 26. Les v. 21 et 26 forment même une inclusion par l'expression beçimḥāh gedôlāh (grande joie) présente dans ces deux versets et encadrant les v. 23 et 25 qui contiennent respectivement le mot « joie » et la forme verbale « se réjouir ». Pour bien montrer la particularité de cet événement, le Chroniste dit au v. 26 que depuis les jours de Salomon, il n'y en avait jamais eu de semblable à Jérusalem.

2 Chroniques 31 Organisation du service du temple par le roi Ézéchias

Ce chapitre n'a pas non plus de parallèle dans le Livre des Rois. Il peut être divisé en deux parties : 1-10 et 11-21. Dans la première partie, le Chroniste raconte d'abord les effets de la Pâque célébrée d'après le récit de 2 Chroniques 30, puis l'enthousiasme avec lequel le peuple apporte les offrandes initiées par le roi Ézéchias. La deuxième partie met l'accent sur la distribution de ce qui est prélevé pour le Seigneur.

31.1-10 Les fils d'Israël purifient le pays et le roi initie la réunion des offrandes

Après la célébration de la Pâque, les témoins de l'événement se rendent dans les villes de Juda, de Benjamin, d'Éphraïm et de Manassé, bref dans tout le pays d'Israël, pour une opération de purification. Les ashéras, les hauts lieux et les autels sont détruits (v. 1). Un tel engouement ne peut qu'être motivé par une prise de conscience et une repentance sincère.

Le v. 2 révèle le souci qui ne cesse de préoccuper le roi, celui d'un temple dont le service est bien organisé. Holocaustes, sacrifices de paix, action de grâce et louange, font partie des devoirs des prêtres et des lévites.

Le v. 3 met en relief la part de ses revenus que le roi consacre pour les holocaustes. Ézéchias n'est pas un roi qui ne demande qu'aux autres de donner les offrandes. Il montre l'exemple. Certains pasteurs en Afrique, lorsqu'ils initient un projet de construction au niveau de l'Église locale, donnent d'abord leur contribution, avant de demander celle des autres membres de l'Église. Cela encourage ces derniers à s'impliquer pour la réussite du projet. En revanche, d'autres ne font qu'encourager les autres à donner, sans prêcher par l'exemple.

Au v. 4, le roi exemplaire demande au peuple de donner la part des prêtres et des lévites. Le narrateur ne cache pas la raison : afin qu'ils soient fermes (*ḥzq*) dans la loi du Seigneur. Cela sous-entend que lorsque la part des prêtres et des lévites n'est pas donnée, cela peut les affaiblir et peut les éloigner de la loi du Seigneur. Ne dit-on pas que le besoin rend vicieux ? Un jour, au cours d'un séjour en Angleterre, j'avais demandé à un ami de me dire pourquoi leur pasteur percevait un salaire si élevé. Il m'avait donné la réponse suivante : « C'est pour qu'il soit fidèle à son engagement de nous paître. S'il a tout ce qu'il lui faut, il sera toujours disponible et disposé pour nous. »

Dans ce chapitre, c'est avec grand enthousiasme que les fils d'Israël fournissent abondamment les prémices des choses dont nous parle le v. 5. Ils apportent aussi en abondance la dîme de tout. Cette opération rencontre finalement l'assentiment de tout le pays (v. 6). L'entreprise de former des tas, commencée au troisième mois se termine au septième mois. En somme, cinq mois de formation de tas, à la satisfaction du roi Ézéchias et les dignitaires qui ne peuvent que bénir le Seigneur et son peuple. Le peuple de Dieu béni donne à la mesure de la bénédiction qu'il a reçue du Seigneur (v. 6-10). En effet, notre connaissance des bénédictions que nous recevons de Dieu, détermine notre manière de donner pour son œuvre. Ce peuple béni par Dieu, comme le dit le v. 10, ne peut que donner en abondance pour l'œuvre de Dieu.

31.11-21 La distribution de ce qui est prélevé pour le Seigneur

L'ordre du roi de préparer une salle dans la maison du Seigneur est exécuté (v. 11). Jusqu'ici, tous les ordres que le roi Ézéchias donne sont exécutés avec promptitude. La raison de la préparation de cette salle est donnée au v. 12. On y apporte prélèvements, dîmes et offrandes. Pour en savoir plus sur les prélèvements, le Livre du Lévitique et celui des Nombres nous renseignent : « On en présente un gâteau de chaque espèce ; c'est un prélèvement pour le Seigneur et cela revient au prêtre qui a fait l'aspersion du sang du sacrifice de paix » (Lv 7.14, TOB). « Tous les prélèvements que font les fils d'Israël, toutes les choses saintes qu'ils présentent au prêtre lui appartiennent » (Nb 5.9, TOB).

Notons dans cette partie l'usage remarquablement redondant du mot *be'ĕmûnāh* qui a pour sens « avec honnêteté » ou « avec fermeté », ou encore « avec constance », etc. Ce mot revient trois fois (v. 12, 15, 18). La TOB traduit ce mot par « fidèlement » et la NBS par « avec probité ». C'est avec honnêteté que les prélèvements, les dîmes et les offrandes sont apportés (v. 12). C'est avec honnêteté que les distributeurs font leur travail, sans différence entre le grand et le petit (v. 15). C'est avec honnêteté que toute l'assemblée doit se mettre en état de sainteté (v. 18). Toutes les personnes qui assurent l'intendance, les responsables et leurs équipes sont décrites comme faisant leur travail avec honnêteté. Aucun prêtre ni lévite n'est lésé. Le roi Ézéchias est décrit ainsi aux v. 20 et 21 : « Il agit selon le bien, la droiture et la loyauté devant le Seigneur, son Dieu » (NBS). Tout ce qu'il fait dans le cadre de l'œuvre du Seigneur, il le fait « en cherchant son Dieu, il agit de tout son cœur et il réussit ». Nos Églises et nos pays d'Afrique ont besoin d'être gouvernés par des personnes honnêtes.

2 Chroniques 32 Les Assyriens envahissent Juda et sont vaincus par le Seigneur

Ce chapitre peut être divisé en deux parties : 1-19 et 20-33. La première partie met en relief la menace de Sennachérib. La deuxième partie met en exergue sa défaite et la délivrance de Jérusalem. Certaines parties de ce chapitre ont des parallèles dans le Livre des Rois. La fidélité du roi Ézéchias, soulignée dans les chapitres 30 et 31, est mise à l'épreuve dans ce chapitre par l'invasion des Assyriens sous la direction du roi Sennachérib (32.1-23 ; 2 R 18.13-37 ; 19.14-19 ; 35-37 ; Es 36.1-22). Ce récit est plus long dans 2 Rois que dans le Livre des Chroniques. En revanche, le récit des réformes d'Ézéchias est plus long dans le Livre des Chroniques que dans le Livre des Rois où il occupe très peu de versets.

32.1-19 Le siège et la menace de Sennachérib, roi d'Assyrie

Le Chroniste décrit l'invasion des Assyriens comme si elle surprend le roi Ézéchias. Cela n'empêche tout de même pas ce roi de s'organiser. Il est intéressant de voir qu'il ne panique pas. Il ne se précipite pas pour s'engager seul à la guerre. Son bon réflexe de réunir d'abord ses princes et ses guerriers augure de bonnes choses pour la suite. Toutes les dispositions que le roi Ézéchias et ses collaborateurs prennent concernant l'eau (v. 3-4) révèlent son importance surtout en temps de guerre. Le Chroniste ne juge pas utile, comme le fait l'auteur de 2 Rois et le livre d'Ésaïe, de mentionner que le roi Ézéchias aura établi des alliances avec d'autres puissances de la région, particulièrement avec l'Égypte (2 R 18.21 ; Es 36.6 ; Es 30.1-17). Il décrit tout de même les dispositions prises par Ézéchias pour se défendre contre les attaques assyriennes. Selon les v. 5-6, « il devient fort. Il rebâtit la muraille, où il y avait des brèches, et il l'éleva jusqu'aux tours, il bâtit une autre muraille en dehors, il répara le Millo dans la ville de David et il se procura une quantité d'armes et de boucliers. Il plaça des chefs militaires à la tête du peuple » (NBS). On le voit bien, Ézéchias se prépare pour défendre son peuple et son pays. Le Chroniste rapporte, aux v. 7 et 8, les paroles rassurantes du roi et l'adhésion du peuple à ses paroles dans lesquelles une bonne place est accordée au Seigneur que le Chroniste décrit comme plus fort que Sennachérib et les Assyriens. C'est un appel à placer toute la confiance dans le Seigneur.

Dans le Livre des Chroniques comme dans celui des Rois, le message du roi Sennachérib rapporté dans les v. 9-15 est directement adressé non à Ézéchias, mais au peuple de Jérusalem. Dans ce message, il est dit que le Seigneur n'accordera pas son aide à Ézéchias parce qu'il a supprimé les hauts lieux et les autels du pays pour ne retenir que Jérusalem comme lieu de culte. Or, selon la version du Chroniste, c'est le peuple lui-même qui a purifié d'abord Jérusalem, puis le nord et le sud, de ces hauts lieux et autels (2 Ch 30.14 ; 31.1). Dans cette version il n'y a pas de division qui serait créée par la mesure de la centralisation du culte et que les Assyriens pourraient exploiter. Le contenu du message de Sennachérib démontre son ignorance ou son incompréhension des voies de Dieu. De plus, le message de Sennachérib vante la puissance soi-disant invincible des Assyriens. Or le lecteur du Livre des Chroniques sait qu'en amont, le Chroniste fait déjà mention des invasions des puissances étrangères vaincues par le Seigneur. C'est ce qui s'est passé aux temps des rois Abiya (2 Ch 13.3-20), Asa (14.9-15) et Josaphat (20.1-30). Il y a donc de l'ironie dans le contenu du message de Sennachérib rapporté aux v. 9-15, ainsi qu'aux v. 16-19 où le roi Sennachérib insulte le Seigneur.

32.20-33 Le Seigneur bat les Assyriens et délivre Jérusalem

Le Chroniste met en exergue la délivrance que le Seigneur accorde à Jérusalem, malgré le siège des Assyriens. La prière du roi Ézéchias et du prophète Ésaïe est exaucée. La honte est du côté de Sennachérib et sa grande armée. La grande puissance militaire assyrienne est miraculeusement vaincue sans combat. Qui l'aurait cru ? L'ange du Seigneur est venu détruire l'armée assyrienne. À la suite des rois Abiya, Asa et Josaphat, le roi Ézéchias est délivré par le Seigneur.

Le Chroniste dit qu'à la suite de cet événement, le roi Ézéchias reçoit des dons venus des puissances étrangères et est « élevé sous les yeux de toutes les nations » (v. 23, NBS).

La puissance du Seigneur se manifeste aussi lorsque le roi Ézéchias tombe sérieusement malade. Là aussi il fait une prière au Seigneur et celui-ci l'exauce. Par la suite, le Chroniste donne de manière laconique une information sur l'orgueil qui gagne le cœur d'Ézéchias et la colère du Seigneur que cela suscite. Grâce à son humilité, Ézéchias détourne la colère du Seigneur qui ne va plus s'abattre sur le peuple de Dieu pendant la vie d'Ézéchias. Et comme dans la théologie de la rétribution et de la repentance que le Chroniste met en relief, une personne qui s'humilie, est pardonnée et bénie, les v. 27-30 parlent des richesses d'Ézéchias. Cette richesse s'inscrit dans le cadre des bénédictions que le Seigneur accorde au roi réformateur.

Selon le v. 31, le roi Ézéchias est mis à l'épreuve par le Seigneur, afin de savoir tout ce qui était dans son cœur. Les v. 32 et 33 mentionnent les sources utilisées par le Chroniste et la fin de la vie de ce roi décrit comme fidèle. Il est enterré dans la montée des tombeaux des fils de David. Un hommage lui est rendu par tout Juda et les habitants de Jérusalem. Son fils Manassé devient roi.

Conclusion et questions de réflexion

D'un père impie peut naître un enfant pieux. Tel est le cas du roi Ézéchias né d'un père impie. Les voies de Dieu sont insondables. La piété a-t-elle un lien avec l'hérédité ? La maison du Seigneur est la priorité du roi Ézéchias. La purification de cette maison et la sanctification des prêtres et lévites sont des priorités dans les activités du roi Ézéchias. Ce roi demande que soient ôtées du temple toutes les souillures. Il confesse même les péchés commis au cours des règnes précédents. Quelles sont nos priorités dans l'œuvre du Seigneur aujourd'hui ? Quel est l'état spirituel actuel de nos Églises africaines ? Les émissaires d'Ézéchias qui vont partout dans le pays font l'objet de moquerie de la part de certains habitants du Nord. Quelle réponse donnons-nous aux personnes qui se moquent de notre engagement dans l'œuvre du Seigneur ?

Les offrandes commencent et se déroulent sous la louange musicale et dans une ambiance de joie. En 2 Chroniques 31, Ézéchias prêche par l'exemple en donnant les offrandes. Cela motive même le peuple qui donne avec enthousiasme et joie. Dans quelle attitude et avec quelle ambiance donnons-nous, leaders et peuple, les offrandes à Dieu pendant nos cultes ? Que devons-nous d'abord offrir à notre Dieu en Jésus-Christ ?

Prêtres et lévites collaborent bien dans le contexte de cette unité. Dans quelle ambiance collaborons-nous dans l'œuvre du Seigneur de nos jours ? Le peuple de Dieu adhère-t-il joyeusement aux activités initiées par les leaders de nos Églises en Afrique ? Pourquoi ?

Il est également question de célébration de Pâque. Prêtres et lévites collaborent bien. Dans ce contexte, il y a un lien entre la célébration de la Pâque et la destruction des autels de sacrifices qui ne plaisent pas au Seigneur. Il nous est aussi fait mention de l'intercession du roi Ézéchias et de l'exaucement de sa prière par le Seigneur (YHWH). Quelle place les leaders politiques chrétiens de nos pays africains et les leaders religieux accordent-ils à l'intercession ? Faisons-nous en Afrique la promotion de la religion du cœur ?

DE MANASSÉ À JOSIAS, VERS LA RÉFORME

L e Chroniste décrit un Manassé d'abord impie, puis qui se repent et dont le règne est long. Amôn, son fils qui lui succède, ne règne que deux ans et est présenté comme celui qui fit ce qui déplaisait au Seigneur. Pour des raisons d'équilibre structurel, les sept premiers versets sur le règne de Josias (34.1-7) font partie de cette unité.

2 Chroniques 33 Le règne du roi Manassé : vers la répentance

Ce chapitre qui a pour parallèle 2 Rois 21.1-18 peut être divisé en trois parties : 1-11 et 12-20 et 21-25. Dans la première partie, le Chroniste met en relief la face impie du roi Manassé. Il consacre la deuxième partie à la repentance de ce roi et au bonheur que cette repentance produit, puis à la fin de sa vie. La troisième partie décrit le court règne d'Amôn.

33.1-11 L'impiété du roi Manassé

Selon le v. 1, à douze ans[149], Manassé est déjà roi et il règne cinquante-cinq ans à Jérusalem soit probablement de 687 à 642 av. J.-C. Son nom signifie : « qui fait oublier[150]. » Le roi Manassé est homonyme du fils aîné de Joseph selon Genèse 41.51. En tenant compte du récit que le Chroniste fait de lui, nous pouvons dire que Manassé fait d'abord oublier Dieu à son peuple puis il fait oublier son péché par sa repentance. Le Chroniste ne juge pas utile de donner le nom de la mère de Manassé, alors qu'en 2 Rois 21.1-18 qui est le texte parallèle, le nom de sa mère est donné. Elle s'appelle Hephtsiba, qui a pour sens « mon plaisir est en elle[151] ». Au v. 2, ce que faire « ce qui déplaisait au Seigneur » (NBS) signifie ici, est expliqué par la suite. Ce sont par exemple les abominations des nations que le roi Manassé a imitées. Selon le v. 9, Manassé et son peuple ont fait pire que ces nations. Au v. 3, Manassé fait le contraire de son père Ézéchias. En comparant le comportement de Manassé avec celui de son père, il n'y a de place pour l'adage qui dit : « Tel père, tel fils ». Manassé reconstruit ce que son père a démoli. Baals et ashéras cités au v. 3 sont des divinités cananéennes souvent mentionnées dans la Bible hébraïque. Le mot Baals (au pluriel) désigne probablement plusieurs divinités. Ashéra peut aussi désigner un lieu saint pour le culte de Baal. Ces deux noms (Baal et ashéra) sont donnés ici au pluriel. « Ce changement peut avoir une signification théologique[152]. » Dans la Bible hébraïque l'expression « l'armée du ciel » désigne les astres, notamment les étoiles (Dt 4.19 ; 17.3). « Elle peut également désigner les anges de différentes fonctions, ou des êtres célestes opposés à Dieu[153]. »

Selon les v. 4 et 5, le roi Manassé construit des autels dans la maison du Seigneur et dans les parvis de cette maison. L'idolâtrie de Manassé a vraiment atteint le sommet. Il a souillé le temple comme le fera Antiochus IV Épiphane qui a profané le temple au IIe siècle av. J.-C., et installé un autel de Zeus Olympien sur l'autel des holocaustes.

Au v. 6, le roi Manassé fait ce que Lévitique 18.21, Deutéronome 12.31 et Jérémie 32.34-35 condamnent. La divinité Moloch est celle à laquelle les gens offraient des enfants. Dans le cadre des pratiques de la divination, le Chroniste ajoute le mot « magie » (TOB) qui n'est pas dans le texte parallèle. Au v. 7, à la place d'ashéra mentionné en 2 Rois, le Chroniste ne parle que d'idole sculptée comme pour diminuer la valeur d'ashéra qui est une divinité cananéenne importante. Les v. 4, 7 et 8, font partie des exemples où le Chroniste cite l'Écriture à sa manière. Dans le contenu de la parole citée se trouve la condition que le peuple de Dieu doit remplir pour éviter l'exil : pratiquer tout ce que le Seigneur lui a prescrit par l'intermédiaire de Moïse. Ici la loi est celle du Seigneur. Moïse est le canal par lequel la loi du Seigneur est arrivée à son peuple. Selon le v. 9, Manassé est le responsable du mauvais comportement de Juda et des habitants de Jérusalem. Le v. 10 souligne le manque d'attention (*lo' qšb*) de Manassé et du peuple du Seigneur. Dieu a parlé, mais ils n'ont pas prêté attention. Le v. 11 révèle la conséquence du comportement de Manassé et du peuple que les versets précédents viennent de mettre en relief. Cette conséquence n'est autre que le châtiment. C'est ironique de voir que les Assyriens battus miraculeusement selon le récit du chapitre précédent sont le même peuple que le Seigneur utilise pour punir l'impiété de Manassé, fils d'Ézéchias. Manassé est personnellement puni. Il est non seulement déporté, mais aussi torturé. Ici, comme partout ailleurs dans le Livre des Chroniques, s'exprime la théologie de la rétribution immédiate ou personnelle. Fort curieusement, Manassé est déporté par les Assyriens, mais au lieu de l'emmener en Assyrie, ses bourreaux l'emmènent à Babylone. Finalement, ce texte décrit-il une situation de l'époque babylonienne et non assyrienne ? Y-a-t-il eu corruption du texte au point où le nom Ninive aurait été remplacé par Babylone ? La question reste ouverte.

33.12-20 La repentance du roi Manassé et la fin de sa vie

Quelle joie de constater que le même Manassé qui selon le v. 6 a persisté dans le mal, est au v. 12 décrit comme celui qui s'humilie profondément devant le Dieu de ses Pères. Le v. 13 dit que Manassé prie, c'est-à-dire qu'il implore Dieu. Le point de vue de plusieurs auteurs est de dire que le Chroniste aura inventé cette repentance, afin de justifier la longévité du règne de Manassé. Pourtant, même de nos jours, il y a bien des gens qui font l'expérience d'une conversion semblable à celle de Manassé. L'historicité de la capture, de la prière et du retour de Manassé à Jérusalem est débattue[154].

Le v. 14 parle de constructions entreprises par le roi Manassé après sa conversion. Cela s'inscrit dans le cadre de la théologie de la rétribution, puisque ces constructions peuvent être interprétées comme une manifestation des bénédictions divines suscitées par sa repentance. Sur l'historicité de ces constructions, Innocent Himbaza affirme : « Les commentateurs sont divisés[155]. »

Les v. 15 et 16 montrent les actes qui traduisent la repentance du roi Manassé. Ce dernier enjoint à Juda de servir le Seigneur, le Dieu d'Israël. C'est aussi un acte qui traduit la repentance de Manassé. Quant au v. 17, il reconnaît que les hauts lieux n'ont pas disparu, mais les gens en font bon usage, puisque c'est seulement en l'honneur du Seigneur Dieu que le peuple y offre des sacrifices. Les v. 18-20 mentionnent d'abord les sources utilisées par le Chroniste et la fin de la vie de Manassé qui est remplacé par son fils Amôn. Les sources du Chroniste ne sont pas toutes celles de l'auteur de 2 Rois. Cela peut expliquer pourquoi les deux récits contiennent des divergences.

33.21-25 Le règne d'Amôn

Il a vingt-deux ans lorsqu'il devient roi. Il ne règne que deux ans à Jérusalem. Une mauvaise mention lui est attribuée par le Chroniste, parce que son comportement déplaît au Seigneur. Il ne se repent pas jusqu'à la fin de sa vie. Il n'imite donc pas son père. Il est victime d'une conspiration de la part des gens de sa cour. Cette conspiration s'inscrit dans le cadre de la théologie de la rétribution immédiate. Il ne fait que subir les conséquences de son mauvais comportement.

Ses bourreaux paient aussi le prix de leur conspiration. Le Chroniste ne dit rien sur son inhumation.

2 Chroniques 34 Le règne de Josias

2 Chroniques 34 peut-être structuré de la manière suivante : dans les v. 1 et 2, le Chroniste introduit le règne de Josias. Les v. 3 à 7 sont consacrés à la réforme religieuse que Josias entreprend dès la huitième année de son règne. Du v. 8 au v. 18, le Chroniste parle de la découverte du livre de la Torah. Dans les v. 19 à 28, il est question de Josias qui fait consulter la prophétesse Houlda. Les v. 29 à 33 font mention du roi Josias qui renouvelle l'alliance avec Dieu. Notons que 2 Chroniques 34 contient, par rapport à 2 Rois 22-23, 20, des matériaux propres au Chroniste.

34.1-2 L'introduction au règne

2 Chroniques 34.1-2 et 2 Rois 22.1-2 sont presque identiques. À ce niveau de son texte, le Chroniste emploie les mêmes mots que 2 Rois et se distingue par de légères variantes : il emploie le pluriel du mot *šānah* qui au même endroit dans le texte parallèle est au singulier[156]. Il omet la mention du nom de la mère de Josias. Il a fait de même pour ses deux prédécesseurs[157]. Cependant, il n'agit pas ainsi partout pour autant, puisqu'il fait mention de la mère du roi Ézéchias[158].

Le Chroniste et l'auteur de 2 Rois 22 disent de Josias qu'il rompt avec la situation immédiate antérieure. Pour eux, Josias « fit ce qui est droit aux yeux du Seigneur[159] » (TOB). Par rapport à la conduite de Manassé et d'Amôn, ce qui est dit de Josias fait penser à un recommencement d'une histoire déjà en cours. Toutefois, Josias n'est ni l'unique, ni le premier roi à qui le Chroniste et le Deutéronomiste décernent une bonne mention. Parmi les rois de Juda, Asa et Ézéchias par exemple l'ont déjà obtenue[160].

Il y a cependant lieu d'admettre que le Chroniste et l'auteur de 2 Rois particularisent le règne de Josias par la combinaison des deux éloges du v. 2 : « Il fit ce qui est droit aux yeux du Seigneur et il suivit les chemins de David son père, sans s'écarter ni à droite ni à gauche » (v. 2, TOB). Le premier éloge que Josias partage avec d'autres rois ayant obtenu une bonne appréciation est le fait de faire ce qui est droit aux yeux de YHWH et de suivre exactement le chemin de David son père. Le deuxième est d'ajouter « sans s'écarter ni à droite ni à gauche ». C'est justement cette dernière partie de l'appréciation qui est particulière au roi Josias et fait écho à Josué 1.8 où il est question de la Torah de Moïse pour laquelle le personnage de Josué reçoit de YHWH l'impératif de ne pas l'éloigner de sa bouche[161]. La très bonne mention attribuée à Josias présage à coup sûr la vigoureuse activité réformatrice, qu'il entreprendra par la suite et dont l'annonce aura déjà été faite en 1 Rois 13.1-2 qui n'a pas de parallèle dans le Livre des Chroniques.

34.3-7 Réformes

La purification du pays que nous rapporte le Chroniste dans les versets 3 à 7 est en deux parties : les versets 3b-5 parlent de la purification de Juda et de Jérusalem. Les versets 6 et 7, quant à eux, font mention de la purification du reste du pays. La première partie (v. 3b-5) forme une inclusion par les mots traduits par : « de purifier Juda et Jérusalem », (v. 3b) et « il purifia ainsi Juda et Jérusalem » (v. 5b).

Toute la section (v. 3 à 7) s'achève sur une troisième référence à Jérusalem « puis il revint à Jérusalem » (v. 7, TOB). Comme le fait remarquer Sara Japhet[162], il y a aussi un parallélisme entre les deux parties (3b-5 puis 6 et 7) dans les listes des objets cultuels et la manière de les détruire. Ces objets sont : *bāmôt* (hauts lieux, v. 3), *'ăšērîm*, v. 3, 4, 7, *happesilîm* (idoles sculptées, v. 3, 4, 7), *masekôt* (les fondues, v. 3, 4), *mizbeḥôt* (autels, v. 4, 7), *hamanîm* (autels de parfums, v. 4, 7). *Ntts* (démolir, v. 4, 7) et *gd'* (abattre, v. 4, 7) sont les verbes qui expriment la destruction de ces objets. Certains de ces mots font écho à 2 Chroniques 14.3-5 [T.M.2 – 4] ; 2 Chroniques 17.6 et 31.1. Que faut-il dire de chacun de ces objets détruits ?

En termes de continuité narrative, les *bāmôt* (les hauts lieux) dont il est question dans le texte doivent être ceux que Manassé avait reconstruits (2 Ch 33.3a) où le peuple sacrifiait encore, mais seulement en l'honneur du Seigneur (YHWH) son Dieu (33.17). Un examen des textes du Livre des Chroniques contenant *bāmāh* ou *bāmôt* révèle une ambivalence, chez le Chroniste, dans sa conception de ces mots. Il présente le *bāmāh* de Gabaon (1 Ch 16.39 ; 21.29 ; 2 Ch 1.3 et 13) comme, à l'époque, la demeure de YHWH où on lui offre sans cesse les holocaustes et pour y faire tout ce qui est écrit dans la Torah de YHWH prescrite à Moïse (1 Ch 16.40). Le contenu de ces textes qui légitime l'usage du *bāmāh* de Gabaon incorpore aussi le tabernacle dans l'histoire de la monarchie. En revanche, ce même mot *bāmāh* qui au pluriel devient *bāmôt*, est présenté, sauf en 2 Chroniques 33.17, comme désignant des lieux indésirables[163].

Comme le mot *bāmôt*, *'ăšērîm* (v. 3, 4, 7) ne semble pas avoir une seule définition. Les plus anciennes traditions, comme la Mishna, le définissent comme « bois verts[164] ». Certains chercheurs croient que les poteaux en bois ou les bois verts ne sont pas les seuls objets possibles auxquels les auteurs bibliques se réfèrent. Ils pensent qu'il peut désigner sanctuaires, autels, chapelles, lieux saints, etc. Edward Lipinski par exemple affirme que même si *'ăšērîm* a d'abord été considéré comme désignant les bois verts, dans la période monarchique, *'ăšērāh* pouvait aussi être une chapelle ou un autel. Il repose son argumentation sur l'existence des termes sémitiques en lien avec Ashera.

Il est probable que le Chroniste et le Deutéronomiste connaissaient la déesse Ashéra[165]. Il n'y a cependant pas de preuve biblique pouvant soutenir la thèse selon laquelle, dans les différents contextes bibliques qui attestent le mot *'ăšērîm* (pluriel du mot *'ăšērāh*), il s'agit toujours d'un culte à la déesse Ashéra *pesilîm* (idoles sculptées, v. 3, 4, 7) et les idoles fondues (v. 3, 4) sont des objets pour l'adoration d'autres dieux.

En ce qui concerne les *Mizbehôt* (autels, v. 4, 7) et les *hammānîm* (autels de parfums, v. 4, 7), le premier mot est plus englobant que le second qui est spécifique mais dont la spécificité n'est pas expliquée de façon satisfaisante[166].

En ce qui concerne les autels de Baal, il convient de dire d'abord que la racine du mot Baal appartient au registre linguistique commun des langues sémitiques de l'Ouest et de l'Est[167]. C'est à l'origine un nom appellatif qui signifie « possesseur », « seigneur » ou « époux ». La plus vieille attestation du terme Baal désignant le nom propre d'une divinité date du troisième millénaire av. J.-C. dans les inscriptions de Tell Abu Sialabikh[168] qui est une cité du quatrième et troisième millénaire au Sud de l'Iraq[169]. Au milieu du deuxième millénaire, le nom de Baal devient le nom propre d'une divinité déterminée, le dieu de l'orage Haddou[170]. C'est la littérature ougaritique qui témoigne de la façon la plus imposante de l'autonomie de ce dieu, de sa grandeur et de sa vénération comme dieu de la fertilité[171]. L'usage de la racine verbale qui donne la transcription *Baal* se fait de plusieurs manières. Lorsque la racine est un nom propre, nous avons, soit Baal, soit le baal, ou encore les baals[172]. Dans la Bible, au singulier et sans article la racine de Baal se rapporte le plus souvent à une divinité dont les fonctions principales seraient liées à la fertilité du sol, à l'emploi théophanique du feu (1 R 18.21), à la voix (Ps 29.3), à la fécondité des troupeaux (Ps 29.9), ou encore une divinité titulaire de villes ou bourgades[173].

Notons que l'ordre de purification entreprise par le roi Josias est l'inverse de l'ordre de purification entreprise par le roi Ézéchias[174]. Tandis que ce dernier a commencé par la purification du temple puis celle de la ville et enfin du pays, Josias a commencé par le pays avant d'entreprendre une action sur le temple.

À coup sûr, chacun des deux réformateurs aura eu des motivations liées à la conjoncture de son époque. Mais l'action de chacun peut être considérée comme un commentaire détaillé de la phrase qui leur est commune : « Il fit ce qui est droit aux yeux du Seigneur... » (v. 2, TOB). Le « il fit (*'āsāh*) ce qui est droit... » du

Chroniste ne manque pas de lien avec le v. 3a du récit des réformes entreprises par le roi Josias. Le v. 3a précise que dans la huitième année de son règne, alors qu'il était encore un jeune homme, il commença de rechercher (*dāraš*) le Dieu de son père David. Or *drš* est un mot très significatif dans la théologie qui se dégage du Livre des Chroniques.

Il convient de souligner que, alors que la bonne conduite de certains rois est intimement liée à l'influence exercée par un personnage donné, celle du roi Josias ne dépend pas de la présence à ses côtés d'un personnage influent. Il est dit par exemple du roi Joas : « Joas fit ce qui est droit aux yeux du Seigneur pendant toute la vie du prêtre Yehoyada » (2 Ch 24.2, TOB). Le parallèle de ce texte dans l'histoire deutéronomiste dit : « Joas fit ce qui est droit aux yeux du Seigneur pendant toute sa vie. Car le prêtre Yehoyada l'avait instruit » (2 R 12.3, TOB). À propos du roi Ozias, il est écrit : « Il rechercha Dieu pendant la vie de Zekaryahou qui l'instruisait dans la crainte de Dieu... » (2 Ch 26.5, TOB).

La description faite du roi Josias ne fait pas dépendre sa bonne conduite d'un autre personnage. Ainsi, lorsque le texte dit : « il commença à rechercher YHWH... », cela ne signifie probablement pas que durant les sept premières années de son règne, Josias eut une conduite qui laisse à désirer et que brusquement la huitième année de son règne, il commença à rechercher le Dieu de son père David. Le choix de Josias de rechercher Dieu à l'âge de seize ans ne serait pas non plus lié à un événement politique, comme sa libération d'un régime de régence. Il paraît plus probable que Josias, encore très jeune, même avant l'âge de seize ans, fut disposé à rechercher le Dieu de son père David.

H. G. Williamson pense même que l'ajout de « alors qu'il était encore jeune garçon » a comme fonction dans le récit d'expliquer pourquoi, à cet âge, Josias ne pouvait pas encore mener une action publique[175]. Car, ajoute-t-il, « sans doute, régnait-il encore sous la contrainte d'un régent. Néanmoins, dès son jeune âge sa piété personnelle avait commencé à se manifester[176] ».

Nous pouvons tout de même retenir que c'est à l'âge de seize ans que Josias commença à rechercher plus manifestement le Dieu de David son père. Avant cet âge son cœur était déjà disposé à la recherche de Dieu.

Le Chroniste ajoute que dans la douzième année de son règne, soit à l'âge de vingt ans, Josias commença à purifier Juda et Jérusalem des souillures mentionnées au v. 3b.

En lisant attentivement la liste des objets cultuels que le roi Josias a entrepris de faire disparaître, il se dégage que les hauts lieux (*bāmôt*) ne sont mentionnés que parmi les éléments qui concernent Juda et Jérusalem. Le Chroniste n'en fait pas mention dans sa liste des éléments à démolir dans les villes de Manassé, d'Ephraïm, de Siméon, de Nephtali et dans les territoires avoisinants. Quelle est alors la nature des hauts lieux dont Juda doit être purifiée ? Si nous ne tenons compte que du contexte de la réforme attribuée au roi Manassé, il est difficile de vite classer les hauts lieux (*bāmôt*) parmi les éléments des pratiques idolâtres, car, comme nous l'avons déjà dit plus haut, il est écrit : « Pourtant le peuple sacrifiait encore dans les hauts lieux, mais seulement en l'honneur du Seigneur son Dieu » (2 Ch 33.17, TOB). Notons que ce texte fait partie du matériau propre au Chroniste, n'ayant pas de parallèle dans le Livre des Rois. À vrai dire, si dans son récit des réformes de Josias, les hauts lieux n'étaient pas indésirables, le Chroniste ne les aurait pas placés en tête des choses dont Juda et Jérusalem devaient être purifiées. La motivation du Chroniste est à chercher dans sa théologie du temple.

Notons aussi que dans la même petite unité littéraire (3b-5), les *'ăšērîm* et les idoles sculptées ou fondues sont mentionnés ensemble deux fois. Ces choses sont probablement les poteaux sacrés et les statues qui en Israël étaient considérés comme le symbole traditionnel de la déesse Ashéra, une divinité cananéenne souvent associée à Baal dans certains récits bibliques. Dans chaque haut lieu, la déesse Ashéra était représentée par un poteau sacré, symbole de la fécondité[177]. Le sérieux de l'entreprise d'éradication des objets cultuels indésirables est encore plus frappant lorsque nous considérons deux actes supplémentaires que Josias pose en Juda et à Jérusalem : il réduit en miettes les *'ăšērîm* et les idoles sculptées ou fondues qu'il disperse sur les tombes de ceux qui leur avaient offert des sacrifices. Le deuxième acte très profond est le fait de brûler les ossements des prêtres sur leurs autels. Le traitement que le Chroniste, à travers le roi, inflige ici aux objets cultuels représente la plus grande dégradation possible. Car la pollution d'un mort était la plus haute forme de profanation. En 2 Rois 23.6 il est écrit : « Il transporta de la Maison du Seigneur, hors de Jérusalem, au ravin du Cédron, le poteau sacré qu'on brûla dans le ravin du Cédron ; il le réduisit en cendres qu'il jeta sur les tombeaux de la fosse commune » (TOB). La référence à ce que la TOB traduit par « fosse commune » est traitée différemment par le Chroniste qui préfère dire qu'il s'agit des tombeaux de ceux qui leur avaient offert des sacrifices (cf. 2 Ch 34.20).

Le Chroniste modifie aussi 2 Rois 23.20 où il est écrit : « Il immola sur les autels tous les prêtres des hauts lieux qui s'y trouvaient et y brûla des ossements humains » (TOB). La version du Chroniste dit : « Il brûla les ossements des prêtres sur leurs autels » (2 Ch 34.5, TOB). Selon la version de 2 Rois 23.20, il y a deux actions : immoler sur les autels tous les prêtres des hauts lieux et brûler sur les autels des ossements humains.

Le Chroniste réduit les actions en une seule : brûler les ossements des prêtres sur leurs autels. Il évite de parler explicitement de l'immolation des prêtres. Mais il apporte une précision qui ne se trouve pas en 2 Rois. Selon le Chroniste, les ossements humains dont parle 2 Rois 23.20 sont les ossements des prêtres brûlés sur leurs autels. Fort curieusement, le Chroniste limite cela à Juda et Jérusalem, alors que 2 Rois 23 place les actions dont nous venons de parler à Béthel, au nord du pays.

À propos des versets 6 et 7 de 2 Chroniques 34, le Chroniste étend les actions de réforme sur l'ensemble du pays d'Israël.

Conclusion et questions de réflexion

Le roi Manassé est d'abord présenté dans le Livre des Chroniques comme impie et puni par le Seigneur, puis comme un roi qui, par la suite, se repent. Quelle image le récit chroniste du roi Manassé nous donne de Dieu ? Que doivent faire nos Églises pour conduire les leaders impies, dans l'Église et en politique, à la repentance ?

Comment s'exprime la théologie de la rétribution immédiate dans le récit du règne d'Amôn ? Ce qui arrive au roi Amôn arrive-t-il aussi à nos hommes politiques en Afrique ?

Dans cette unité, faire ce qui convient au Seigneur dans le contexte de Josias se traduit par l'entreprise des réformes dans tout le pays. Ces réformes ne sont autres que la purification du pays. C'est le combat contre toutes les formes d'idolâtrie, c'est-à-dire contre le baalisme. Quelles sont les pratiques idolâtres actuellement observables dans nos pays africains et même dans nos Églises ? Lorsque le roi Josias entreprend ses réformes, il est encore jeune. Comment la jeunesse actuelle combat-elle l'idolâtrie ?

LE LIVRE ET LA DEUXIÈME PARTIE DE LA RÉFORME DE JOSIAS

L e 19 janvier 1947 dans un village du Congo-Brazzaville appelé Ngouédi, la lecture et la prédication dans Jean 3.16 par un missionnaire scandinave avaient entrainé un réveil spirituel qui s'était répandu du sud au nord du Congo. Plusieurs Congolais avaient renoncé aux pratiques idolâtriques et avaient accepté Jésus-Christ comme leur Sauveur et Seigneur.

34.8-18 La découverte du livre

La découverte[178] du livre dans le temple appelé dans les deux récits (2 Ch 34.8-18) et (2 R 22.3-10) *bêt 'ădōnāy* (maison de YHWH) est l'un des points qui se trouvent aussi bien dans le récit du Chroniste que dans celui de l'auteur de 2 Rois 22–23.20[179]. F. Smyth préfère parler d'invention du livre[180]. Mais il est mieux pour ce livre de retenir les mots trouvaille ou découverte.

Dans les deux récits, Josias (selon la version du Chroniste) ou le roi Josias (selon l'auteur de 2 R 22–23.20), envoie Shaphân dans la dix-huitième année de son règne[181]. En dépit des divergences que nous constatons entre les deux récits de la découverte du livre de la Torah, notons que 2 Chroniques 34.8-18 et 2 Rois 22.3-10 connaissent un mouvement narratif qui va du roi Josias jusqu'au grand-prêtre[182] Hilqiya, en passant par le secrétaire Shaphân et vice-versa.

Le premier tour du mouvement narratif à ce niveau du récit va de Josias à Hilqiya, en passant par Shaphân envoyé par Josias. La mission que Josias confie à Shaphân[183] (2 Ch 34.8ss ; 2 R 22.3-7) fait écho à l'histoire du roi Joas qui se distingua par des réformes en faveur de l'entretien du temple[184]. Dans les deux récits du temps de Joas, nous remarquons la préoccupation de réparer la Maison de Dieu (*bêt 'ĕlōhîm*)[185] ainsi que l'activité des prêtres et des scribes[186] qui s'inscrit dans le cadre de la procédure de la collecte d'argent, en vue de la réparation de la Maison du Seigneur[187].

Dans tous les cas, la séquence de l'envoi de Shaphân qui aboutit à la découverte du livre de la Torah a une fonction précise dans chacun des récits, car « les textes bibliques sont composés et bien composés[188] ».

Notons que le deuxième tour de ce mouvement narratif concentrique (Hilqiya→Shaphân→Josias) contient deux compte-rendus et une lecture qui engendrent immédiatement un éveil de conscience : les deux récits parallèles rapportent la grande déclaration du grand-prêtre à Shaphân : « J'ai trouvé le livre de la loi dans la Maison du Seigneur » (2 Ch 34.15 ; 2 R 22.8), puis celle de Shaphân qui en découle : « Hilqiya, le prêtre, m'a donné (*ntn*) un livre » (2 Ch 34.18 ; 2 R 22.10, NBS). Alors que le grand-prêtre précise qu'il s'agit de *sēfer hattôrah* (le livre de la loi/Torah), le secrétaire Shaphân ne parle que de *sēfer* (livre). L'absence de l'article (*ha*) devant *sēfer* qui ferait penser qu'il s'agit du livre reconnu comme faisant autorité à l'époque de Josias ne paraît pas faciliter la compréhension du roi. Heureusement, Shaphân en fait la lecture[189]. Notons aussi que Shaphân n'est pas allé droit au but. Avant de parler d'un livre, il rend d'abord compte de sa mission initiale (2 Ch 34.16-17 ; 2 R 22.9).

Bien que dans les deux versions qui font l'objet de comparaison (2 Ch 34 et 2 R 22-23), le grand-prêtre annonce sa trouvaille du livre de la Torah de façon inattendue, puisque la mission concerne l'argent, le Chroniste rapporte tout de même l'arrivée des émissaires de Josias auprès de Hilqiya (v. 9), ce que l'auteur de 2 Rois ne fait pas. Dans 2 Rois 22, le grand-prêtre annonce sa trouvaille avant que l'émissaire Shaphân ne lui transmette les instructions du roi Josias. Une telle disposition de matériaux ne peut que susciter la curiosité du lecteur qui ne manquerait pas de se demander pourquoi l'auteur aura fait un tel choix. C'est à juste titre que J. P. Sonnet dit : « Il y a là une indéniable ellipse narrative, où se reconnaît la liberté du narrateur, privilégiant un ordre déterminé de narration par rapport à un ordre plausible d'occurrence[190]. » Cette ellipse narrative plus remarquable à ce niveau du récit de 2 Rois 22, le Chroniste en est conscient et semble y remédier en faisant arriver les émissaires du roi auprès de Hilqiya. À vrai dire, chaque auteur biblique dispose ses matériaux selon le but qu'il poursuit. Le Chroniste aussi fait usage des sources dont il dispose, en fonction du but qu'il poursuit.

Il est intéressant de noter que Shaphân emploie, au sujet de l'argent trouvé (*hannimtsā'*) dans la Maison de YHWH, le même verbe employé par Hilqiya à propos du livre : « j'ai trouvé » « le livre de la Torah dans la Maison de YHWH ». N'est-ce pas là une raison qui justifie le fait que Shaphân n'ait pas directement communiqué au roi la nouvelle de la découverte du livre de la Torah ? À la suite de J.-P. Sonnet, nous pouvons voir deux intrigues dans cette séquence du récit sont à relever : la sous-intrigue portant sur l'argent trouvé (*hannimtsā'*) dans la Maison du Seigneur précède et annonce implicitement l'intrigue sur le livre. La chose commune aux deux intrigues est la Maison du Seigneur. Car le livre, comme l'argent, ont été « trouvés » dans la Maison du Seigneur qui n'est autre que le temple de Jérusalem construit à l'époque de Salomon.

Comme je l'ai déjà fait remarquer plus haut, Shaphân n'a pas directement annoncé au roi la nature du livre dont il lui parle. Il préfère le sens indéfini. Lui le *sōfer* (secrétaire), lexicalement proche de *sēfer* (livre), ayant été bien informé de la nature du livre par le grand-prêtre Hilqiyahou et ayant déjà lu[191] ce livre, préfère placer le roi dans le suspens. Mieux, il ne dit pas le lieu où ce livre a été trouvé. Tel que Shaphân présente au roi la situation du livre, on ne sait plus s'il a été trouvé ou pas. Il paraît difficile au lecteur de comprendre d'emblée pourquoi Shaphân agit de la sorte. Il n'a réservé le qualificatif « trouvé » qu'à l'argent. Mais le fait qu'il en fasse tout de même la lecture prouve à suffisance que Shaphân n'avait nullement eu l'intention de sous-estimer, ni de méconnaître la valeur du livre dont il a d'abord sciemment tu la nature et l'origine.

34.19-28 La consultation de la prophétesse Houlda

Quant au roi qui entend les paroles de la Torah selon 2 Chroniques 34.19, ou les paroles du livre de la Torah selon 2 Rois 22.11, il déchire (*qāra'*) ses vêtements. Il est intéressant de noter, à la suite de M. Kessler, cité par A. Kabasele Mukenge[192], la correspondance sonore des verbes *qārā'* (« lire » en 2 Ch 34.19 et 2 R 22.10) et *qāra'* (« déchirer » en 2 Ch 34.19 et 2 R 22.11). Déchirer ses vêtements est un signe de lamentation et de deuil dans la Bible hébraïque. La réaction du roi à l'écoute des paroles du livre de la Torah ne manquerait pas de susciter des questions comme : pourquoi le roi Josias se lamente-t-il ? Sur qui se lamente-t-il ? Le fait-il sincèrement ?

Notons que le verbe *šāma'* utilisé en 2 Chroniques 34.19 et en 2 Rois 22.11 signifie non seulement entendre, mais aussi comprendre, obéir. Ainsi, le roi Josias se lamente parce qu'il a compris les paroles qui ont été lues. Il peut alors avouer : « Car grande est la fureur du Seigneur » (2 Ch 34.21 ; 2 R 22.13, NBS). Il se lamente au sujet de lui-même et au sujet du peuple, puisqu'il dit : « parce que nos pères n'ont pas écouté les paroles du Seigneur/de ce livre » (2 Ch 34.21 ; 2 R 22.13, NBS).

Il convient cependant de noter que la première réaction de Josias à l'écoute des paroles du livre n'est pas verbale. Il déchire d'abord ses vêtements avant de dire un mot. Il ne tarde tout de même pas à donner l'ordre à Hilqiya et aux autres que le Chroniste et l'auteur de 2 Rois citent[193]. La séquence de la lecture du livre de la Torah nous donne l'exemple de l'autorité du livre sur les auditeurs qui écoutent (*šāma'*). Nous convenons avec E. W. Conrad cité par Kabasale Mukenge que l'acte d'écrire, dans l'Ancien Testament, ne remplace pas l'activité orale antérieure, mais constitue une base pour une nouvelle oralité[194].

La réaction du roi qui déchire ses vêtements est une réponse au contenu menaçant du livre lu. Tout lecteur de cette réaction du roi Josias peut se poser la question de savoir si cette attitude de repentance du roi pourrait enrayer la grande colère de YHWH déjà exprimée dans l'oracle à Manassé[195]. La suite du récit y apportera un éclairage.

À propos de la nature du livre trouvé dans le temple, l'état actuel de la recherche ne fait pas l'objet d'unanimité parmi les chercheurs. La thèse de De Wette dans *Dissertatio Critica* qui a prévalu pendant longtemps depuis le xixe siècle (1805), désignant le Livre du Deutéronome (12-26), ne fait plus l'unanimité de nos jours. Un débat a même lieu de plus en plus pour savoir si le livre de la Torah a été réellement découvert.

Sans vouloir ici engager le débat sur cette question, je suis néanmoins sûr, et le texte le dit, que le contenu de ce livre découvert, qui est aussi appelé *sēfer habberît* (le livre de l'alliance) en 2 Rois 23.2 et 2 Chroniques 34.30, fait allusion aux malheurs qui vont s'abattre sur le temple et sur les habitants de Jérusalem. Des malheurs de ce genre sont présentés en termes de prédictions dans les chapitres 28 et 29 du Deutéronome. La mention par Josias des pères qui n'ont pas écouté les paroles écrites dans ce livre, est un indice que le livre trouvé n'est pas une nouveauté.

Le fait que selon le v. 22ss c'est à une femme, et non à un homme, que le roi Josias envoie des émissaires pour consulter le Seigneur fait l'objet de débat parmi les exégètes[196].

Le Chroniste, quoique ayant écrit après l'auteur de 2 Rois 22-23, fait émerger un accent différent dans son récit de la trouvaille du livre de la Torah (2 Ch 34.14). Le livre de la Torah de Moïse commandé par YHWH est devenu le livre de la Torah de YHWH donné par l'intermédiaire de Moïse. Le Chroniste considère probablement le livre de la Torah du Seigneur comme une œuvre étendue (17.9 ; 34.4), tandis que le Livre du Deutéronome continue d'être désigné comme le livre de Moïse (2 Ch 24.4 qui cite Dt 24.16). Il en est de même en Néhémie 13.1 qui est aussi une œuvre postexilique. Étant donné que 2 Chroniques 35.12 fait écho à Lévitique 3.8-11 et parle pourtant de *sēfer Mōšeh*, le Chroniste semble ici comprendre le *sēfer Mōšeh* comme étant le Pentateuque.

L'intérêt du Deutéronomiste et du Chroniste pour la précision du quartier d'habitation de Houlda (2 R 22.14 ; 2 Ch 34.22) ne manque pas d'attirer l'attention du lecteur. Qu'un narrateur précise la ville où habite un personnage n'est pas inhabituel. En revanche, la précision du quartier semble insolite et susceptible de véhiculer une signification particulière. Situé sur le côté ouest de la montagne de Jérusalem, le second quartier fut une partie de la ville qui avait été entourée par un mur, au VIIIᵉ siècle, pendant le règne d'Ézéchias. Que cette partie ait été ouverte et élargie pour inclure des résidents au temps de Josias a engendré la spéculation selon laquelle Houlda est une descendante du royaume du Nord. Elle a en effet vécu dans le secteur où ont été logés ceux qui, pendant l'invasion assyrienne dans le nord, ont trouvé refuge en Juda et à Jérusalem[197].

En 2 Chroniques 34.23-28 et 2 Rois 22.15-20, l'oracle prophétique délivré par la prophétesse Houlda se présente en deux temps. On peut même parler de deux oracles prophétiques par la même Houlda, puisque dans les deux versions nous lisons deux fois la formule : ainsi parle YHWH, 2 Rois 22.15, 18 et 2 Chronique 34.23, 26.

Les deux versions qui font l'objet de cette analyse s'accordent sur le fait que le roi Josias n'est pas personnellement concerné par la catastrophe annoncée au premier oracle. La même prophétesse qui a désigné celui qui lui a envoyé des émissaires par « à l'homme » le nomme après le *waw* adversatif (au roi de Juda). La désignation que la prophétesse préfère dans le premier oracle est déjà un indice de l'exception dont jouit le roi Josias dans le deuxième oracle. L'homme qui a envoyé les émissaires auprès de la prophétesse est destinataire de l'oracle qui condamne, mais n'en est pas personnellement concerné. Dans le langage des hommes politiques d'aujourd'hui, il serait dit que Josias jouit d'une immunité royale. Mais celle-ci lui est accordée par Dieu et non par une institution humaine. Notons que le texte dans les deux versions précise les raisons pour lesquelles[198] le roi de Juda doit jouir d'un traitement spécial.

Dans les deux versions de ce récit, une inclusion vaut la peine d'être notée, celle de 2 Rois 22.16a et 20 que le Chroniste reproduit en 2 Chroniques 34.24a et 28, à travers les mots : « Je fais venir sur ce lieu et sur ses habitants un malheur » (2 R 22.16/2 Ch 34.24, NBS). Le mot *rā'āh* traduit par « malheur » que l'on trouve dans cette inclusion est précédé de l'article hébreu en 2 R 22.20/2 Ch 34.28. Les mots *hārā'āh 'ăšer 'ănî mēḇî'* peuvent être traduits par : « le malheur que je ferai venir » Alors qu'en 2 Rois 22.4 et 2 Chroniques 34.9, il s'agissait de l'argent amassé (*'āsaph*) au temple, en 2 Rois 22.20 et 2 Chroniques 34.28, il s'agit du roi Josias qui sera réuni (*'āsaph*) à ses pères dans les tombeaux de ce lieu, sans que ses yeux voient le malheur annoncé par l'oracle de Houlda.

34.29-33 Renouvellement de l'alliance avec Dieu

L'ensemble de la séquence sur le livre trouvé puis lu et ses effets immédiats entraîne le contenu de la suite du récit, après le rapport au roi de la prophétie de Houlda. Ce que déclare l'oracle concernant le peuple de Dieu confirme bien le contenu menaçant des paroles du livre de la Torah.

Les deux versions du récit qui racontent le renouvellement de l'alliance[199] contiennent le verbe *šlh*, que le lecteur aura déjà vu en 2 Rois 22.3 et 2 Chroniques 34.8. Ici les deux versions qui emploient *wayyišlaḥ* ne disent pas qui est envoyé par le roi. Ce n'est plus vers le grand prêtre que les messagers sont envoyés, mais à tous les anciens de Juda et de Jérusalem. Le lecteur retrouve le verbe *'āsaph*. Les convoqués doivent se rassembler auprès du roi. Ce n'est ni l'argent qui est amassé sur ordre du roi[200], ni le roi qui sera réuni à ses pères, selon l'oracle de Dieu transmis par la prophétesse Houlda[201], mais c'est le rassemblement de tous les anciens de Juda et de Jérusalem près du roi. Le texte ne nous dit pas à quel moment l'ordre du roi est exécuté.

Le lecteur est directement informé que le roi monte à la maison du Seigneur avec tous les hommes de Juda, les habitants de Jérusalem, les prêtres (selon 2 R), les lévites (selon 2 Ch) et tout le peuple. Il s'agit bien de ceux qui sont concernés par l'oracle du jugement divin prononcé par Houlda. L'heure est grave à la maison du Seigneur (YHWH). Le même livre trouvé (*hannimtsā'*) et identifié par le grand-prêtre Hilqiya en 2 Rois 22.8 et 2 Chroniques 34.15 comme le livre de la Torah, devient livre de l'alliance en 2 Rois 23.2 et 2 Chroniques 34.30, et le texte précise qu'il ne s'agit pas d'un autre livre, mais de celui qui a été trouvé dans la maison du Seigneur.

C'est vers la maison du Seigneur que le roi a initialement envoyé Shaphân selon 2 Rois 22.3-4 et 2 Chroniques 34.8-9, avec une mission qui concerne l'argent apporté à la maison du Seigneur (2 R) ou de Dieu (2 Ch). C'est à la même maison que le grand rassemblement se tient pour écouter la lecture de toutes les paroles du livre de l'alliance. Le lecteur retrouve l'acte de lecture publique mis en valeur. Ceux-là même qui sont concernés par l'oracle de Houlda doivent écouter la lecture de toutes les paroles du livre de l'alliance trouvé dans la maison du Seigneur. Notons que selon les deux textes, c'est le roi qui cette fois fait la lecture de toutes les paroles du livre de l'alliance.

La prise au sérieux de la situation par le roi, debout sur l'estrade, débouche sur la conclusion, devant le Seigneur, de l'alliance qui oblige le peuple à marcher selon la volonté du Seigneur en gardant ses commandements, ses exigences et ses lois de tout son cœur et de tout son être. S'ensuit l'engagement de tout le peuple dans l'alliance.

Les exigences de cette alliance sont présentes dans les deux versions (2 R 23 et 2 Ch 34). On y trouve des mots souvent utilisés dans le Deutéronome (6.17), pour décrire les lois de l'alliance que Dieu fit avec Israël au Sinaï. En d'autres termes, ce que Josias a fait n'est que le renouvellement de l'alliance mosaïque, puisque 2 Rois 23.25 précise qu'il s'agit de la Torah de Moïse.

Conclusion et questions de réflexion

Dans la version chroniste, les réformes se traduisent aussi par les travaux de réparation du temple dans lequel le livre de la Torah est découvert. La lecture de ce livre découvert entraîne d'autres réformes et le renouvellement de l'alliance. De nos jours, il y a plus d'occasions de lecture et de prédication de la Parole de Dieu qu'à l'époque. Que remarquons-nous ? N'avons-nous pas besoin d'une redécouverte de la Parole de Dieu en Afrique ?

DE JOSIAS À LA DÉPORTATION

Cette dernière unité met en relief la Pâque célébrée après la découverte du livre de la Torah et le renouvellement de l'alliance avec le Seigneur. Malgré ses bonnes actions de réformes, le roi Josias meurt de manière précoce. Le chapitre 36 contient de brefs résumés des règnes des rois de Juda, après la mort de Josias. Le peuple de Dieu finit par se retrouver en exil. Heureusement, l'exil, qui est une sorte de mort, n'a pas le dernier mot sur le peuple de Dieu. Le dernier chapitre s'achève en effet sur le décret publié par Cyrus, le roi perse, qui annonce le retour de l'exil.

2 Chroniques 35 Célébration de la Pâque et mort de Josias

Ce chapitre dont certains versets ont des parallèles dans le Livre des Rois, peut être divisé en deux parties : 1-19 et 20-27. La première partie met en exergue la célébration de la Pâque. La deuxième partie parle de la mort précoce et tragique du roi Josias.

35.1-19 Le roi Josias célèbre la Pâque

2 Chroniques 35.1 a pour parallèle 2 Rois 23.21. Le Chroniste souligne que les procédures inhérentes à la Pâque célébrée par Josias émanent de la Torah (35.6 et 12). Alors que par la force des événements Ézéchias a été obligé de célébrer sa Pâque au second mois, celle de Josias se tient au temps prévu par la loi (35.1 ; 30.2-3). Selon le v. 2, Josias « installa les prêtres à leur poste et les attacha au service de la maison du Seigneur » (NBS). Notons aussi que c'est à Jérusalem que la Pâque est célébrée. Le Chroniste présente la Pâque de Josias comme une célébration modèle. Des charges spéciales sont confiées aux lévites. Ils n'ont plus la responsabilité de porter l'arche physique et le tabernacle, puisque le temple

est déjà construit et l'arche s'y trouve déjà. Dorénavant, les lévites ont pour tâche de servir le Seigneur dans la liturgie du temple (v. 3, voir aussi 1 Ch 23.24-32). Ils ont plusieurs autres fonctions : enseigner ou instruire tout Israël (v. 3) ; faire des préparatifs, famille par famille, d'après leurs classes, suivant l'écrit de David, roi d'Israël (v. 4). Le Chroniste met également l'accent sur l'importance de David et de Salomon comme figures fondatrices du culte israélite. Le Chroniste souligne que la parole de Dieu est exprimée dans le Livre des Chroniques. L'importance de l'Écriture est mentionnée au v. 6. En toute chose, les lévites doivent donc se conformer à la parole de Dieu transmise par Moïse. Les lévites ont la responsabilité d'immoler l'agneau pascal. À l'époque de la Pâque organisée par Ézéchias, les lévites ont immolé l'agneau pascal, mais c'était là une nécessité, car beaucoup étaient venus à la fête dans un état d'impureté rituelle, et ne pouvaient donc pas agir eux-mêmes (30.17). En revanche, au temps de la Pâque de Josias, l'activité d'immoler l'agneau pascal est devenu une responsabilité non ponctuelle, mais permanente des lévites (35.6 et 11). Ils doivent se tenir « dans le sanctuaire, selon les divisions des familles de [leurs] frères, les gens du peuple, et d'après la classification des familles des lévites » (v. 5, NBS). Il est probable que la tâche d'immolation des sacrifices a été une pratique au sein de la communauté du Chroniste. Comme dans le cas des réformes d'Ézéchias, les animaux pour les sacrifices sont fournis par le roi et ses dignitaires (v. 7-9).

Les v. 10-15 décrivent la célébration proprement dite, mettant en relief le rôle et la place des prêtres et des lévites : les lévites à l'immolation et au dépeçage des animaux, les prêtres versant le sang et offrant les sacrifices au Seigneur. Les lévites s'occupent aussi de la distribution des parts revenant au peuple. Notons que le dépeçage des animaux en 35.11 est différent du service d'urgence de 29.34 où les lévites viennent en renfort pour aider les prêtres. Les lévites musicaux participent aussi à la Pâque de Josias (v. 15).

Au v. 13, le Chroniste fait une synthèse exégétique de deux textes presque contradictoires. En Exode 12.9, il est dit que la Pâque ne doit pas être mangée crue ou cuite (*bāšal*) à l'eau, mais seulement rôtie au feu… En revanche, en Deutéronome 16.7, où il est aussi question de la Pâque, il est mentionné qu'elle doit être mangée cuite (*bāšal*). Ne choisissant ni l'une, ni l'autre tradition, le Chroniste préfère faire du panaché. Il tient à montrer que la Pâque de Josias est célébrée conformément aux dispositions de l'Écriture.

Comme lors de la Pâque d'Ézéchias, celle de Josias est également suivie de la fête des pains sans levain qui dure sept jours. L'affirmation qui se trouve au v. 18 est surprenante, lorsque nous considérons les nombreux parallèles entre la Pâque d'Ézéchias et celle de Josias. Dans ce verset, il est écrit : « On n'avait pas célébré une Pâque comme celle-là en Israël depuis les jours de Samuel, le prophète. Aucun des rois d'Israël n'avait célébré une Pâque pareille à celle que célébrèrent Josias, les prêtres et les lévites, avec tout Juda et les gens d'Israël qui s'y trouvaient, et les habitants de Jérusalem » (NBS). Souvenons-nous que pour la Pâque du temps d'Ézéchias, il est aussi écrit : « La joie fut grande à Jérusalem, car depuis les jours de Salomon, fils de David, roi d'Israël, il n'y avait rien eu de tel à Jérusalem » (30.26, TOB, voir aussi Né 8.17).

35.20-26 Mort précoce et tragique de Josias

Historiquement[202], le déclin de l'Assyrie donne une certaine indépendance à Josias. Il peut donc oser entreprendre le contrôle du Nord. Malgré la chute de Ninive en 612 av. J.-C., un reste de l'ancien empire persistait à Haran. De manière inattendue, l'Égypte, une bête noire de l'Assyrie au temps de Manassé, propose son aide à l'Assyrie. Après l'invasion de l'Égypte par l'Assyrie et la destruction de Thèbes, les deux ennemis déclarent la paix en 665 av. J.-C. La dynastie saïte qui avait unifié l'Égypte et qui avait lancé une renaissance culturelle était fondée par le protégé assyrien Psammétique I (664-610). À la fin de son règne, Psammétique avait le contrôle de la plupart de la côte méditerranéenne, avec la Philistie sous sa férule. Son successeur Néko II (610-595) demeura un allié assyrien aussi longtemps qu'il y avait un soutien assyrien. Ainsi, quand en 610 av. J.-C., le dernier roi assyrien est forcé d'abandonner Haran, Néko vole à son secours. C'est alors que Josias intercepte l'armée de Néko dans les plaines de Meggido (2 Ch 35.22/2 R 23.29). Les raisons de cette intervention demeurent floues. Josias redoutait-il une résurgence assyrienne pouvant mettre fin à son indépendance ?

Selon la version du Chroniste, le pharaon Néko essaie de dissuader Josias. Il dit être envoyé par le Seigneur pour apporter son secours à l'Assyrie. Il avertit donc Josias (35.21), mais en vain. De même que Dieu avait averti David par le truchement du guerrier Amasaï (1 Ch 12.18), et Joas à travers le pharaon, le roi Josias ignore la parole prophétique de Néko. Il est grièvement blessé (35.23), puis meurt.

La fin de Josias dans le Livre des Chroniques ressemble à celle du méchant roi Achab qui partit en guerre en défiant une parole prophétique (2 Ch 18.16). Comment un roi réformateur, fidèle, peut-il terminer sa vie comme le méchant Achab ? L'enseignement qui se dégage pour la communauté du Chroniste et pour les Églises africaines, c'est que ceux qui rejettent les avertissements que donne la Parole de Dieu s'exposent à toute sorte de danger susceptible de porter un coup fatal à la vie.

2 Chroniques 36 La fin de la royauté et la déportation à Babylone

Ce chapitre peut être divisé en deux parties : 1-10 et 11-23. Dans la première partie, on regroupera trois règnes que le Chroniste présente de manière laconique. Il s'agit des règnes de Joachaz, de Joïaqim et de Joïakîn. La deuxième partie raconte le règne de Sédécias et la déportation. Ce chapitre a pour parallèle certaines parties de 2 Rois 23-25, sans oublier Esdras 1.1-3.

36.1-10 Les règnes de Joachaz, de Joïaqim et de Joïakîn

Après la mort tragique du roi Josias, selon le v. 1, c'est la population qui place son fils Joachaz sur le trône. Joachaz ne s'autoproclame pas roi. Il est établi par la volonté, non d'une partie du peuple, ou d'un club d'amis, comme nous le voyons souvent dans certains pays d'Afrique, mais de tout le peuple. Il n'y a donc pas d'irrégularité dans l'accession de Joachaz au pouvoir royal. Selon le v. 2, il a vingt-trois ans lorsqu'il devient roi et il ne règne que trois mois à Jérusalem, probablement en 609. La raison de sa destitution par le roi d'Égypte (v. 3) n'est pas donnée. Même si le Chroniste ne dit rien sur son comportement, 2 Rois 23.31-32, qui donne aussi le nom de sa mère, dit qu'il fit ce qui est mal aux yeux du Seigneur.

Si le trône de Joachaz lui a été confié par la population du pays, le pouvoir de son frère Éliaqim devenu Joïaqim[203] lui est donné par le roi d'Égypte qui impose au pays un tribut de cent talents d'argent et talents d'or (v. 3 et 4). Le destitué Joachaz est emmené en Égypte par Néko. Là aussi, la raison n'est pas connue. N'est-ce pas déjà un signe de l'exil qui va arriver ? L'auteur de 2 Rois (23.34) dit que c'est en Égypte que Joachaz meurt, mais le Chroniste n'en dit rien. En somme, le Chroniste ne dit rien sur le comportement de ce roi et sur sa mort. Si nous tenons compte de la théologie de la rétribution immédiate que le Chroniste met en valeur, comment expliquer la destitution et la déportation de Joachaz, puisque le Chroniste ne dit pas que ce roi fit ce qui est mal aux yeux du Seigneur ? D'où vient ce qui lui arrive ? Qu'a-t-il fait de mal en trois mois de règne ? Seul l'auteur de 2 Rois 23.32 fait mention du mauvais comportement de ce roi. Ne s'agit-il que d'une omission de la part du Chroniste ? Le débat reste ouvert.

Aux v. 5 et 6, le principe de la rétribution fonctionne. Joïaqim qui devient roi à vingt-cinq ans et qui règne onze ans à Jérusalem, est décrit comme ayant fait ce qui est mal aux yeux du Seigneur. La conséquence, c'est que le roi Nabuchodonosor de Babylone se met en campagne contre lui, l'attache avec une double chaîne de bronze et l'emmène à Babylone. Et comme les conséquences du mauvais comportement des rois touchent le pays, la maison du Seigneur prend un coup :

Nabuchodonosor emporte à Babylone divers objets du temple et ose les mettre dans son palais ou son temple (v. 7)[204].

Comme d'habitude, sauf pour Joachaz, le Chroniste indique ses sources au v. 8 concernant l'histoire de Joïaqim. Cette bibliographie ne nous est malheureusement pas accessible.

Concernant Joïakîn, fils de Joïaqim, qui remplace son père, il a huit ans, selon le Chroniste, ou dix-huit ans, selon l'auteur de 2 Rois, lorsqu'il devient roi. Un lapsus calami a dû se glisser dans la version du Chroniste. En trois mois et dix jours de règne, il est dit de lui qu'il « fit ce qui déplaisait au Seigneur » (v. 9). Comme conséquence, à l'instar de ce qui est arrivé à son père, lui aussi est emmené captif à Babylone. Là aussi les objets du temple, qualifiés ici de précieux, sont déportés. Son frère, d'après le Chroniste, ou son oncle, d'après l'auteur de 2 Rois 24.17, nommé Sédécias devient roi à sa place. Selon l'auteur de 2 Rois 24.17, il y a eu changement de nom. Il s'appelle Mattania et devient Sédécias par sa propre volonté.

36.11-23 Le règne de Sédécias et la déportation

2 Chroniques 36.11-12a a pour parallèle 2 Rois 24.18-19. Ici aussi, comme depuis 2 Chroniques 33.1, le Chroniste ne fait pas mention de la mère du roi. C'est à vingt et un ans que Sédécias devient roi et, comme Joïaqim, il règne onze ans à Jérusalem. Lui aussi obtient une mauvaise mention, puisqu'il est décrit comme ayant fait ce qui est mal aux yeux du Seigneur, son Dieu. Il ne s'humilie même pas.

Notons que les v. 12b-21 n'ont pas vraiment de parallèle en 2 Rois. Les v. 13-16 décrivent à la fois la persistance des infidélités du roi et des chefs des prêtres et du peuple, et l'amour du Seigneur, leur Dieu. Au v. 12b, comme à plusieurs endroits du Livre des Chroniques, le Chroniste fait intervenir un prophète. Il s'agit ici de Jérémie qui parle de la part du Seigneur. Le roi résiste. Il ne s'humilie pas. Il se révolte contre le roi Nabuchodonosor qui lui a fait prêter serment. Au lieu de revenir au Seigneur, il préfère endurcir son cœur. Les chefs de prêtres et du peuple multiplient leurs abominations. Ils souillent le temple. Un proverbe chinois dit que « le poisson pourrit par la tête ». Le tableau de ce peuple est sombre, parce que les leaders ne font que se rebeller. Le Seigneur, le Dieu de leurs pères, de son côté multiplie des avertissements, il manifeste sa pitié pour son peuple et pour sa demeure. Le roi et le peuple ne se repentent pas. Non seulement ils méprisent les paroles du Seigneur, mais aussi ils narguent ses prophètes (v. 16). L'heure est grave. La manifestation du mal a atteint le sommet. La fureur du Seigneur ne peut plus se faire attendre. Les Chaldéens ou Babyloniens sont les instruments choisis par Dieu pour sévir (v. 17). Les victimes sont les jeunes, les jeunes filles,

les vieillards, bref tout le peuple. Les Chaldéens se servent de l'épée pour tuer. Les objets du temple et ses trésors, les trésors du roi et ceux de ses dignitaires sont emportés à Babylone (v. 18). La maison de Dieu est incendiée, le rempart est démoli. Les palais sont brûlés. Ceux qui ont été épargnés par l'épée sont déportés à Babylone où ils deviennent des esclaves (v. 19-20). Selon le v. 21, c'est la parole du Seigneur transmise par le prophète Jérémie qui s'accomplit. Il y a un blanc dans le texte ici parce que le Chroniste ne donne pas le contenu de cette parole. Il s'agit probablement de Lévitique 26.34-35 que Jérémie complète (Jr 25.11 ou 29.10).

Les v. 22 et 23 ont pour parallèle Esdras 1.1-3. Le décret de Cyrus, roi perse, est présenté comme un accomplissement de la parole du Seigneur transmise par le prophète Jérémie. De même qu'il nous a déjà parlé du pharaon Néko que le Seigneur utilise pour s'adresser au roi Josias, le Chroniste nous décrit un autre roi païen nommé Cyrus qui est au service du Seigneur pour transmettre, à travers un décret, le message du retour des exilés à Jérusalem, en Juda. Il s'agit non seulement du retour des exilés en Juda, mais aussi de la reconstruction de la maison du Seigneur. Le Livre des Chroniques s'achève donc sur une note positive qui annonce une sorte de résurrection.

Conclusion et questions de réflexion

La célébration de la Pâque constitue une suite logique du renouvellement de l'alliance, après la découverte du livre de la Torah. Par cette célébration à laquelle le Chroniste décerne une bonne mention, le roi Josias exprime davantage son attachement aux consignes du livre découvert. La Pâque rappelle la délivrance des Hébreux du joug égyptien par le Seigneur leur Dieu. Le même Dieu qui en Jésus-Christ nous a délivrés du joug du péché. Quelle est la place de la Parole de Dieu dans nos vies et dans nos Églises africaines ? Comment entretenons-nous notre communion avec le Christ qui est notre Pâque ?

Le Chroniste justifie la mort précoce du roi Josias par le fait de n'avoir pas écouté la parole que le Seigneur lui avait dite par la bouche de Néko. Comment gérons-nous les avertissements du Seigneur que nous révèlent les Saintes Écritures ?

Le mauvais comportement des derniers rois de Juda a entraîné la déportation. Heureusement, le Livre des Chroniques s'achève sur une note d'espoir : l'annonce du retour de l'exil, une sorte de résurrection. Quel principe l'exemple des derniers rois de Juda nous offre-t-il dans le cadre du leadership en politique et dans nos Églises en Afrique ou ailleurs ?

CONCLUSION GÉNÉRALE

La trame narrative de 1 Chroniques continue dans 2 Chroniques. C'est donc une suite logique de la première partie (1 Ch). Dans cette seconde partie des Chroniques, la construction du temple et sa dédicace sont accomplies par le roi Salomon, fils et successeur du roi David. Tous les rois de Juda sont évalués par rapport à leur attitude à l'égard du temple. Les uns sont présentés comme ayant fait ce qui est droit aux yeux du Seigneur, les autres comme ayant fait ce qui déplaît aux Seigneur. Entre les deux catégories se trouve celle des rois ayant bien commencé, mais qui ont terminé leurs règnes dans la désobéissance. Notons aussi la description chroniste du règne de Manassé qui agit d'abord comme un roi impie, qui est puni par le Seigneur, mais qui par la suite se repent. 2 Chroniques commence par mettre en exergue la sagesse d'un roi et se termine en mettant en relief la folie des derniers rois après le roi Josias. Notons que le temple dont il est question dans 2 Chroniques est vraiment la maison du Seigneur ouverte même aux étrangers. Ces derniers participent à la construction et ils sont pris en compte dans la longue prière de dédicace qui est une particularité dans 2 Chroniques. Comme dans 1 Chroniques, l'expression de la théologie de la rétribution immédiate et de la repentance, est très présente dans 2 Chroniques. De même, 2 Chroniques révèle aussi que le Dieu d'Israël, qui est aussi le Dieu des pères, exauce la prière de son peuple. L'expression « guérir le pays » est un apax que le Chroniste doit probablement aux prophètes postérieurs. C'est ici le lieu de noter que 2 Chroniques accorde une place importante aux prophètes et aux lévites. Les premiers transmettent les prophéties, les derniers enseignent la Torah du Seigneur au peuple de Dieu.

Dans certaines de nos Églises africaines, il y a des membres qu'on appelle « prophètes », quel rôle jouent-ils ? Travaillent-ils en bonne intelligence avec les pasteurs ? Quelle place accordons-nous à l'enseignement de la Parole de Dieu ?

BIBLIOGRAPHIE

ABADIE P., « Où en est aujourd'hui la recherche sur l'historiographie du Chroniste ? », *Trans* 1, 1989, p. 170-176.

ABADIE P., « Le Livre des Chroniques comme œuvre littéraire », *RSR* 90, 2002, p. 525-553.

ABADIE P., *La figure de David dans les livres des Chroniques. De la figure historique à la figure symbolique. Contribution à l'étude de l'historiographie juive à l'époque postexilique*, Paris, ACFEB, 1990.

ABADIE P., « La symbolique du Temple dans l'œuvre du Chroniste », *Trans* 21, 2001, p. 13-29.

ABADIE P., « Le temple de Jérusalem au retour d'exil : entre histoire et symbolique », dans C. FOCANT, sous dir., *Quelle maison pour Dieu ?*, Paris, Cerf, 2003, p. 143-175.

ABADIE P., *Le Livre des Chroniques*, CEv 87, Paris, Cerf, 1994.

ABADIE P., « 1-2 Chroniques », dans T. RÖMER et les autres, sous dir., *Introduction à l'Ancien Testament*, Genève, Labor et Fides, 2004, p. 594-595.

ABUSCH T., « The form and Meaning of a Babylonian Prayer of Marduk », *JAOS* 103, 1983, p. 3-15.

ACKROYD P. R., *I-II Chronicles, Ezra, Nehemia*, London, SCM Press, 1973.

ACKROYD P. R., « The Chronicler as Exegete », *JSOT* 2, 1977, p. 2-32.

ALBERTZ R., *A History of Israelite Religion in the Old Testament.Vol. 2 : From Exile to the Maccabees*, London, SCM Press, 1994.

ALLEN L. C., *The Preacher's commentary*, Nashville, Thomas Nelson Publishers, 1987.

ALLEN L. C., « Kerygmatic Units in 1 & 2 Chronicles », *JSOT* 41, 1988, p. 21-36.

AMIT Y., « The Rôle of Prophecy and Prophets in the Book of Chronicles » (Hebrew), *Bet Mikra* 28, 1982-1983, p. 116-130.

ARCHER G. L., *Introduction à l'Ancien Testament*, trad. de l'anglais, réimpression corrigée, St Légier, Editions Emmaüs, 1991.

AULD A. G., « What was the Main Source of the Books of Chronicles ? », dans M. P. GRAHAM, S. L. McKENZIE, sous dir., *The Chronicler as Author : Studies Text and Texture*, JSOTSup, 263, Sheffield, Sheffield Academic, 1999, p. 91-99.

AUNEAU J., « Les livres d'Esdras, Néhémie et des Chroniques », dans L. MONLOUBOU *et al.*, sous dir., *Les Psaumes et les autres Écrits*, Tournai, Desclée, 1990, p. 221-287.

BARNES W. H., « Non Synoptic Chronological References in the Books of Chronicles », dans M. P. GRAHAM *et al.*, sous dir., *The Chronicler As Historian*, JSOTSup, 238, Sheffield, Sheffield Academic, 1997, p. 106-131.

BARTHELEMY D., *Critique Textuelle de l'Ancien Testament, t. 1. Josué, Juges, Ruth, Samuel, Rois, Chroniques, Esdras, Néhémie, Esther*, OBO, 51/1, Fribourg, Ed. Universitaires, 1982.

BARRICK W. B., *The King and the Cemetries. Toward a New Understanding of Josiah's Reform*, Leiden/Boston/Köln, Brill, 2002.

BARTON J., sous dir., *The Biblical World*, vol. I, New York, 2002.

BEGG C. T., « The Classical Prophets in the Chronistic History », *BZ,* 32, 1988, p. 100-101.

BÉNÉTREAU S., *Bonheur des hommes, bonheur de Dieu. Spécificité et paradoxe de la foi chrétienne*, Cléon d'Andran, Excelsis, 2001.

BINGER T., « Ashera in Israel », *SJOT* 1, 1995, p. 3-18.

BLENKINSOPP J., « Did the Second Jerusalemite Temple Possess Land ? », *Trans* 21, 2001, p. 61-68.

BOLIN T. M., « Royal Prophecy in the Old Testament and in the Ancient Near East : Methodological Problems and Examples », *SEL*, XIX, 2002, p. 77-88.

BORDREUIL P., ISRAEL F., PARDEE D., « King's Command and Widow's Plea. Two New Hebrew Ostraca of the Biblical Period », *NEA* 61.1, 1998, p. 2-13.

BOTTERWECK J. C. *et al.*, *Theological Dictionary of the Old Testament*, trad. Douglas W. STOTT, vol. X, Grand Rapids, W. B. Eerdmans, 1999.

BRANDES M., « Destruction et mutilation de Statues en Mésopotamie », *Akkadica* 16, 1980, p. 28-41.

BRAUN R., « Solomon, the Chosen Temple Builder », *JBL* 95, 1976, p. 581-590.

BRAUN R., *Word Biblical Commentary, vol. 14. 1 Chronicles*, Waco, Word Books, 1986.

BRIEND J., *Israël et les nations*, CEv 69, Paris, Cerf, 1989.

BRIGHT J. *A History of Israel*, 3ᵉ éd., Philadelphie, Westminster Press, 1981.

BUIS P., *Le Livre des Rois*, CEv 86, Paris, Cerf, 1993.

CAQUOT A., « Peut-on parler de messianisme dans l'œuvre du Chroniste ? », *RTP* 1966, p. 110-120.

CAZELLES H., FEUILLET A., sous dir., *Dictionnaire de la Bible*, Supplément, Paris, Letouzey et Ané, 1985.

CAZELLES H., sous dir., *Introduction à la Bible, Edition nouvelle, t. II. Introduction critique à l'Ancien Testament*, Paris, Desclée, 1973.

COGAN M., « Chronicler's Use of Chronology as Illuminated by Neo-Assyrian Royal Inscriptions », dans J. H. TIGAY, sous dir., *Empirical Models for Biblical Criticism*, Philadelphie, University of Pennsylvania, 1985, p. 203-205.

COGGINS R. J., *The First and Second Books of the Chronicles*, CBC, Cambridge University, 1976.

CONROY C., « Reflections on the Exegetical Task : Apropos of Recent Studies on 2 Kgs 22-23 », dans C. BREKELMANS et J. LUST, sous dir., *Pentateuchal and Deuteronomistic Studies*, BETL 94, Leuven, University, 1990, p. 255-268.

COPPENS J., *Le Messianisme royal*, Paris, Cerf, 1968.

CROCKETT W. D., *A Harmony of Samuel, Kings and Chronicles*, Grand Rapids, Baker, 2003.

CURTIS E. L., MADSEN A. L., *A Critical and Exegetical Commentary on the Books of Chronicles*, ICC, Édimbourg, T. & T. Clark, 1910.

CRÜSMAN F., *The Torah, Theology and Social History of Old Testament Law*, trad. A. W. MAHNKE, Édimbourg, T. & T. Clark, 1996.

DAY J., *Molech. A God of Human Sacrifice in the Old Testament*, Cambridge, Cambridge University Press, 1989.

DÉBAT F., « Que tes yeux soient ouverts », *Parole pour tous*, Paris, 2006.

DE PURY *et al.*, sous dir., *Israël construit son histoire. L'historiographie deutéronomiste à la lumière des recherches récentes*, Genève, Labor et Fides, 1996.

DE VRIES S., « Moses and David as Cult Founders in Chronicles », *JBL* 107, 1988, p. 619.

DILLARD R. B., « Reward and Punishment in Chronicles », *WTJ* 46, 1984, p. 167.

DILLARD R. B., *2 Chronicles*, WBC 15, Waco, Word Books, 1987.

EDELMAN D., « The Deuteronomistic's David and the Chronicler's David Competing or Contrasting Ideologies ? », dans T. RÖMER, sous dir., *The Future of the Deuteronomistic History*, Leuven, University Press, 2000, p. 67-68.

EDELMAN D., « Huldah the Prophet -of Yahweh or Asherah ? », dans A. BRENNER, sous dir., *A Feminist Companion to Samuel and Kings*, Sheffield, Sheffield Academic, 1994, p. 231-250.

ELMSLIE A. L., *The Books of Chronicles*, Cambridge, The University Press, 1916.

EMERTON J. A., « The Biblical High Place in the Light of Recent Study », *PEQ* 129, 1997, p. 116-132.

ESKENAZI T. C., « The Structure of Ezra-Nehemia and the Integrity of the Book », *JBL* 107, 1988, p. 641-651.

ESLINGER E., « Josiah and the Torah Book: Composition of 2 Kgs 22:1–23:28 and 2 Chr 34:1–35:19 », *HAR* 10, 1985, p. 37-62.

EYNIKEL E., *The Reform of King Josias & the Composition of the Deuteronomistic History*, OTS 33, Leiden/New York, Köln/Brill, 1996.

FOCANT C., « Vers une maison de prière pour toutes les nations (Mc 11-15) », dans *Quelle maison pour Dieu ?*, p. 255-281.

GWILYM H. J., *1 & 2 Chronicles*, Sheffield, JSOT Press, 1993.

HIMBAZA I., *Le roi Manassé*, Genève, Labor et Fides, 2006.

JAPHET S., *I and II Chronicles. A Commentary*, London, SCM Press, 1993.

JAPHET S., « The Supposed Common Authorship of Chron. and Ezra-Neh. Investigated Anew », *VT* 18, 1968, p. 330-371.

JAPHET S., « Conquest and Settlement in Chronicles », *JBL* 98, 1979, p. 205-218.

JAPHET S., « L'historiographie post-exilique », dans A. de PURY *et al.*, sous dir., *Israël construit son histoire. L'historiographie deutéronomiste à la lumière des recherches récentes*, Genève, Labor et Fides, 1996, p. 123-152.

JONES G. H., *1 & 2 Chronicles*, Sheffield, Sheffield Academic Press, 1993.

KABASELE MUKENGE A., « Les derniers rois de Juda et la lecture du livre », *RTL* 30, 1999, p. 12-24.

KALIMI I., « The Book of Chronicles in Jewish Tradition », *RB* 1, 1998, p. 5-41.

KAYO P., *Les Proverbes bamiléké*, Yaoundé, Éditions CLÉ, 2017.

KNOPPERS G. N., *1 Chronicles 1-9*, vol. 12, New York, Doubleday, 2003.

KNOPPERS G. N., *1 Chronicles 10-29. A New Translation with Introduction and Commentary*, Doubleday, The Anchor Bible, 2004.

LAIRD R. *et al.*, *Theological Wordbook of the Old Testament*, vol. 1, Chicago, The Moody Press, 1980.

Le Grand Dictionnaire de la Bible, deuxième édition révisée, Charols, Excelsis, 2010.

LEMAIRE A., « Les Inscriptions de Khirbet el-Qom et l'Ashérah de YHWH », *RB* 84, 1977, p. 595-608.

LEMKE W. E., « The Synoptic Problem in the Chronicler's History », *HTR* 58, 1965, p. 362-363.

LOUBASSOU L. G., *Un remède divin pour la guérison du Congo-Brazzaville*, Brazzaville, Éditions Darash, 2017.

LOUBASSOU L. G., *Qui cherche Dieu le trouve. La Pertinence du récit chroniste de la Réforme de Josias en 2 Ch 34*, Paris, L'Harmattan, 2019.

LOWERY R. H., *The Reforming Kings. Cult and Society in the First Temple Judah*, JSOTSup 120, Sheffield, Sheffield Academic Press, 1991.

MACCHI J.-D., *Les Samaritains : Histoire d'une légende*, Genève, Labor et Fides, 1994.

MARGUERAT D., « Du Temple à la maison suivant Luc-Actes », dans C. FOCANT, *Quelle maison pour Dieu ?* Paris, Cerf, 2003, p. 285-317.

McCONVILLE J. C., *Chronicles*, coll. The Daily Study Bible, Édimbourg/Philadelphie, The Saint Andrew Press/The Westminster Press, 1984.

MEYNET R., « Présupposés de l'analyse rhétorique », *NRT* 116, 1994, p. 72.

MEYNET R., *Lire la Bible*, Paris, Flammarion, 1996.

MICHAELI F., *Les livres des Chroniques, d'Esdras et de Néhémie*, Paris, Delachaux et Niestlé, 1967.

MONTGOMERY J. A., *A Critical and Exegetical Commentary on the Books of Kings*, IIC, Édimbourg, T & T Clark, 1967.

MORIARTY F. L., « The Chronicler's Account of Hezekiah's Reform », *CBQ* 27, 1965, p. 399-406.

MYERS J. M., *II Chronicles. The Anchor Bible*, New York, Doubleday, 1965.

NOCQUET D., *Le « livret noir de Baal ». La polémique contre le dieu Baal dans la Bible hébraïque et l'ancien Israël*, Genève, Labor et Fides, 2003.

NOORDTZIJ A., « Les intentions du Chroniste », *RB* 49, 1940, p. 161-168.

NOTH M., *The Chronicler's History*, trad. de l'allemand par H. G. M. WILLIAMSON, JSOTSup 50, Sheffield, JSOT Press, 1987.

POUCOUTA P., *L'Église dans la tourmente. La mission dans l'Apocalypse*, Limeté-Kinshasa, ICEP, 1992.

RENDTORFF R., *Introduction à l'Ancien Testament*, trad. de l'allemand par Françoise SMYTH et Heinz WINKLER, Paris, Cerf, 1989.

REYMOND P., *Dictionnaire d'Hébreu et d'Araméen bibliques*, Paris, Cerf/SBF, 1994.

ROMEROSWSKI S., « Les règnes de David et de Salomon dans les Chroniques », *Hokhma* 4, 1986, p. 1-23.

ROMEROWSKI S., *Les Livres de Joël et d'Abdias*, Vaux-sur-Seine, Edifac, 1989.

RÖMER T., MACCHI J-D., *Guide de la Bible hébraïque. La critique textuelle dans la Biblica Hebraica Stuttgartensia*, Genève, Labor et Fides, 1994.

RÖMER T., « L'école deutéronomiste et la Bible hébraïque », dans *The Future of the Deuteronomistic History*, Leuven, University Press, 2000.

RÖMER T. *et al.*, sous dir., *Introduction à l'Ancien Testament*, Genève, Labor et Fides, 2004.

RÖMER T., *La première histoire d'Israël*, Genève, Labor et Fides, 2007.

RUDOLF W., « Problems of the Book of Chronicles », *VT* 4, 1954, p. 401-407.

SCHNIEDEWIND W. M., « The Chronicler as an Interpreter of Scripture », dans *The Chronicles as Author : Studies in Text and Texture*, JSOTSup 263, Sheffield, Sheffield Academic Press, 1999, p. 158-180.

SCHNIEDEWIND W. M., *The Word of God in Transition. From Prophet to Exegete in the Second Temple Period*, JSOTSup 197, Sheffield, Sheffield Academic Press, 1995.

SCHNIEDEWIND W. M., *Comment la Bible est devenue un livre : la révolution de l'écriture et du texte dans l'ancien Israël*, trad. de l'anglais par Simone et Maurice MONTABRUT, Paris, Bayard, 2006.

SCHWEITZER S., *Reading Utopia in Chronicles*, New York/Londres, T & T Clark, 2007.

SITA J., « La Maison et la Famille dans l'ancien Israël. Portée vétéro-testamentaire de la Bayith et son impact dans la transmission de la foi », thèse présentée en vue de l'obtention du Doctorat en Théologie, Yaoundé, Faculté de Théologie Protestante de Yaoundé, 1995.

SMITH Mark S., « Rephaim », dans D. N. FREEDMAN, sous dir., *The Anchor Bible Dictionary*, Vol. 5, New York/London/Toronto/Sydney/Auckland, Doubleday, 1992, p. 674-676.

SMITH Mark S., *The History of God. Yahweh and the Other Deities in Ancient Israel*, San Francisco/New York/Grand Rapids, Harper & Row, Publishers, 1990.

SONNET J.-P., « Le livre trouvé. 2 Rois 22 dans sa finalité narrative », *Nouvelle revue théologique*, 116 no. 6, 1994, p. 836-861.

SONNET J.-P., « Salomon construit le Temple (1 R 5-10) », dans C. FOCANT, *Quelle maison pour Dieu ?*, Paris, Cerf, 2003, p. 111-142.

STENSTRÖM O., *Proverbes des Bakongo*, Gösta Stenström and The Swedish Institute of Missionary Research, Stockholm, 1999.

THRONTVEIT M. A., « Linguistic Analysis and the Question of Authorship in Chronicles, Ezra and Nehemiah", *VT* 32, 1982, p. 201-216.

THRONTVEIT M. A., *When Kings Speak. Royal Speech and Royal Prayer in Chronicles*, Atlanta, Scholars Press, 1987.

TUELL S. S., *First and Second Chronicles*, Interpretation, A Bible Commentary for Teaching and Preaching, Louisville, John Knox Press, 2001.

VINCENT J. M., « Un regard sur la justice dans l'Ancien Testament », *ETR* 74, 1999, p. 321-333.

VINCENT J. M., « Visionnaire, va-t-en ! » Interprétation d'Amos dans son contexte », *ETR* 75, 2000, p. 229-250.

WILLIAMSON H. G. M., « The Temple in the Books of Chronicles », dans *Studies in Persian Period History and Historiography*, Tübingen, Mohr Siebeck, 2004, p. 150-161.

WILLIAMSON H. G. M., *1 & 2 Chronicles*, NCBC, Londres, Marshall Morgan and Scott, 1992.

WELLHAUSEN J., *Prolegomena to the History of Ancient Israel*, Édimbourg, T. & T. Clark, 1885.

WILLIAMSON H. G. M., « Early Post-Exilic Judaean History », dans *Studies in Persian Period History and Historiography*, Tübingen, Mohr Siebeck, 2004, p. 3-24.

WRIGHT J. W., « The Fight for Peace : Narrative and History in the Battle accounts in Chronicles », dans *The Chronicler as Historian*, JSOTSup, 238, Sheffield, Sheffield Academic, 1997, p. 150-177.

ZUMSTEIN J., *Sauvez la Bible. Plaidoyer pour une lecture renouvelée*, 2ᵉ éd. révisée, Poliez-le-Grand, Editions du Moulin, 1994.

NOTES

1   Le livre des Chroniques est un écrit tardif de l'époque perse. Les indices comme la mention des « dariques », pièces de monnaie sous le règne de Darius (1 Ch 29.7) et bien d'autres, sont souvent cités par les chercheurs en ce domaine.

2   S. JAPHET, *I and II Chronicles. A Commentary*, Londres, SCM Press, 1993, p. 1.

3   I. KALIMI, « The Book of Chronicles in Jewish Tradition », *RB*, 1, 1998, p. 5-41.

4   H. G. M. WILLIAMSON, *1 & 2 Chronicles*, NCBC, Londres, Marshall Morgan and Scott, 1992, p. 4.

5   Dans ce commentaire, les appellations retenues sont : le livre des Chroniques ou les Chroniques.

6   JAPHET, *I and II Chronicles*, p. 2.

7   Voir P. ABADIE, *Le livre des Chroniques*, CEv 87, Paris, Cerf, 1994, p. 4.

8   S. JAPHET, « The Supposed Common Authorship of Chron. and Ezra-Neh. Investigated Anew », *VT*, 18, 1968, p. 331.

9   *Ibid.*

10 *Ibid.*, p. 330-332.

11 WILLIAMSON, *1 & 2 Chronicles*, p. 2-35.

12 M. A. THRONTVEIT, « Linguistic Analysis and the Question of Authorship in Chronicles, Ezra and Nehemiah », *VT*, 32, 1982, p. 201-216. Cependant, il ne pense pas que l'analyse linguistique puisse à elle seule convaincre dans l'un ou dans l'autre sens. Lire aussi Idem, *When Kings Speak. Royal Speech and Royal Prayer in Chronicles*, Atlanta, Scholars Press, 1987, p. 1-9.

13 P. ABADIE, « Où en est aujourd'hui la recherche sur l'historiographie du Chroniste ? », *Trans*, 1, 1989, p. 171.

14 T. C. ESKENAZI, « The Structure of Ezra-Nehemia and the Integrity of the Book », *JBL*, 107, 1988, p. 641.

15 P. ABADIE, « Esdras-Néhémie », dans T. RÖMER *et al.*, sous dir., *Introduction à l'Ancien Testament*, Genève, Labor et Fides, 2004, p. 583.

16 S. SCHWEITZER, *Reading Utopia in Chronicles*, New York/Londres, T & T Clark, 2007, p. 3.

17 S. JAPHET, « L'historiographie post-exilique », dans A. de PURY *et al.*, sous dir., *Israël construit son histoire. L'historiographie deutéronomiste à la lumière des recherches récentes*, Genève, Labor et Fides, 1996, p. 138.

18 J. AUNEAU, « Les livres d'Esdras, Néhémie et des Chroniques », dans L. MONLOUBOU *et al.*, sous dir., *Les Psaumes et les autres Écrits*, Tournai, Desclée, 1990, p. 277.

19 2 Ch 12.6. À propos de la notion de justice, voir aussi J. M. VINCENT, « Un regard sur la justice dans l'Ancien Testament », *ETR* 74, 1999, p. 321-333. Dans cet article intéressant, l'auteur présente la justice de Dieu comme puissance de vie ; *idem*, « "Visionnaire, va-t-en !" Interprétation d'Amos 7/10-17 dans son contexte », *ETR* 75, 2000, p. 229-250.

20 JAPHET, *I & II Chronicles*, p. 46.

21 AUNEAU, « Les livres d'Esdras, Néhémie et des Chroniques », p. 282.

22 WILLIAMSON, *1 & 2 Chronicles*, p. 24.

23 *Ibid.*

24 JAPHET, *I & II Chronicles*, p. 48.

25 La combinaison maison ou temple et royauté ou dynastie est aussi attestée dans la littérature du Proche-Orient ancien comme le témoigne J. SITA, « La Maison et la Famille dans l'ancien Israël. Portée vétéro-testamentaire de la Bayith et son impact dans la transmission de la foi », thèse présentée en vue de l'obtention du Doctorat en Théologie, Yaoundé, Faculté de Théologie Protestante de Yaoundé, 1995, p. 203.

26 WILLIAMSON, *1 & 2 Chronicles*, p. 26.

27 JAPHET, *I & II Chronicles*, p. 48.

[28] R. BRAUN, « Solomon, the Chosen Temple Builder », *JBL*, 95, 1976, p. 581-590, parle d'intérêt apologétique du Chroniste qui se traduit par sa manière de présenter le roi Salomon.

[29] AUNEAU, « Les livres d'Esdras, Néhémie et des Chroniques » p. 279.

[30] *Ibid.*

[31] J. P.WEINDBERG, « Der Kömig im Welbild des Chronisten », *VT* 39, 1939, p. 415-437, cité par J. AUNEAU, « Les livres d'Esdras, Néhémie et des Chroniques », p. 279.

[32] Pour le temple, voir P. ABADIE, « La symbolique du Temple dans l'œuvre du Chroniste », *Trans* 21, 2001, p. 13-27. Voir aussi Idem, « Le temple de Jérusalem au retour d'exil : entre histoire et symbolique », dans C. FOCANT, *Quelle maison pour Dieu ?*, Paris, Cerf, 2003, p. 143-175 ; J.-P. SONNET, « Salomon construit le Temple (1 R 5-10) », dans C. FOCANT, *Quelle maison pour Dieu ?*, p. 111-142. L'auteur y présente le bâtisseur Salomon comme un Adam royal (p. 139ss) ; C. FOCANT, « Vers une maison de prière pour toutes les nations (Mc 11-15) », dans *Quelle maison pour Dieu ?*, p. 255-281 ; D. MARGUERAT, « Du Temple à la maison suivant Luc-Actes », dans C. FOCANT, *Quelle maison pour Dieu ?*, p. 285-317.

[33] Selon H. G. M. WILLIAMSON, « The Temple in the Books of Chronicles », dans *Studies in Persian Period History and Historiography*, Tübingen, Mohr Siebeck, 2004, p. 159, le temple est le lieu de l'unité de tout le people d'Israël.

[34] Selon S. DE VRIES, « Moses and David as Cult Founders in Chronicles », *JBL*, 107, 1988, p. 619, le livre des Chroniques fait relativement peu référence à Moïse, mais dit beaucoup au sujet de David.

[35] Selon C. T. BEGG, « The Classical Prophets in the Chronistic History », *BZ* 32, 1988, p. 100-101, l'accent que le Chroniste met sur la dimension prophétique va au-delà de la présentation deutéronomiste du rôle prophétique.

[36] 1 Ch 25.1-5.

[37] 1 Ch 28.2, 6, 7, 12, 19 ; 2 Ch 1.7-12 ; 7.12-22.

[38] J. WELLHAUSEN, *Prolegomena to the History of Ancient Israel*, Édimbourg, T. & T. Clark, 1885.

[39] Selon P. ABADIE, « 1-2 Chroniques », dans T. RÖMER *et al.*, *Introduction à l'Ancien Testament*, Genève, Labor et Fides, 2004, p. 594-595, « Le livre des Chroniques présente ainsi un Israël liturgique, héritier du culte davidique, mais sans cesse menacé dans sa cohésion et son unité à cause de son péché ».

[40] R. B. DILLARD, « Reward and Punishment in Chronicles », *WTJ*, 46, 1984, p. 167.

[41] 1 Ch 22.11, 13 ; 29.23 ; 2 Ch 14.7 ; 26.5 ; 31.21 ; 32.27-30.

[42] 2 Ch 11.5 ; 14.6-7 ; 16.6 ; 17.12 ; 24.13 ; 26.2-6 ; 9-10 ; 27.3-4 ; 32.3-5 ; 29-30 ; 33.14 ; 34.1.

[43] 2 Ch 13.13-18 ; 14.8-15 ; 20.2-30 ; 25.14 ; 26.11-15 ; 27.5-7 ; 32.20-22.

[44] 1 Ch 3.1-9 ; 14.2-7 ; 25.5 ; 26.4-5 ; 2 Ch 11.18-22 ; 13.

[45] 2 Ch 11.13-17 ; 1.10-15 ; 17.5 ; 19.4-11 ; 20.27-30 ; 2.1-17 ; 1-26 ; 34.29-32 ; 35.24-25.

[46] 2 Ch 11.1 ; 14.8 ; 17.12-19 ; 25.5 ; 26.10.

[47] 2 Ch 12.1-9 ; 16.1-9 ; 21.8-11 ; 24.23-24 ; 25.15-24 ; 28.4-8 ; 33.10 ; 35.20-24 ; 36.15-20.

[48] 2 Ch 16.10 ; 25.27-28 ; 28.27 ; 33.24-25.

[49] 2 Ch 16.12 ; 21.16-20 ; 26.16-23.

[50] 2 Ch 16.2-9 ; 19.1-3 ; 20.35-37 ; 22.3-9 ; 25.7-13 ; 28.16-21 ; 32.31.

[51] Le récit du Chroniste réhabilite Manassé après l'avoir jugé (châtié), parce que ce roi s'est repenti en s'humiliant profondément. Sur l'importance de la repentance dans le livre des Chroniques, en dehors des auteurs déjà cités, ayant écrit sur ce livre, voir aussi H. J. GWILYM, *1 & 2 Chronicles*, Sheffield, JSOT Press, 1993, p. 112-117 ; A. D. H. MAYES, « Historiography in the Old Testament », dans J. BARTON, sous dir., *The Biblical World*, vol. I, New York, 2002, p. 80.

[52] P. POUCOUTA, *L'Église dans la tourmente. La mission dans l'Apocalypse*, Limeté-Kinshasa, ICEP, 1992, p. 83.

[53] *Ibid.*, p. 84.

[54] *Ibid.*

[55] Dans ce commentaire, pour faciliter la lecture, le shewa voisé (mobile) est, comme le seghol, translittéré « e ».

56 S. JAPHET, *I & II Chronicles*, Londres, SCM Press Ltd, 1993, p. 56. Elle cite Rudolph et Williamson.

57 Selon Gary N. KNOPPERS, *1 Chronicles 1-9*, vol. 12, New York, Doubleday, 2003, p. 274, l'usage ici s'inscrit dans le cadre géographique plutôt que dans le cadre de l'ethnicité ou des relations linguistiques.

58 Le mot hébreu *gibbôr* peut aussi être traduit par *fort, vaillant.*

59 JAPHET, *I & II Chronicles*, p. 77-78.

60 *Ibid.*

61 *Ibid.*, p. 83.

62 KNOPPERS, *1 Chronicles 1-9*, p. 314.

63 O. STENSTRÖM, *Proverbes des Bakongo*, Stockholm, Gösta Stenström and The Swedish Institute of Missionary Research, 1999, p. 172.

64 JAPHET, *I and II Chronicles*, p. 113.

65 KNOPPERS, *1 Chronicles 1-9*, p. 348.

66 S. JAPHET, « Conquest and Settlement in Chronicles », *JBL* 98, 1979, p. 205-218.

67 S. JAPHET, *I and II Chronicles*, p. 135.

68 *Ibid.*, p. 137.

69 Selon le *Petit Robert* de 2006, p. 1620, une métaphore est un procédé de langage qui consiste à employer un terme concret dans un contexte abstrait par substitution analogique, sans qu'il y ait d'élément introduisant formellement une comparaison.

70 S. JAPHET, *I and II Chronicles*, p. 142.

71 Notons qu'ici comme en 1 Ch 23.6, c'est Guershôn au lieu de Guershôm. Pourtant partout ailleurs, le Chroniste écrit Guershôm (1 Ch 6.16, 17, 20, 43, 62, 71 ; 15.7).

72 C'est peut-être Yedoutoun qui est appelé ainsi ici.

73 S. JAPHET, *I and II Chronicles*, p. 173.

74 KNOPPERS, *1 Chronicles 1-9*, p. 473.

75 *Ibid.*, p. 481.

76 JAPHET, *I and II Chronicles*, p. 192.

77 *Ibid.*, p. 195.

78 Lire *avodah.*

79 KNOPPERS, *1 Chronicles 1-9*, p. 504.

80 F. MICHAELI, *Les livres des Chroniques, d'Esdras et de Néhémie*, Paris, Delachaux et Niestlé, 1967, p. 69.

81 Selon K. A. KITCHEN, professeur émérite d'égyptologie et chercheur honoraire à l'Université de Liverpool, le torrent d'Égypte n'est pas le Nil, mais l'ouadi El-Arish qui coule du Sinaï vers la Méditerranée, à 145 km à l'est de l'Égypte proprement dite (canal de Suez), et à 80 km à l'ouest de Gaza en Palestine. Pour en savoir plus, lire son article dans *Le Grand Dictionnaire de la Bible*, deuxième édition révisée, Charols, Excelsis, 2010, p. 493-495.

82 Le nom de cette ville est un mot hébreu qui signifie « forteresse » ou « citadelle ». Il s'agit d'une ville située sur la rive est de l'Oronte et sur l'une des principales routes commerciales qui descendaient d'Asie mineure vers le sud. Selon Gn 10.18, Hamath était autrefois une ville cananéenne. Selon le *Grand dictionnaire de la Bible* (2004, p. 689), de 1931 à 1938, une équipe danoise fouilla la ville de Hamath et découvrit des palais qui datent des IXe et VIIIe s. av. J.-C., ainsi que des inscriptions hiéroglyphiques hittites, cunéiformes et araméennes. Ce même Grand dictionnaire contient l'information selon laquelle les annales babyloniennes révèlent que c'est à Hamath en 605 av. J.-C., que Nabuchodonosor rejoignit les Égyptiens qui s'enfuyaient après la défaite de Karkemish. À l'époque romaine la ville de Hamath s'appelait Épiphaneia. Aujourd'hui, elle s'appelle Hama.

83 S. S. TUELL, *First and Second Chronicles*, Interpretation, A Bible Commentary for Teaching and Preaching, Louisville, John Knox Press, 2001, p. 60.

84 *Ibid.*, p. 61.

85 Une langue du Congo-Brazzaville et du Congo-Kinshasa.

86 TUELL, *First and Second Chronicles*, p. 66.

[87]   M. S. SMITH, « Rephaim », dans D. N. FREEDMAN, sous dir., *The Anchor Bible Dictionary*,Vol. 5, New York/Londres/Toronto/Sydney/Auckland, Doubleday, 1992, p. 675-676.

[88]   Voir RS 34.126=KTU 1.16.

[89]   JAPHET, *I & II Chronicles*, p. 424.

[90]   Rudolph, cité par F. MICHAELI, *Les livres des Chroniques, d'Esdras et de Néhémie*, Paris, Delachaux & Niestlé, 1967, p. 123.

[91]   *Ibid.*, p. 124.

[92]   G. N. KNOPPERS, *1 Chronicles 10-29. A New Translation with Introduction and Commentary*, Doubleday, The Anchor Bible, 2004, p. 833.

[93]   JAPHET, *I & II Chronicles*, p. 430.

[94]   S. JAPHET cite comme source *Encyclopaedia of Archeological Excavations*, II, Jerusalem 1976, p. 629-630.

[95]   Le *b* est lu *v* dans ce contexte.

[96]   *Idem.*

[97]   *Idem.*

[98]   P. REYMOND, *Dictionnaire d'Hébreu et d'Araméen bibliques*, Paris, Cerf/SBF, p. 339. P. REYMOND cite le Ps 75.5.

[99]   Ce nom signifie : Le Seigneur a accordé (une faveur).

[100] Signifie : Dieu a donné.

[101] KNOPPERS, *1 Chronicles 10-29*, p. 927.

[102] L'expression hébraïque que l'on peut traduire par « bon pays » ou par « beau pays » est aussi bien attestée dans l'histoire deutéronomiste (Dt 1.35 ; 3.25 ; 4.21-22 ; 6.18 ; 8.10 ; 9.6 ; 11.17 ; Jos 23.13, 15, 16 ; 1 R 14.15).

[103] Cette expression est aussi bien attestée dans l'histoire deutéronomiste (Dt 4.29 ; 1 R 8.61 ; 11.4 ; 15.3, 14).

[104] KNOPPERS, *1 Chronicles 10-29*, p. 931.

[105] REYMOND, *Dictionnaire d'Hébreu et d'Araméen bibliques*, p. 260.

[106] J. C. McCONVILLE, *Chronicles*, coll. The Daily Study Bible, Édimbourg/Philadelphie, The Saint Andrew Press/The Westminister Press, 1984, p. 103.

[107] *Ibid.*

[108] REYMOND, *Dictionnaire d'Hébreu et d'Araméen bibliques*, p. 239.

[109] TUELL, *First and Second Chronicles*, p. 128.

[110] *Ibid.*

[111] *Ibid.*

[112] *Ibid.*

[113] R. LAIRD et al., *Theological Wordbook of the Old Testament*, vol. 1, Chicago, The Moody Press, 1980, p. 478.

[114] *Ibid.*

[115] *Ibid.*

[116] L'hymne national de la République du Congo s'appelle la *Congolaise*. Il a été adopté en 1959. Les paroles ont été écrites par Jacques TONDRAS et Georges KIBANGHI. La musique est de Jean ROGER et Joseph SPADILIÈRE.

[117] L. G. LOUBASSOU, *Un remède divin pour la guérison du Congo-Brazzaville*, Brazzaville, Éditions *Darash*, 2017, p. 12.

[118] Selon P. REYMOND, *Dictionnaire d'Hébreu et d'Araméen bibliques*, Paris, Cerf, 1991, p. 404, ce mot signifie aussi grâce ou bienveillance.

[119] Lire *Shama*.

[120] Le Chroniste fait œuvre de réformateur dans la manière de concevoir le personnel du temple.

[121] P. REYMOND, « L'eau, sa vie et sa signification dans l'Ancien Testament », *Supplement to Vetus Testamentum*, Leiden, E. J. Brill, p. 18.

[122] *Ibid.*

[123] S. ROMEROWSKI, *Les Livres de Joël et d'Abdias*, Vaux-sur-Seine, Edifac, 1989, p. 85.

[124] Pour faciliter la lecture, le shewa voisé (mobile) est, comme le seghol, translittéré « e » dans ce livre.

[125] Les éditeurs de la BHS proposent de lire *mē'attah* (à partir de maintenant). Ils estiment qu'il y aurait eu une haplographie concernant la lettre *mêm* qui est la dernière du mot précédent. Pour eux le scribe aurait, par inattention, sauté la particule (*mē*) qui peut être traduite par *de, depuis, à partir de…*

[126] F. DÉBAT, « Que tes yeux soient ouverts », *Parole pour tous*, 2006, p. 310.

[127] Lire *shouv.*

[128] Au Hiphil, ce verbe signifie « enlever », « ôter », « écarter ».

[129] Ce verbe est ici employé au hiphil.

[130] P. KAYO, *Les Proverbes bamiléké*, Yaoundé, Éditions CLÉ, 2017, p. 26.

[131] P. MVENG, cité dans LOUBASSOU, *Un remède divin pour la guérison du Congo-Brazzaville*, p. 64.

[132] Lire *shouv.*

[133] Lire *savav.*

[134] Lire *naqaf.*

[135] L. C. ALLEN, *The Preacher's Commentary*, Nashville, Thomas Nelson Publishers, 1987, p. 303.

[136] *Ibid.*

[137] Selon P. BORDREUIL, F. ISRAEL et PARDEE, « King's Command and Widow's Plea. Two New Hebrew Ostraca of the Biblical Period », *NEA* 61.1, 1998, p. 2-13. une inscription sur un fragment de poterie atteste l'historicité de cette collecte organisée au temps de Joas. Pour l'inscription attestant la contribution obligatoire pour le temple de YHWH, voir p. 3.

[138] Cyprien BALAYA est membre du Cercle Biblique Évangélique (CBE). Au cours de notre échange chez nous à Mansimou (Brazzaville), avec deux autres membres du CBE : Justin Baudouin MIZÉLÉ et Chrislain KIYINDOU en vacances à Brazzaville, le soir du 22 août, Cyprien a utilisé cette expression plus de deux fois.

[139] En faisant de Samarie une ville de Juda, le v. 13 a dû être corrompu.

[140] TUELL, *First and Second Chronicles*, p. 199.

[141] Lire *lo shamata.*

[142] Lire *lo shama.*

[143] TUELL, *First and Second Chronicles*, p. 201.

[144] *Ibid.*

[145] Lire *av.*

[146] Lire *azav.*

[147] La mention « roi d'Israël » au v. 19 peut être un lapsus calami.

[148] Lire *maal.*

[149] Certains manuscrits hébreux lisent vingt-deux ans, tandis que des manuscrits grecs lisent dix ans.

[150] J. A. MONTGOMERY, *A Critical and Exegetical Commentary on the Books of Kings*, IIC, Édimbourg, T & T Clark, 1967, p. 521.

[151] I. HIMBAZA, *Le roi Manassé. Héritage et conflit du pardon*, Genève, Labor et Fides, 2006, p. 24.

[152] *Ibid.*, p. 26.

[153] *Ibid*, p. 27.

[154] Pour plus d'informations sur ce débat, voir I. HIMBAZA, *Le roi Manassé*, p.43-46.

[155] I. HIMBAZA, *Le roi Manassé*, Genève, Labor et Fides, 2006, p. 46.

[156] Selon F. MICHAELI, *Les livres des Chroniques, d'Esdras et de Néhémie*, Neuchâtel, Delachaux et Niestlé, 1967, p. 237, la traduction serait : « pendant 8 ans de son règne. » Il pense tout de même qu'il faut certainement rétablir le singulier.

[157] Il s'agit de Manassé (2 Ch 33.1) et de Amôn (2 Ch 33.21).

[158] Voir 2 Ch 29.1.

[159] 2 Ch 34.1-2 ; cf. 2 R 22.1-2. Notons qu'en 2 R 22.2, la LXX préfère l'adjectif traduit par bon, au lieu de celui rendu par droit.

[160] 1 R 15.11 et 2 R 18.3.

[161] Jos 1.8 est l'un des textes contenant l'expression *sēfer hattorah* qui est remarquable dans 2 Ch 34.

[162] JAPHET, *I & II Chronicles*, p. 1021.

[163] Voir 2 Ch 11.15 ; 14.2, 4 ; 15.17 (// 1 R 15.13-14) ; 17.6 ; 20.33 (// 1 R 22.43) ; 21.11 ; 28.4, 25 ; 31.1 ; 32.12 (// 2 R 18.22) ; 33.3 (// 2 R 21.3) et 19 ; 34.3 (// 2 R 23.4).

[164] L'ancien Israël a une longue histoire d'adoration sous les arbres verts.

[165] Selon T. BINGER, « Ashera in Israel », *SJOT* 1, 1995, p. 18, la déesse Ashera est au VIIIᵉ et au VIIᵉ siècles vue comme faisant partie du Yahvisme officiellement accepté comme dominant, à l'époque, en Israël et en Juda. Elle est probablement considérée comme la femme de YHWH et a ses fonctions propres, assurant le bien-être de ses adhérents. Dans *Asherah. Goddesses in Ugarit, Israel and the Old Testament*, sous dir. D. J. A. CLINES et P. R. DAVIES, JSOTSup, 232, Sheffield, Sheffield Academic Press, 1997, le même auteur étudie le mot Ashéra dans le panthéon d'Ougarit et sa place dans le culte et la religion. Il y étudie aussi Ashéra en Israël et dans l'Ancien Testament. On peut aussi lire A. LEMAIRE, « Les Inscriptions de Khirbet el-Qom et l'Ashérah de YHWH », *RB* 84, 1977, p. 595-608.

[166] W. B. BARRICK, *The King and the Cemetries. Toward a New Understanding of Josiah's Reform*, Leiden/Boston/Köln, Brill, 2002.

[167] D. NOCQUET, *Le « livret noir de Baal ». La polémique contre le dieu Baal dans la Bible hébraïque et l'ancien Israël*, Genève, Labor et Fides, 2003, p. 21.

[168] *Ibid.*

[169] *Ibid.*

[170] *Ibid.*

[171] *Ibid.* En ce qui concerne la grandeur de Baal, lire aussi E. VILLENEUVE, « Baal, seigneur d'Ougarit », *MDB*, 179, 2007, p. 56-59.

[172] NOCQUET, *Le « livret noir de Baal »*, p. 22.

[173] *Ibid.*

[174] Cf. 2 Ch 28-31.

[175] H. G. M. WILLIAMSON, *1 & 2 Chronicles (NCBC)*, Londres, Marshal Morgan and Scott, 1982, p. 398.

[176] *Ibid.*

[177] Pour en savoir plus sur le débat concernant Ashéra, voir entre autres M. S. SMITH, *The Early History of God. Yahweh and the Other Deities in Ancient Israel*, San Francisco/New York/Grand Rapids, Harper & Row Publishers, 1990.

[178] Le Chroniste emploie sept fois la racine *mts'* qui signifie trouver, dans le seul chapitre 34.

[179] T. RÖMER, « L'école deutéronomiste et la Bible hébraïque », dans *The Future of the Deuteronomistic History*, Leuven, University Press, 2000, p. 183, parle de parallèles entre le récit de la découverte d'un livre et le motif assyro-babylonien de l'invention de la pierre de fondation lors de la (re-) construction d'un sanctuaire.

[180] F. SMYTH, « Quand Josias fait son œuvre ou le roi bien enterré. Une lecture synchronique de 2 R 22-23, 28 », dans A. DE PURY *et al.*, sous dir., *Israël construit son histoire. L'historiographie deutéronomiste à la lumière des recherches récentes*, Genève, Labor et Fides, 1996, p. 325.

[181] Le récit du Chroniste ajoute deux autres noms (cf 2 Ch 34.8).

[182] Selon H. G. M. WILLIAMSON, « Early Post-Exilic Judaean History », dans *Studies in Persian Period History and Historiography*, Tübingen, Mohr Siebeck, 2004, p. 22, la fonction de grand-prêtre a joué un rôle de domination à l'époque perse.

[183] Chez le Chroniste, cette mission s'inscrit dans le processus de l'action de purification dans le cadre de la réforme déjà en cours. C'est pourquoi il emploie l'expression *lᵉtaher hā'arets wᵉhabbayit* (pour purifier le pays et la maison).

　　? Ch 24 ; 2 R 12.

　　　ᵀh 24.5 ; 2 R 12.6.

　　　　?4.11 ; 2 R 12.11.

　　　　　\12 ; 2 R 12.12.

　　　　　　ᵀT, « Présupposés de l'analyse rhétorique », *NRT* 116, 1994, p. 72.

[189] Les deux versions en comparaison n'expriment pas de la même manière l'acte de lecture que fait Shaphân. Le Chroniste dit que Shaphân lit dans le livre (donc une partie du livre), alors que le Deutéronomiste affirme que Shaphân lit le livre (tout le livre). Cette différence est probablement due au fait que les deux auteurs n'ont pas la même définition du contenu de ce *sēfer hattôrāh*. À supposer que le Chroniste pense au Pentateuque, le deutéronomiste fait allusion à tout ou partie du Deutéronome.

[190] J.-P. SONNET, « Le livre trouvé. 2 Rois 22 dans sa finalité narrative », *Nouvelle revue théologique*, 116 no. 6, 1994, p. 846.

[191] Seul l'auteur de 2 Rois mentionne cette lecture avant celle qui sera faite devant le roi que le Chroniste aussi reconnaît. Selon JAPHET, *I & II Chronicles*, p. 1030, l'absence de cette mention dans 2 Chroniques 34 reflète probablement une version plus originale.

[192] M. KESSLER cité par A. KABASELE MUKENGE, « Les derniers rois de Juda et la lecture du livre », *RTL* 30, 1999, p. 16.

[193] Le Chroniste (34.20) écrit « Abdôn, fils de Michée », au lieu de « Akbor, fils de Michée » que nous lisons en 2 R 22.12 (NBS).

[194] E. W. CONRAD cité par A. KABASELE MUKENGE, « Les derniers rois de Juda et la lecture du livre », *RTL* 30, 1999, p. 11.

[195] Notons que le Chroniste ne retient pas ces versets (2 R 21.11-15) car ils ne cadrent pas avec sa théologie au sujet de Manassé.

[196] Pour en savoir plus, lire L. G. LOUBASSOU, *Qui cherche Dieu le trouve. La Pertinence du récit chroniste de la Réforme de Josias en 2 Ch 34*, Paris, L'Harmattan, 2019.

[197] *Ibid.*, p.333.

[198] Voir 2 R 22.19 ; 2 Ch 34.27.

[199] 2 R 23.1 et 2 Ch 34.29.

[200] Cf. 2 R 22.4 et 2 Ch 34.9.

[201] 2 R 22.20 ; 2 Ch 34.28.

[202] Je dois les informations historiques qui suivent à TUELL, *First and Second Chronicles*, p. 240-241.

[203] Le changement de nom n'est pas expliqué. Est-ce, comme le conjecturent certains, parce que la langue égyptienne n'a pas la lettre « l » ?

[204] Le mot *hêkhāl* qui se trouve au v. 7 peut être traduit par « palais » ou par « temple » ou encore par « grande salle du temple ».

CPSIA information can be obtained
at www.ICGtesting.com
Printed in the USA
BVHW031410090822
644143BV00009B/713

9 781839 734182